法制教育与法律人才培养研究

申　敏◎著

北京工业大学出版社

图书在版编目（CIP）数据

法制教育与法律人才培养研究 / 申敏著 . — 北京 ：
北京工业大学出版社，2021.2（2022.10 重印）
ISBN 978-7-5639-7845-8

Ⅰ ．①法… Ⅱ ．①申… Ⅲ ．①高等学校－法制教育－
研究－中国②高等学校－法律－人才培养－研究－中国
Ⅳ ．① G641.5 ② D926.174

中国版本图书馆 CIP 数据核字（2021）第 034143 号

法制教育与法律人才培养研究

FAZHI JIAOYU YU FALÜ RENCAI PEIYANG YANJIU

著　　者：申　敏
责任编辑：张　娇
封面设计：知更壹点
出版发行：北京工业大学出版社
　　　　　（北京市朝阳区平乐园 100 号　邮编：100124）
　　　　　010-67391722（传真）　bgdcbs@sina.com
经销单位：全国各地新华书店
承印单位：三河市元兴印务有限公司
开　　本：710 毫米 ×1000 毫米　1/16
印　　张：12
字　　数：240 千字
版　　次：2021 年 2 月第 1 版
印　　次：2022 年 10 月第 2 次印刷
标准书号：ISBN 978-7-5639-7845-8
定　　价：45.00 元

作者简介

申敏，女，1981 年 6 月生，硕士学位。现任职于河南警察学院教务处，讲师。主要研究方向为行政法与行政诉讼法。公开发表《抽象行政行为的法律责任探讨》《地区基层治理法治化存在的问题与对策研究》《我国法律语言学研究状况分析综述》等多篇论文。

前　言

　　近年来，我国大力推进依法治国，正处于建设社会主义法治国家的关键阶段。在不断完善法律法规的同时，法律人才培养的重要性逐渐凸显。因此，我国提出"卓越法律人才"培养的理念，构建多个法学人才培养模式创新实验区，教育部针对该理念出台系列文件，全国各大高校均展开建设性举措。培养卓越法律人才，必须从法律教育抓起，充分了解当前经济全球化背景下对跨国法律人才的需求，以及我国社会转型发展时期法律制度体系的变革因素。在此基础上，明确法律人才培养目标，改革法律教育模式，确立课程体系，选取有效教学方式，全方位推进我国法律教育质量的提升，以适应当前的经济形势和人才需求，实现由社会人到法律人的真正转变。

　　全书共六章。第一章为绪论，主要阐述了法的基本理论、法制教育的概念界定、高校法制教育的定位问题以及高校法制教育的理论基础和变革时代对法律人才的要求；第二章为高校法制教育的发展历程与主要经验，主要内容包括高校法制教育的发展历程和高校法制教育的主要经验；第三章为大学生法制教育与人才培养现状，主要阐述了大学生法制教育现状和我国卓越法律人才培养现状；第四章为应用型法律人才培养模式的构建，主要包括应用型法律人才培养模式概述、应用型法律人才培养模式的弊端以及应用型法律人才培养体系的构建；第五章为学术型法律人才培养模式的构建，主要包括学术型法律人才培养模式概述、学术型法律人才培养的方法和途径以及学术型法律人才培养体系的构建；第六章为法治化视域下大学生法制教育的途径与展望，主要阐述了大学生法制教育的有效途径和大学生法制教育的未来展望。

　　为了确保研究内容的丰富性和多样性，笔者在写作本书的过程中参考了大量理论与研究文献，在此向涉及的专家学者表示衷心的感谢。

　　最后，由于作者水平有限，书中难免存在一些不足，恳请广大读者批评指正。

目　录

第一章 绪 论

我国法律教育应以素质教育为基础，以专业教育为核心，培养符合社会需要的法律人才。法律人才要有良好的道德修养，既具有较为系统的法学基本理论，又能掌握运用现行法律，有广博的知识、创新精神和解决实际问题的能力。本章分为法的基本理论、法制教育的概念界定、高校法制教育的定位问题以及高校法制教育的理论基础和变革时代对法律人才的要求五部分。

第一节 法的基本理论

一、法的概述

（一）法的概念

法有广义与狭义之分。广义的法是指国家按照统治阶级的利益和意志制定或者认可，并由国家强制力保证其实施的行为规范的总和。狭义的法是指具体的法律规范，包括宪法、法律、行政法规、地方性法规、行政规章、判例、习惯法等各种成文法和不成文法。其中，成文法是指一定的国家机关依照一定程序制定的、以规范性文件的形式表现出来的法，这些法具有直接的法律效力。国际条约也属于成文法，对缔约国具有约束力。我国社会主义法的形式以成文法为主。

法是我们人类生活中经常使用但是很难对其做出确切定义的一个概念，曾经出现过形形色色的定义，形成了"意志说""规则说""工具说""法官造法说""命令说""理性说"等各种学说。马克思主义学者认为，法是由国家制定或认可，并由国家保证实施的，反映特定的物质社会条件决定的统治阶级（或人民）的意志，以权利、义务为内容的，以确认、保护和发展统治阶级所期望的社会关系、社会秩序和社会发展目标为目的的行为规范体系。我国学术界普遍接受了马克思主义学者关于法的定义。

（二）法的特征

法是一种社会规范，它为人们规定一定的行为规则，指示人们在特定的条件下可以做什么、必须做什么、禁止做什么，即规定人们享有的权利和应当履行的义务，从而调整人们在社会生活中的相互关系。社会规范很多，诸如道德、风俗习惯、宗教教规，以及各种社会团体的规章等。法作为一种社会规范与上述社会规范不同，具有特殊性。

1. 法由特定的国家机关制定

法由特定的国家机关依照职权制定或者认可，即由国家机关依其职权范围，并按一定程序制定出来的规范性文件。在我国，社会主义的法是由国家权力机关和国家行政机关依法制定的，其他社会组织均无权制定法。例如，全国人民代表大会有权制定和修订宪法，全国人大常委会有权制定和修订法律，国务院有权制定行政法规；省、自治区、直辖市人民代表大会及其常委会有权制定和修订地方性法规，经济特区人民代表大会及其常委会有权制定和修订经济特区法规，民族自治地方有权制定和修订民族自治法规；国务院部、委员会和直属机构有权制定和修订部门规章，省、自治区、直辖市人民政府有权制定和修订地方政府规章等。

2. 法依照特定程序制定

依照《中华人民共和国立法法》的规定，我国制定法的程序主要包括法的草案的提出、讨论审议、表决通过和公布施行，而每个立法程序中又包括调研论证、征求意见、协调、修改草案等很多程序。法的制定程序之所以严格，是为了保证法的制定能够充分反映国家意志和人民群众的意愿，是为了体现法的严肃性、权威性，是为了规范立法活动并实现立法工作的规范化、民主化、科学化。

3. 法是调整人们行为的社会规范

法与其他社会规范的显著区别之一，在于它是一种以调整人与人之间的社会关系为主要目的的行为规范。法律意义上的"人"，是指自然人、法人及其他非法人社会组织。法律通过确定自然人、法人及其他非法人社会组织的权利、义务和责任，来调整他们之间发生的各种社会关系，制裁违法行为和违法者，建立规范的法律秩序，保证社会的正常运转和发展。从这个意义上说，法律规范实际就是一种人与人之间关系的行为规则。

4. 法具有国家强制性

法是阶级统治的工具，是以国家强制力保证其实施的一种社会规范。法本身具有国家强制力的属性，才有可能在必要的时候通过国家的强制措施使其获得实现，但法的实现并不都是通过国家强制措施，特别是社会主义法在大多数情况下不是依靠强制措施，而是依靠人民群众自觉地遵守和执行，在法律实现过程中遇到阻碍或者被破坏的情况下，才通过国家强制措施使法获得实现。例如，某些企业拒绝履行法定的纳税义务时，执法机关才采取强制措施或者实施处罚等方式使法律得以实施。所以，违反法律就要承担法律责任、受到法律制裁。

（三）法的本质

法的本质是指深藏于法的现象背后、深刻而稳定的内部联系，因此我们按认识法的本质的难易将法的本质划分了层级，即法的浅层本质是法反映的是统治阶级的意志，法的深层本质是法的内容来自一定的物质生活条件。

1. 法是统治阶级意志的体现

（1）法是意志的体现与反映

法是人类有意识、有目的的活动的产物，是人的意志的结果。无论反映、体现的意志（主体）是一个人的或一个集团的、阶层的、阶级的，还是全体人民的，也无论其内容如何、形式如何，法律总是人类意志的产物，与人类意志息息相关。因此，法律带有很强的意志性色彩。当然，意志本身不是法，只有经过规范化、制度化、法律化、一般化、统一化以后，通过国家机关的立法，才上升为法律。

（2）法是统治阶级意志的体现与反映

①法是统治阶级的共同意志的表现。法律是统治阶级的一般意志、整体意志、普遍意志，是统治阶级的共同意志（"公意""合力意志"），而不是统治者个人的意志，也不是统治者个人意志的简单相加，更不是统治者的任性和随意。这种阶级意志是通过规范化、制度化、法律化、系统化、一般化而成为法律的，法是统治阶级集体意志的反映。

②法是代表统治阶级的国家意志。法所体现的统治阶级意志，不是其意志的全部，而是经过国家中介，上升为国家意志的那部分意志，也就是马克思所说的"被奉为法律的那部分阶级意志"。换言之，只有经过法律程序认可、确定、

处理的那部分意志，才是法律。就此而言，法律只不过是社会的掌权集团或统治阶级根据自身整体意志、共同意志而以国家名义制定、认可、解释的，并由他们通过国家力量强加于全社会，要求一体遵行。法必须体现国家意志，国家意志性是法律的本质属性之一。

2.法的内容是由统治阶级的物质生活条件所决定的

（1）统治阶级的意志与法律的性质主要是由他们所在时代的物质生活条件决定的

马克思说："法的关系正像国家的形式一样，既不能从它本身来理解，也不能从所谓人类精神的一般发展来理解，相反，它们根源于物质的生活关系。"法作为一种独特的社会现象，与其他社会现象一样，依存于一定的生产方式及生产力、生产关系，依存于一定的经济基础，它的存在、发展、运作、实施都受制于生产方式、经济基础。法的关系，权利和义务的关系是一定的物质生产关系所表现的法权关系。因此，法律不是独立自主的，相比于生产方式、经济基础，它是派生的。一切法律现象都可以还原为经济现象，一切法律问题都可以归结为经济问题。经济是法律的基础。

（2）统治阶级的意志与法的性质也受到物质生活以外因素的影响

法具有相对独立性，有其自身的发展过程和规律。除了社会物质生活条件外，社会其他因素，如政治、思想、道德、文化与历史传统、科技等，也对法律产生了不同程度的影响，由此导致法律的多样性、变异性和差异性。

政党的活动与决策对法律会产生一定的影响，但是在不同的国家其相互作用的程度并不一样。思想与社会思潮对法律的影响也是常见的，古罗马法学家与欧洲古典时期的思想家对当时法律制度与宪政的发展发挥了积极的作用。

二、法律规范

（一）法律规范的概念

法律规范又称法律规则，是采取一定的结构形式具体规定人们的法律权利、法律义务以及相应的法律后果的行为规范。法律规范是一种社会规范，即特定社会群体中一般成员共同的行为规则和标准。社会规范包括政治规范、法律规范、道德规范、宗教规范或一般社会组织规章等。除了社会规范外，人类社会还需要其他各种规范，如技术规范、语言规范、运动规范等。其中技术规范是关于使用设备工序、执行工艺过程以及产品、劳动、服务质量要求等方面的准则和标准。当这些技术规范在法律上被确认后，就成为技术法规。这种技术法规在内容上仍是技术性的，但是其具有法律上的约束力。

与其他社会规范相比较，法律规范的基本特征主要包括以下几点。

第一，法律规范是一种一般的行为规则，它使用同一标准，对处于其效力范围内的主体行为进行指导和评价，这一特点使它有别于任何个别性调整措施。

第二，法律规范规定了一定的行为模式，是一种命令式的必须遵守的行为规则，这使它区别于不包含确定行为方案或仅具有倡导性的口号或建议。

第三，法律规范是由国家制定或认可的行为规范，具有强烈的国家意志性，这是它区别于其他社会规范的最基本特征。

第四，法律规范规定了社会关系参加者在法律上的权利和义务，以及违反规范要求时的法律责任和制裁措施。

第五，法律规范有明确的、肯定的行为模式，有特殊的构成要素和结构，是一种高度发达的社会行为规则。

所有这些特征使法律规范具有其他调整措施所不具备的品质，成为对社会关系进行法律调整的权威性根据。

（二）法律规范的种类

按照不同的标准，对法律规范可以进行不同的分类。一般而言，其主要有以下分类。

1. 授权性规范和义务性规范

这是按照规范的内容不同进行的分类。授权性规范是指规定人们有权做一定行为或不做一定行为的规范，即规定人们的"可为模式"的规范。授权性规范的作用在于赋予人们以一定的权利去设立、变更、终止他们的法律地位或法律关系，其特点是为权利主体提供一定的选择自由，对权利主体来说不具有强制性。授权性规范又可分为鼓励性规范和容许性规范。义务性规范是指在内容上规定人们的法律义务，即有关人们应当做或不应当做某种行为的规范。义务性规范又可以分为命令性规范和禁止性规范两种。命令性规范是指规定人们的积极义务，即人们必须或应当做出某种行为的规范；禁止性规范是指规定人们的消极义务，即禁止人们做一定行为的规范。

2. 强行性规范和任意性规范

这是按照规范对人们行为规定和限定的范围或程度不同进行的分类。强行性规范是指具有强制性，无论人们的意愿如何，都必须加以适用的规范。一般来说，公法类法律，特别是行政法、刑法等，主要涉及公共利益，强行性规范较多。任意性规范是指规定在一定范围内，允许人们自行选择或协商确定法律关系中的权利义务内容的法律规范。在民商法等私法类法律中，主要涉及私人利益，任意性规范较多，但也有强行性规范。

3. 确定性规范、委任性规范和准用性规范

这是按照法律规范内容的确定性程度不同进行的分类。确定性规范是指内容已明确肯定，无须再援引或参照其他规范来确定其内容的法律规范。法律条文中规定的绝大多数法律规范都属于此种规范。委任性规范是指内容未确定，而只规定某种概括性指示，由相应国家机关通过相应途径或程序加以确定的法律规范。准用性规范是指内容本身没有规定人们具体的行为模式，而是可以援引或参照其他相应内容规定的规范。

（三）法律规范的结构

法律规范具有内在严密的逻辑结构。从传统观念来看，法律规范主要由三个要素组成，即假定、行为模式、法律后果。

假定又称条件，是法律规范中关于适用该规范的条件的规定，即法律规范在什么时间、什么空间对什么人适用以及在什么情境下对人的行为有约束力的问题。它包含两个方面：一是法律规范的适用条件，其内容是法律规范在什么时间生效、在什么地域生效以及对什么人生效；二是行为主体的行为条件，其往往是法律关系产生、变更或消灭的事实规定，内容包括行为主体的资格构成，如行为主体的国籍、权利能力、行为能力、免责条件等，还包括行为的情境条件，如行为的时间、地点、程序和状态等。在立法实践中有可能省略假定这一要素，或将其规定在其他条文中，以求文字表达简明扼要。然而，省略不意味着假定不存在，我们可以根据法律规范的内在逻辑，从法律条文的上下文或若干法律条文的内容规定推导出假定。

行为模式是指法律规范中关于行为的规定，即法律关于允许做什么、禁止做什么和必须做什么的规定。根据行为要求的内容和性质的不同，将法律规范中的行为模式分为三种：可为的模式、应该为的模式和不得为的模式。与此相对的三种法律规范分别是授权性法律规范、命令性法律规范和禁止性法律规范。

法律后果是指法律规范中对遵守规范或违反规范的行为予以肯定或否定评价的规定。假定、行为模式是法律后果的前提，法律后果是法律对人们遵守或违反假定和行为模式的评价。法律后果分为两种：肯定性法律后果和否定性法律后果。前者是法律规范中规定人们按照行为模式的要求在法律上予以肯定的后果，它表现为法律规范对人们行为的保护、许可或奖励；后者是法律规范中

规定人们不按照行为模式的要求而在法律上予以否定的后果，它表现为法律规则对人们行为的制裁、不予保护、撤销、停止，或要求恢复、补偿等。法律后果是任何法律规范都不可缺少的要素。

三、法律关系

法律关系作为法律领域的基本概念，既是我们理解法的性质和作用的重要视窗，也是我们分析各种法律问题的重要工具。法律关系的形成是法调整社会生活的结果，是纸上的法向现实中的法转化的产物。因此，通过观察现实生活中存在的各种法律关系，我们可以把握一个社会的法律现实状况。法律职业者在处理法律问题时，通常要按照法律的逻辑和方法区分出各种法律关系，分析每种法律关系所应适用的法律规范，确定法律关系主体和客体，明晰法律关系主体的权利、义务或责任。所以，法律关系是法律职业者不可或缺的分析工具。

（一）法律关系的概念和特征

法律关系是根据法律规范产生、以主体之间的权利与义务关系的形式表现出来的特殊社会关系，即在法律规范调整社会关系的过程中所形成的人们之间的权利和义务关系。在历史上，法律关系的观念最早来源于罗马法中"法锁"的观念，但是直到19世纪，法律关系才作为一个专门的概念而存在。法律关系具有如下特征。

1. 法律关系是以法律规范为前提的社会关系

社会关系经过法律规范的调整而成为权利义务关系，即法律关系。因此，法律关系是由于法律规范的存在而建立的社会关系，没有法律规范的存在，也就不可能形成与之相应的法律关系。法律关系与法律规范两者之间的关系可以从两个方面来理解：一方面，法律规范是法律关系存在的前提，没有相应的法律规范的存在就不可能产生法律关系；另一方面，任何一种法律规范只能在具体的法律关系中得以实现。

2. 法律关系是以权利义务为内容的社会关系

从逻辑上说，任何一种法律关系都包括法律关系的主体、客体和内容三个构成要素。其中，法律关系的主体是参与法律关系的个人或组织，法律关系的内容是主体的权利和义务，法律关系的客体是主体的权利和义务所指向的对象。依据习惯、道德、宗教等行为规范而形成的社会关系也都有主体、客体和内容三个构成要素。但法律关系与它们的一个重要区别是，法律关系表现为主体之间的权利义务关系。依习惯行事是无所谓权利和义务的，由习惯调整的社会

关系当然不是权利义务关系。道德主要是一种义务规范,基于道德而形成的社会关系是一种以义务为纽带的社会关系。宗教主要规定信徒对神的种种义务,宗教关系也主要是一种义务关系。只有法律关系才是一种肯定的、明确的权利义务关系。

3. 法律关系是以国家强制力作为保障手段的社会关系

通过社会舆论和道德约束来实现的社会关系具有不稳定性和非强制性。而在法律关系中,一个人可以做什么、不得做什么和必须做什么都是国家意志的体现,反映的是国家对社会秩序的一种维持态度。当法律关系受到破坏时,就意味着国家意志所授予的权利受到侵犯,意味着国家意志所设定的义务被拒绝履行。这时,权利受侵害一方就有权请求国家机关运用国家强制力,责令侵害方履行义务或承担未履行义务所应承担的法律责任,也即对违法者予以相应的制裁。因此,一种社会关系如果被纳入法律调整的范围之内,就意味着国家对它实行了强制性的保护。这种国家的强制力主要体现在对法律责任的规定上。

(二)法律关系的分类

根据不同的标准和认识的角度,可以对法律关系进行不同的分类。

1. 调整性法律关系和保护性法律关系

这是按照法律关系产生的依据、执行的职能和实现规范的内容不同进行的分类。调整性法律关系是基于人们的合法行为而产生的、执行法的调整职能的法律关系,它所实现的是法律规范的行为规范的内容。调整性法律关系不需要适用法律制裁,法律主体之间即能够依法行使权利、履行义务,如各种依法建立的民事法律关系、行政合同关系等。

保护性法律关系是由于违法行为而产生的、旨在恢复被破坏的权利和秩序的法律关系,它执行着法的保护职能,所实现的是法律规范的保护规范(否定性法律后果)的内容,是法的实现的非正常形式。它的典型特征是一方主体适用法律制裁,另一方主体(通常是违法者)必须接受这种制裁,如刑事法律关系。

2. 纵向法律关系和横向法律关系

这是按照法律主体在法律关系中的地位不同进行的分类。纵向(隶属)法律关系是指在不平等的法律主体之间所建立的权力服从关系。其特点包括两方面。一是法律主体处于不平等的地位。如亲权关系中的家长与子女,行政管理关系中的上级机关与下级机关,在法律地位上有管理与被管理、命令与服从、监督与被监督诸方面的差别。二是法律主体之间的权利与义务具有强制性,既不能随意转让，也不能任意放弃。横向法律关系是指平权法律主体之间的权利义务关系。其特点在于，法律主体的地位是平等的，权利和义务的内容具有一定程度的任意性，如民事财产关系、民事诉讼关系、被告关系等。

3. 第一性法律关系和第二性法律关系

这是按照相关的法律关系作用和地位的不同进行的分类。第一性法律关系（主法律关系），是人们之间依法建立的不依赖其他法律关系而独立存在的或在多向法律关系中居于支配地位的法律关系。由此而产生的、居于从属地位的法律关系，就是第二性法律关系或从法律关系。一切相关的法律关系均有主次之分，如在调整性和保护性法律关系中，调整性法律关系是第一性法律关系（主法律关系），保护性法律关系是第二性法律关系（从法律关系）；在实体和程序法律关系中，实体法律关系是第一性法律关系（主法律关系），程序法律关系是第二性法律关系（从法律关系）。

（三）法律关系的构成要素

法律关系由法律关系的主体、法律关系的内容和法律关系的客体三部分构成。

1. 法律关系的主体

法律关系的主体是法律关系的参加者，是指参加法律关系，依法享有权利和承担义务的当事人。在每一具体的法律关系中，主体的多少各不相同，在大体上都属于相对应的双方：一方是权利的享有者，称为权利人；另一方是义务的承担者，称为义务人。

公民和法人要能够成为法律关系的主体，享有权利和承担义务，就必须具有权利能力和行为能力，即具有法律关系主体构成的资格。

（1）权利能力

权利能力又称权义能力（即权利义务能力），是指能够参与一定的法律关系，依法享有一定权利和承担一定义务的法律资格。它是法律关系主体实际取得权利、承担义务的前提条件。

公民的权利能力可以从不同角度进行分类。首先，根据享有权利能力的主体范围不同，可以分为一般权利能力和特殊权利能力。前者又称基本的权利能力，是一国所有公民均具有的权利能力，它是任何人取得公民法律资格的基本条件，不能被任意剥夺或者解除。后者是公民在特定条件下具有的法律资格。这种资格并不是每个公民都可以享有的，而只授予特定的某些法律主体。如国家机关及其工作人员行使职权的资格，就是特殊的权利能力。其次，按照法律部门的不同，可以分为民事权利能力、政治权利能力、行政权利能力、劳动权利能力、诉讼权利能力等。这其中既有一般权利能力（如民事权利能力），也有特殊权利能力（如政治权利能力、劳动权利能力）。

一般而言，法人的权利能力自法人成立时产生，至法人解体时消灭，其范围是由法人成立的宗旨和业务范围决定的。

（2）行为能力

行为能力是指法律关系主体能够通过自己的行为实际取得权利和履行义务的能力。

公民的行为能力是公民的意识能力在法律上的反映。确定公民有无行为能力，其标准有两个：一是能否认识自己行为的性质、意义和后果；二是能否控制自己的行为并对自己的行为负责。因此，公民是否达到一定年龄、神智是否正常，就成为公民享有行为能力的标志。例如，婴幼儿、精神病患者，因为他们不可能预见自己行为的后果，所以在法律上不能赋予其行为能力。

世界各国的法律，一般都把本国公民划分为完全行为能力人、限制行为能力人和无行为能力人。

①完全行为能力人是指达到一定法定年龄、智力健全、能够对自己的行为负完全责任的自然人（公民）。例如，在民法上，18周岁以上的公民是成年人，具有完全的民事行为能力，可以独立进行民事活动，是完全民事行为能力人。

②限制行为能力人是指行为能力受到一定限制，只具有部分行为能力的公民。例如，我国规定，8周岁以上的未成年人、不能完全辨认自己行为的精神病人，是限制行为能力人。我国刑法将已满14周岁不满16周岁的公民视为限制行为能力人（不完全的刑事责任能力人）。

③无行为能力人是指完全不能以自己的行为行使权利、履行义务的公民。在民法上，不满8周岁的未成年人、完全的精神病人是无行为能力人。在刑法上，不满14周岁的未成年人和精神病人也被视为无刑事责任能力人。

法人组织也具有行为能力，但与公民的行为能力不同，表现在以下两方面：第一，公民的行为能力有完全与不完全之分，而法人的行为能力总是有限的，由其成立宗旨和业务范围所决定。第二，公民的行为能力和权利能力并不是同时存在的。也就是说，公民具有权利能力却不一定同时具有行为能力，公民丧失行为能力并不意味着丧失权利能力。与此不同，法人的行为能力和权利能力却是同时产生与同时消灭的。法人一经依法成立，就同时具有权利能力和行为能力，法人一经依法撤销，其权利能力和行为能力也就同时消灭。

2. 法律关系的内容

法律关系的内容就是法律关系主体之间的法律权利和法律义务。

法律权利是指法律关系主体依法享有的某种权能或利益，它表现为权利享有者可以自己做出一定的行为，也可以要求他人做出或不做出一定的行为。一切法律权利都受到国家的保护，当权利受到侵害时，权利享有者有权向人民法院或者有关主管机关申诉或请求保护。

法律义务是指法律关系主体依法承担的某种必须履行的责任，是指法律关系的主体依据法律规范必须为一定行为或不为一定行为，以保证权利得以实现。当负有法律义务的主体不履行或不适当履行自己的义务时，要受到国家强制力的制裁，承担相应的责任。

3. 法律关系的客体

法律关系的客体是指法律关系主体之间的权利和义务所指向的对象。它是构成法律关系的要素之一。法律关系客体是一定利益的法律形式，任何外在的客体，一旦它承载某种利益价值，就可能成为法律关系客体。法律关系建立的目的，是为了保护某种利益、获取某种利益，或分配、转移某种利益。所以，实质上，客体所承载的利益本身才是法律权利和法律义务联系的中介。这些利益，从表现形态上可以分为物质利益和精神利益、有形利益和无形利益、直接利益和间接利益（潜在利益）；从享有主体的角度，可分为国家利益、社会利益和个人利益等。法律关系客体的范围和种类主要有以下几类。

（1）物

法律意义上的物是指法律关系主体支配的、在生产上和生活上所需要的客观实体。法律意义上的物需具备三个条件。第一，应得到法律的认可。第二，应为人类所认识和控制。不可认识和控制之物，如地球以外的天体，不能成为法律关系客体。第三，能够给人们带来某种物质利益，具有经济价值。第四，需具有独立性。不可分离之物，如道路上的沥青、桥梁的构造物、房屋的门窗，属于物的成分，故不能单独作为法律关系的客体存在。

（2）人身利益

人身是由各个生理器官组成的生理整体（有机体），它是人的物质形态，也是人的精神利益的体现。在现代社会，随着现代科技和医学的发展，输血、植皮、器官移植、精子提取等现象大量出现，同时也产生了此类交易买卖活动及其契约，带来了一系列法律问题。

（3）精神产品

精神产品是人通过某种物体（如书本、砖石、纸张、胶片、磁盘）或大脑记录下来并加以流传的思维成果。精神产品不同于有体物，其价值和利益在于物中所承载的信息、知识、技术、标识（符号）和其他精神文化。同时它又不同于人的主观精神活动本身，是精神活动的物化、固定化。精神产品属于非物质财富。西方学者称其为"无体（形）物"。我国法学界常称其为"智力成果"或"无体财产"。

（4）行为

行为包括作为或不作为。作为是指积极从事某种行为；不作为是指不为某种行为。行为一般情况下属于债的客体。如合同的标的就是行为，当事人之间签订合同之后，要相互履行约定的义务，而此种履行义务的行为其实就是合同的标的。

必须看到，实际的法律关系有多种多样，而多种多样的法律关系就有多种多样的客体，即使在同一法律关系中也有可能存在两个或两个以上的客体。例如，买卖法律关系的客体不仅包括货物的交付行为，也包括货款的履行行为。

四、法律事实

（一）法律事实的概念

法律关系的形成、变更和消灭，需要具备一定的条件，其中最主要的条件是法律规范和法律事实。法律规范是法律关系形成、变更和消灭的法律依据，没有一定的法律规范，就不会有相应的法律关系。但法律规范的规定只是主体权利和义务关系的一般模式，还不是现实的法律关系本身。法律关系的形成、变更和消灭还必须具备直接的前提条件，这就是法律事实。它是法律规范与法律关系联系的中介。

所谓法律事实，就是法律规范所规定的、能够引起法律关系形成、变更和消灭的客观情况或现象。首先，法律事实是一种客观存在的外在现象，而不是人们的一种心理现象或心理活动。纯粹的心理现象不能看作法律事实。其次，法律事实是由法律规定的、具有法律意义的事实，能够引起法律关系的形成、变更或消灭。在此意义上，与人类生活无直接关系的纯粹的客观现象就不是法律事实。

（二）法律事实的分类

在法律实践中，法律事实多种多样，可以依据不同的标准对其做不同的分类。

1. 法律事件与法律行为

以是否以人们的意志为转移作为标准，法律事实大体上可以分为法律事件和法律行为两类。

法律事件是法律规范规定的、不以当事人的意志为转移而引起法律关系形成、变更或消灭的客观事实。法律事件又分社会事件和自然事件两种。前者如社会革命、战争等，后者如人的生老病死、自然灾害等，这两种事件对于特定的法律关系主体（当事人）而言，都是不可避免、不以其意志为转移的。但由于这些事件的出现，法律关系主体之间的权利与义务关系就有可能产生，也有可能发生变更，甚至完全归于消灭。例如，由于人的出生便产生了父母与子女间的抚养关系和监护关系；而人的死亡却又导致抚养关系、夫妻关系或赡养关系的消灭和继承关系的产生等。

法律行为可以作为法律事实而存在，能够引起法律关系的形成、变更和消灭。因为人们的意志有善意与恶意、合法与违法之分，故其行为也可以分为善意行为、合法行为与恶意行为、违法行为。善意行为、合法行为能够引起法律关系的形成、变更和消灭。例如，依法登记结婚行为，促使婚姻关系的成立。同样，恶意行为、违法行为也能够引起法律关系的形成、变更和消灭。如犯罪行为产生刑事法律关系，也可能引起某些民事法律关系（损害赔偿、婚姻、继承等）的产生或变更。

2. 肯定性法律事实与否定性法律事实

这是根据法律事实的存在形式而做的分类。肯定性法律事实是指只有当这种事实存在时，才能引起法律关系的事实；否定性法律事实是指某一法律关系，若要产生，就必须排除的事实，如婚姻关系的建立，就必须排除直系血亲与三代以内的旁系血亲关系，"直系血亲与三代以内的旁系血亲关系"就属于否定性法律事实。

值得指出的是，在研究法律事实问题时，应看到这样两种复杂的现象。第一，同一个法律事实（事件或者行为）可以引起多种法律关系的形成、变更和消灭。例如，工伤致死不仅可以导致劳动关系、婚姻关系的消灭，也可以导致劳动保险合同关系、继承关系的产生。第二，两个或两个以上的法律事实引起同一个法律关系的形成、变更或消灭。例如，房屋的买卖，除了双方当事人签订买卖协议外，还需在房管部门办理登记过户手续方可有效力，相互之间的关系也才能成立。在法学上，人们常常把两个或两个以上的法律事实所构成的一个相关的整体，称为"事实构成"。

第二节　法制教育的概念界定

一、法制教育与法学教育

法学教育一般是指社会或者学校针对法律专业人员或法律专业学生进行的系统全面的法律知识传授和法律职业能力的培养与教育。"法学教育"与"法制教育"这两个词语，从形式上来看一字之差，从内容上来看虽有不同但又紧密相关，都是要传授法律知识、培养法律意识、树立法治观念。就学校教育而言，法学教育和法制教育同样在高等教育范围内进行，教学内容和方法比较相近，教学经验和路径可以互相借鉴，故而有人混淆两者概念，认为法学教育就是法制教育，无须再增设法律基础课、法学概论类课程，只需扩大法学教育的接受范围即可。针对此观点，有必要对法制教育和法学教育的关系进行科学的阐述与归纳，清晰呈现两者之间的相互联系和区别。

两者之间的联系在于，法制教育和法学教育在内容上有交叉重合的部分，同样是向学生传授相关法律知识和技能，培养学生的法律意识和法律运用能力，只是在广度、深度上不同而已。随着我国法治化的不断完善和深化，社会对大学生法律素质的要求不断提高，法制教育的内容和理念也将会越来越接近于专业的法学教育。另外，两者在教学方法上也是相互贯通、相互借鉴的，除了以课堂教学为主以外，都在尝试运用案例教学法、诊所式教学法等方法不断拓展实践教学和网络教学，增强第二课堂教学的吸引力和实效性。

就区别而言，我们可以清晰地看到，"法制教育"与"法学教育"二者仅一字之差，却是内涵与外延各不相同的两个概念。尽管在内容和实现形式上有相似之处，但法学教育并不能等同或取代法制教育的作用和地位，两者是相互独立并存的，并分别在各自领域中发挥着重要而独特的作用。与此同时，法制教育的开展离不开法学教育，在某种程度上，法学教育是开展法制教育的一种有效的途径和方法。此外，可能还会有这样的疑问：法制教育与法律教育是什么关系？实际上，法学教育具有统一的双重属性，既有教育属性，又有法律职业属性。有些学者为了突出其法律职业性，即更有效地培养应用型法律人才，又称法学教育为法律教育，实则二者是一个概念。

当前，建设社会主义法治国家，弘扬社会主义法治精神，树立社会主义法治理念，增强全社会学法、尊法、守法、用法意识，法制教育和法学教育成为我国法制建设所必须同时兼顾的教育任务。法制教育是思想政治教育的内容之一，其对象是一般的普通公民，主要是青年学生，通过法制教育，增强学生社会主义法制观念，提高思想道德素质，帮助其正确处理好与个人、社会和国家之间的关系，正确实现和履行其法律权利与义务。而法学教育是专业教育，其对象是从事法律专业工作的人员，以传授法律知识、训练法律思维、培养合格法律专业人才为内容，服务于一国法律职业共同体的建立。法学教育和法制教育在目标上都是为建设法治国家服务的，二者在教育的内容等方面也存在一定程度的重合（如都强调对现有法律规范的理解），由于教育对象、教育目标的差异也导致二者存在着不同，通过法制教育与法学教育的对比，能够进一步明确法制教育的目的和定位。

（一）教学目标：法律修养抑或法律职业

目标决定方向，法学教育和法制教育虽然都服务于我国建设社会主义法治国家的目标，但在具体的目标实现上会有不同的分工，因此准确把握二者的目标分工，是进一步探讨两者异同的基础。事实上，法学教育和法制教育都服务于提高社会中不同人群的法律修养这个目标。"修养"有两个层面的含义：第一个是知识层面的含义，也是最基础层面上的含义，是指个体在特定领域掌握的理论、知识等方面所要达到的水平，即认知和具体技能在知识层面上的把握；在此基础之上，修养还有更高层面的要求，要求在掌握知识的基础上，将这种认识深入自我意识深层，将其与人的情感、社会的价值观等相联系，剖析、反思、总结，升华为更高的认识，并以此引导自身和外部联系。在这个意义上讲，法律修养应该分为几个层次，最低的是法律知识层面上的，指有没有掌握一种正确的知识，把握相关的法律概念和法律规范，从而有意识地遵循法律行事，形成按照法律规定、原理和精神，思考、分析和解决问题的习惯与取向；再上一个层次的修养就是价值层面的修养，包括对法律终极价值的掌握，如秩序、正义和真善美等，在此基础上，用所掌握的价值对现实中的法律规范、法律现象进行衡量，形成一种批判性思维。所以，第一个层面上的法律修养是规范层次上的修养，指的是对现有法律规范的掌握和服从，将法律规范内化到日常的生活中，树立学法、遵法、守法、用法的自觉。在此基础上，一个更高层次，或者说终极层面上的法律修养就是对法律的价值的人文关怀，将伦理道德等标准引入法律，确保获得普遍服从的法律是制定良好的法律。

党的十八大报告指出："全面提高公民道德素质。这是社会主义道德建设的基本任务。要坚持依法治国和以德治国相结合，加强社会公德、职业道德、家庭美德、个人品德教育，弘扬中华传统美德，弘扬时代新风。推进公民道德建设工程，弘扬真善美、贬斥假恶丑，引导人们自觉履行法定义务、社会责任、家庭责任，营造劳动光荣、创造伟大的社会氛围，培育知荣辱、讲正气、做奉献、促和谐的良好风尚。"由此可见，报告中将"社会公德"放在了我国公民道德素质的首位，是针对我国目前道德建设的关键问题所做的准确判断，对于与公民素质建设紧密相连的法制教育而言，有着重要启示。

应该说，伴随中国特色社会主义法律体系的建成以及社会主义市场经济的逐步成熟，我国在公民私人领域的道德和法制建设取得了比较明显的成绩。社会体制转轨要求国家在政治层面，在社会建设的新阶段必须进一步探索同民生问题相呼应的民主法治实现形式。作为回应，国家在多个层面加大了民主法制建设力度。但是，公众参与民主活动的积极性与实践能力，对于法制建设的认识和实践能力均有待进一步加强。党的十七大报告明确提出，在全社会加强公民意识教育，树立社会主义民主法治、自由平等、公平正义理念，这表明公民意识教育已经成为党和国家的意志诉求。当前要求公民面向国家时，除了彰显作为权利享有者的主体性，更应当注重自身所承担的社会责任，成为参与公共生活、服从法律权威，知法、懂法、守法和有责任的现代公民。所以，法制教育事实上应该同时承担起培养公民社会责任的任务，需要服务于我国社会建设中培养"社会公德"的目标。

鉴于此，法制教育的根本目的是通过民主与法制教育，使整个社会形成一个全民学法、知法、懂法、遵纪守法、公德与私德并重的局面，同时也承担其必要的法律，即规范层面的法律修养。与此不同，法学教育所针对的以法官、检察官、律师、法学家为核心的法律职业人员以从事法律事务为本，承担着定纷止争、实现社会公平的责任，因此对他们有较高的职业伦理要求，所以法学教育所要塑造的法律修养必须是更高层次上的，即以人文关怀精神为支撑、以批判思维为基础、以追求法律终极价值为目的的法律修养。

（二）教学内容：实际规范抑或深度原理

目的差异决定了二者必然会有不同的教学内容，然而，这并不意味着法学教育与法制教育二者没有任何的共同点。不管是法制教育还是法学教育，都是强调权利与义务高度统一的教育。现阶段重点在于塑造公民社会公德的法制教育以公民的社会责任的培养为目标，但这并不等于单纯强调义务的教育。仅仅关注法制教育中义务的一面，更多地出于组织动员广大人民群众进行建设目标的需要，强调人民群众所承担的法律义务，却忽视权利教育的法制教育，容易忽视广大社会成员现实的需求，这种做法必然会引起人们的反感和抵触，降低其实效性。个人成为公民，就必须具有独立的人格。个人没有正当权利，也不可能有独立的人格。因此，公民教育先要培养公民的主体意识、权利意识，学会维护和捍卫公民的正当权利，在此基础上，同时履行公民义务，成为健全的公民。法律本身就是权利与义务的统一。一个健全的民主社会，公民不能只重视权利而忽视应有的责任和义务，也不应片面强调公民的责任和义务而无视公民应有的权利。

当前法制教育是一种符合社会发展需要和人的发展需要的价值观的教育，它在要求公民对所在国家的社会制度、法律、道德形成认同的同时，也充分肯定了个人的权利，以其核心价值观引导人们协调好人与人之间、人与社会、政府与国家之间的关系。所以法制教育本身不能仅仅成为强调义务的教育，而必须是权利与义务并重的教育。具体到教学内容上，法制教育因为其本质上希望培育以大学生为代表的公民"学法、尊法、守法、用法"的自觉，因此，教学很大程度上就以国家现有的法律规范作为支撑，告诉学生"法律是什么样的"。而法学教育以追求法律终极的公平正义为目标，培养的是一批能够在不同的利益之间做平衡、实现社会正义的专业人员，因此教学除了以现有的法律规范作为支撑，深邃的法学理论也应该成为教学的重点，这是批判性思维和公平正义理念得以建立的基础，也就是说法学教育除了告诉学生"法律是什么样的"，还为学生打开了一幅法律的应然景象，即"法律有可能是什么样的"。

虽然法制教育主要以国家现行的法律规范作为支撑，并不等于对法律背后的原理毫无涉及。法制教育一个很重要的目的是树立守法意识，实现法律对国民品格和道德的教育作用。但是，要让公民守法的前提是必须回答"为什么要守法"，所以法制教育除了涉及法律规范的字面含义也应该向学生展示法律背后的理论支撑，但法制教育的理论教育与法学教育的理论教育的区别在于，后者更强调批判性理论教育，即寻找和传递让现有法律可以变得更完美的理论，但法制教育则是证成性的理论教育，即传递现有法律为何合理的理论。以宪法为例，在法制教育中除了要向学生讲述我国现行宪法结构及其涵盖内容外，还应该从法律起源角度阐释宪法作为根本法的最高性和正当性所在，树立宪法

17

权威，从而让学生对法律的最高性有所了解。而法学教育并不能止步于此，法学教育还应该从权利理论和宪法解释理论进一步探索宪法完善的可能和如何适用，从而最大限度地实现对公民权利的保护。

（三）教学方法：诉诸现实抑或情感依赖

法学教育的对象是一群将来选择以法律为职业的人群，从其选择这个专业的初衷到整个的专业训练，再到将来执业的压力，守法对他们而言，在很大程度上是一种不言而喻的自我约束。但是，法制教育的对象是普通公民，如何能够确保他们接受现行法律体系中的法律制度？除了以法学原理的讲述作为支撑，如何能够让普通的个体自觉地服从法律的权威，重视法制建设的目标，实现法制教育的目标？这是法制教育必须要回答的问题。

亚里士多德在《尼各马可伦理学》中提到，"但是事实上，逻各斯虽然似乎能够影响和鼓励心胸开阔的青年，使那些生性道德优越、热爱正确行为的青年获得一种对于德行的意识，它却无力使多数人去追求高尚和善。因为，多数人都只知恐惧而不顾及荣誉，他们不去做坏事不是出于耻辱，而是因为惧怕惩罚"。所以要树立守法意识，对法律后果的强调必不可少，如法律概念中对于法律特征之一的"国家强制力的保证实施"的强调就是这个理论的最好体现。但事实上，法律是限制和约束，这是法律的应有之义，但不是法律的全部。法制教育更加偏重素质教育，在法制教育的教学中，应该力图将不同的部门法立法意图和制度原理同个体的生活联系起来。与法学教育注重理性分析、逻辑推理不同，法制教育应该遵从叙事伦理的路径，通过贴近个人经历的具体道德意识和伦理诉求的陈述，引起其情感上的共鸣，让其形成一种自我内心的约束。

法学教育由于其对象是专业人才，因此可以在一个封闭的理论系统中完成，现实因素的缺乏并不必然导致其培养目标的落空。但是法制教育面向的是一般的大众，如果完全与现实疏离，特别是在当下的法治环境下，很难引起其共鸣，只有将"法治"这个国家层面的宏大理想与公民生活的周围世界联系起来，才有可能实现公民知法、守法的法治目标。如在法学教育中，只需要强调"意思自治、责任自负"的权利义务对等观就可行，但是在法制教育中，"有红灯的约束，才有绿灯的自由"这样的具体规则实例的讲述比深刻的权责观的讲述要有意义得多。当前社会现实也为我们的法制教育提供了很多很好的素材，有效利用现实素材与法制教育相结合，将有利于法制教育目标的实现。例如，2011年发生的"小悦悦事件"，本身是一个道德调整的范畴，但是如果从法律完善的角度去反思，如果我们的法律制度能够完善到让好人做了好事不再流泪的程度，这是不是在某种程度上就有可能推进整个社会的道德进步？从这样的角度进行法制教育，将有助于从根本上提升公民的法制意识和公共自觉。法制教育作为思想政治教育的一个部分，从根本上是不希望以强制命令作为实现守法的最终手段的，所以如何找到法律规范与现实生活、与个人情感的联系和共鸣是法制教育目的实现的一个重要维度。

习近平总书记在中共中央政治局全面推进依法治国进行第四次集体学习中指出，任何组织或者个人都必须在宪法和法律范围内活动，任何公民、社会组织和国家机关都要以宪法和法律为行为准则，依照宪法和法律行使权利或权力、履行义务或职责。要深入开展法制宣传教育，在全社会弘扬社会主义法治精神，引导全体民众遵守法律、有问题依靠法律来解决，形成守法光荣的良好氛围。要坚持法制教育与法治实践相结合，广泛开展依法治理活动，提高社会管理法治化水平。要坚持依法治国和以德治国相结合，把法制建设和道德建设紧密结合起来，把他律和自律紧密结合起来，做到法治和德治相辅相成、相互促进。事实上，法治国家、法治政府、法制社会的一体化建设是一个系统工程，不仅需要国家层面的努力推进，也需要大量的专业人才的努力，为此，高校法制教育的理论和实践路径存在较大的提升空间。

二、法制教育与普法教育

普法教育，是指我国从 1985 年开始实施的全国性法制宣传教育，即对全社会公民普及相关基本社会法律法规，并在日常工作和学习中掌握最基本的守法用法能力的教育活动。时任司法部部长张福森指出："全民普法是加强社会主义民主法制建设的伟大实践，是改革开放和社会主义现代化建设的必然要求。"普法教育的任务是使公民对我国基本社会制度有一个比较深刻和全面的认识，促使公民积极投身于依法治国、建设社会主义法治国家的事业中，使公民比较充分地了解宪法和法律确定的权利与义务，不断增强公民的权利意识和主人翁意识，形成公民的社会责任感，使公民了解可以采取何种方式来维护自己的正当权益。

普法教育与法制教育是两个既有区别又有联系的概念，而且极易混淆。法制教育与普法教育相比，具有三个特点。第一，法制教育的主体比普法教育广泛，不仅限于组织，还包括个人。第二，法制教育的客体与普法教育的客体基本重叠，但侧重点不同。法制教育中对在校学生的教育是重点，并且呈现系统化、长期化、目标化趋势，而普法教育的重点对象，根据阶段性不断调整，每个五年规

划都有不同的侧重点。第三，法制教育与普法教育的目的和目标基本相同，但在内容上有很大区别。法制教育的内容根据主体的目的和客体的要求而定，呈现多层次性的特点；而普法教育的内容由普法规划规定，在每个阶段各有侧重，但是重点一直是宪法和其他基本法律。

由上面的论述不难看出，法制教育比普法教育的范围广、层次多、情况复杂。简而言之，法制教育包含且大于普法教育，普法教育是法制教育的重要组成部分，也是法制教育的有效途径和基本方法。

第三节　高校法制教育的定位问题

一、高校法制教育的性质定位

关于高校法制教育性质问题的讨论，可以追溯到 20 世纪 80 年代中期。1985 年 11 月，中共中央、国务院批转了《中央宣传部、司法部关于向全体公民基本普及法律常识的五年规划》。随后，全国人民代表大会常务委员会发布《关于在公民中基本普及法律常识的决议》。为了适应全民普法教育的需要，1987 年，国家教育主管部门决定在普通高校开设 "法律基础" 课，课堂教学逐步成为高校法制教育的主渠道。

1994 年《中共中央关于进一步加强和改进学校德育工作的若干意见》和 1995 年《中国普通高等学校德育大纲》都将高校法制教育列入德育范畴。国家教育委员会（现为教育部）、中共中央政法委员会（以下简称 "中央政法委"）办公室、司法部 1995 年 12 月 28 日联合发布的《关于加强学校法制教育的意见》更加明确地指出： "学校法制教育是学校德育的重要内容，是对学生进行社会主义民主法制教育，培养学生树立社会主义法律意识，增强法制观念的重要途径，是实现依法治国的百年大计。" "98 方案" 将 "法律基础" 作为一门独立开设的必修课列入马克思主义理论课和思想品德课（ "两课" ），并明确规定其思想品德教育任务。 "05 方案" 则将 "98 方案" 独立开设的 "思想道德修养" 和 "法律基础" 两门课程，整合成 "思想道德修养与法律基础" （简称 "基础" ）一门课程列入思想政治理论课体系，并明确规定该课程的任务是，主要进行社会主义道德教育和法制教育，帮助学生增强社会主义法制观念，提高思想道德素质，解决成长成才过程中遇到的实际问题。

尽管在教育政策层面上一直将高校法制教育定性为 "思想教育" "思想品德教育" "德育" "思想政治理论教育" 等，但教学实践中一直存在不同认识。

有的教师认为高校法制教育是在全民普法的大背景下进课堂的，它实质上是对大学生进行普法教育的一种形式，其任务就是普及法律常识。有的教师认为该课程较受学生欢迎的原因在于能教给学生一些实用性法律知识，突出其思想性，必遭学生冷落，其目标就是传授法律基础知识。还有的教师认为该课程在新形势下的教学目的是满足市场经济条件下大学生学习法律知识的需要，它应该独立为一门专业基础课。这三种观点立论的基础虽有不同，但都把法制教育定性为法律基础知识教育，而知识教育属于智育范畴，从而认为高校法制教育的性质是智育。在这种教育思想指导下，一些高校的法制教育，片面追求传授法律知识的深度和广度，在课堂上搞"满堂灌"，争分夺秒地讲解法律条文，力求最大限度地满足学生对实用性法律知识的需求。

由于高校法制教育学时太少而内容太多，新的法律又在不断涌现，在很少的学时内向学生传授的法律知识十分有限，难免挂一漏万，甚至可能导致学生因为对法律规定的一知半解而误入歧途。通过课堂教学加强大学生法制教育的确与全民普法这个大背景有关，但普法教育的内涵也是不断发展的。"一五"普法的目标是向全体公民普及法律常识。但从 1991 年"二五"普法开始，目标就已经从普及法律常识逐步提升，普法规划和决议的文件名中的关键词也早已从"普及法律常识"变为"法制宣传教育"。普法的任务也早就从"普及法律常识"转变为"提高全民法律意识"，进而提升为"提高全民法律素质"了。中共中央、国务院转发《中央宣传部、司法部关于在公民中开展法制宣传教育的第六个五年规划（2011—2015 年）》的通知强调："法制宣传教育是提高全民法律素质，推进依法治国、建设社会主义法治国家的一项重要基础性工作。"因此，如果仍将高校法制教育定位于"普及法律常识"或"传授法律基础知识"这样的层次上，就无法承担提高大学生法律素质的历史重任。此外，突出该课的思想性与遭学生冷落也没有必然联系，关键是教师能否把知识性和思想性有机结合起来。事实上，优秀教师大都能把二者结合得比较好。如果把法制教育从思想政治理论课体系中分离出来，就失去了普遍设置的依据，不可能独立为一门专业基础课。因为不同专业的学生需要开设的专业基础课是不同的，一个学校有几十个甚至上百个专业，不可能都开设以法律知识为内容的专业基础课。为了满足有些专业的学生学习相关法律知识的需要，承担法制教育任务的教师可以开设相关的选修课或讲座。这是教学内容的延伸，而不是教育性质的改变。

"05 方案"实施以来，直接用于法制教育的课时更少了，但不能因此怀疑法制教育的地位。因为"05 方案"是在深化高等教育改革、减少总学时的背景下出台的。高校法制教育的重点是法律思想观念的引导。我们在实际工作中，应当坚持高校法制教育的思想品德教育性质，加快教育思想改革的步伐，将智育观转变为德育观，这是加强和改进新形势下高校法制教育的重要基础。

二、高校法制教育的目标定位

高校法制教育的目标与其性质紧密相连，或者说其性质决定目标，而目标定位又反作用于定性。关于高校法制教育目标问题的讨论，在世纪之交达到高潮。1999 年《中共中央国务院关于深化教育改革，全面推进素质教育的决定》颁布后，很多教师开始质疑将高校法制教育的目标定位于向学生传授法律基础知识的合理性和科学性，认为公民法律素质属于思想政治素质范畴，而思想政治素质是最重要的素质；高校法制教育是德育的重要内容，而德育工作应摆在素质教育的首要位置；全面推进素质教育，当然也需要高校法制教育朝着素质教育方向进行改革；应该根据中央精神，从落实素质教育的战略任务出发，针对大学生法律素质的薄弱环节研究如何改进高校法制教育的方法。随着"依法治国，建设社会主义法治国家"载入宪法成为治国方略，一些教师认为，高校法制教育是实施依法治国基本方略的基础性工作之一，也是 21 世纪我国社会主义民主法制建设的必然要求。我国社会主义现代化建设正处于关键时期，虽然高校法制教育工作取得了很大成绩，但离依法治国、建设社会主义法治国家的要求还有很大的现实差距。实施依法治国方略，必然对全体公民尤其是大学生法制教育提出更高的要求。我们应该站在推进依法治国的战略高度，审视高校法制教育现状，研究如何进一步增强法制教育内容的时代感。

2001 年，《中共中央国务院关于转发〈中央宣传部、司法部关于在公民中开展法制宣传教育的第四个五年规划〉的通知》和《全国人民代表大会常委会关于进一步开展法制宣传教育的决议》，都强调"四五"普法"要以提高全民法律素质和全社会法治化管理水平为目标"。2002 年 10 月 24 日，教育部、司法部、中央综治办、共青团中央发布的《关于加强青少年学生法制教育工作的若干意见》指出，法律素质是青少年学生综合素质的重要组成部分。青少年学生法制教育工作的目标，就是要不断提高广大青少年学生的法律素质。2004 年《中共中央国务院关于进一步加强和改进大学生思想政治教育的意见》在明确指出大学生思想政治教育的任务之一是"以大学生全面发展为目标，深入进行素质教育"时，将"加强民主法制教育，增强遵纪守法观念"作为大学生素质教育的一项内容。2006 年中共中央、国务院批转的《中央宣传部、司法部关于在公民中开展法制宣传教育的第五个五年规划》（以下简称"'五五'普法规划"）将"进一步提高全民法律意识和法律素质”作为法制宣传教育工作的主要目标之一。这就不仅要求公民具有知法、懂法、守法的法律意识，还要求把法律意识转化为依法行使权利和履行义务的法律行为。高校法制教育在全民法制教育体系中居于特殊的重要地位，必然需要相应地将其教育目标调整为帮助大学生提高法律素质。

法律素质是人类法治文明的基础，是法治社会的土壤，是现代法治社会广大公民整体素质的一个重要组成部分。法律素质教育以促进大学生全面发展为出发点和归宿，是人的价值实现的重要途径。人的全面发展，既是人的价值的最充分实现，又是法律素质教育价值实现的理想境界。高校法制教育的目标，就是要帮助大学生懂得马克思主义法学和社会主义法律基本原理，了解宪法和有关法律制度的基本精神，增强社会主义法治理念，正确处理大学生成长成才过程中遇到的法律问题，努力做到依法行使公民权利、履行公民义务、维护法律尊严，以适应依法治国、建设社会主义法治国家对公民法律素质的要求。基于法律素质教育目标的高校法制教育的重点应该包括两方面。一是帮助学生增强社会主义法制观念。社会主义法制观念以广大公民高度自觉性为基础，要求人们对现行法律持尊重、信赖并积极认同的态度。它直接决定人们的法律态度，也制约着人们的法律行为。公民法制观念的内涵很丰富，包含了依法参与管理国家和社会事务的观念，依法规范生产和生活即依法办事的观念，依法监督国家权力行使的观念，依法维护自己合法权益的观念，依法履行法定义务的观念等。公民法制观念的水平，直接影响着依法治国基本方略的实施，制约着社会主义法治国家建设的历史进程。因此，必须通过扎实有效的法制宣传教育，实现全体公民法制观念的形成和提高。对于大学生而言，不仅需要法律知识，更需要法制观念。如果没有法制观念的支撑，就失去了对法律的尊重与信赖，即使有丰富的法律知识，仍可能经受不住私欲的诱惑而违法乱纪甚至犯罪。我们不难看到，有些大学生之所以走向犯罪的深渊，原因绝不仅仅是法律知识的匮乏，而是法治观念和法律信仰的缺失。因此，帮助大学生增强社会主义法治观念，是一项十分重要而艰巨的任务。二是帮助大学生解决成长成才过程中遇到的实际法律问题。大学生在成长成才过程中，可能遇到各种各样的实际问题，既有道德方面的，也有法律方面的。“基础”课所进行的社会主义道德教育和法制教育，共同承担着帮助学生“解决成长成才过程中遇到的实际问题”的任务。其中的法制教育，应该着重在涉法问题上，帮助大学生释疑解惑，提高大学生对社会主义法律制度的理性认识，增强他们对依法治国、建设社会主义法治国家的信心，同时引导他们通过合法途径正确处理在政治权利与自由、受教育权、财产权和人身权等方面的法律难题。

三、高校法制教育的关系定位

高校法制教育的关系定位问题主要是指如何正确认识和处理法制教育与思想道德及公民教育的关系，这一问题在过去分别独立开设"思想道德修养"课和"基础"课时，已经有过讨论。"05方案"实施以来，该问题的重要性进一步凸显。"05方案"强调"基础"课是一门新课，它并不是过去的"思想道德修养"和"法律基础"两门课的简单合并。在界定"基础"课的任务时，是将"社会主义道德教育"和"法制教育"紧密结合在一起的。因此，为了避免将教材搞成道德教育和法制教育两大块的"拼盘"，在阐述公共生活、职业生活和家庭生活三大领域的道德和法律规范时，力求实现道德教育和法制教育的融合。我们还注意到，"'五五'普法规划"也将"坚持法制教育与道德教育相结合"作为第五个五年法制宣传教育工作的指导思想。2011年3月，中共中央、国务院转发《中央宣传部、司法部关于在公民中开展法制宣传教育的第六个五年规划（2011—2015年）》的通知，进一步将"坚持法制宣传教育与社会主义核心价值体系教育相结合、与社会主义法治理念教育相结合、与社会主义公民意识教育相结合、与法治实践相结合"写进了指导思想，要求根据青少年的特点和接受能力，结合公民意识教育，有针对性地开展法制宣传教育，引导青少年树立社会主义法治理念和法治意识，养成遵纪守法的行为习惯，培养社会主义合格公民。2011年4月，《全国人民代表大会常务委员会关于进一步加强法制宣传教育的决议》提出，要根据青少年的身心特点和接受能力，结合道德品质教育和公民意识教育，有针对性地加强法制宣传教育，努力培养青少年遵纪守法的行为习惯。

这些规范性文件的有关规定无疑是我们正确认识和处理法制教育与思想道德教育关系的基本依据，需要我们结合教学实际深刻领会其精神，着重在以下三个方面实现有机结合。一是法制教育与道德教育有机结合。进一步明确大学生道德教育与法制教育有机结合的理论依据，深刻理解有关规范性、指导性文件的政策精神，在"基础"课内容的体系框架内，通过公共生活、职业生活和家庭生活三大领域的道德与法律规范和社会主义道德原则、基本法律的基本原则、公民的权利与义务以及大学生行为规范等路径，探寻若干个大学生道德教育与法制教育的结合点，并形成课堂教学方案，这是实现大学生道德教育与法制教育有机结合的有效途径和方法。二是法制教育与社会主义核心价值体系教育有机结合。社会主义核心价值体系教育既是"基础"课教育教学的核心内容，也是"毛泽东思想和中国特色社会主义理论体系概论"（以下简称"概论"）课的重要内容。在"基础"课框架内的关系问题，教材编写修订环节已经做了一些合理的安排，在课堂操作中要注意从国家基本政治制度和公共生活行为规范两个视角，寻找法制教育与社会主义核心价值体系教育的结合点，实现有机结合。处理与"概论"课的关系，则应该在侧重上下功夫。法制教育重在制度分析，而"概论"课则重在理论支撑，避免简单重复。三是法制教育与公民意识教育有机结合。社会主义公民意识教育的内容很多，国家观念教育是其重点之一。我们可以将法制教育的有关内容进行综合概括和集中概述。例如，宪法及宪法相关法对国体政体、国家形式和国家机构的规定，民法商法关于国家所有权、国有企业和外商投资企业、税务征收管理的规定，行政法关于国家行政体制和国家公务员、居民身份证、公民出入境管理的规定，刑法关于刑法任务和适用范围的规定，以及国防法、国家安全法、保守国家秘密法、兵役法、国旗法、国徽法、香港特别行政区基本法、澳门特别行政区基本法、民族区域自治法、海关法、文物保护法等专门法律中体现国家主权和国家职能的规定等。法制教育中的这些内容同时也是公民意识教育的内容，这是二者有机结合的基础和有利条件。

2012年12月4日，习近平在首都各界纪念现行宪法公布施行30周年大会上的讲话中指出："法律是成文的道德，道德是内心的法律。我们要坚持把依法治国和以德治国结合起来，高度重视道德对公民行为的规范作用，引导公民既依法维护合法权益，又自觉履行法定义务，做到享有权利和履行义务相一致。"这是关于道德与法律关系的精辟论断，对于我们正确认识和处理法制教育与思想、道德及公民教育的关系具有十分重要的指导意义。在"基础"课教学实践中，我们不能简单地以教材篇幅大小衡量法制教育的地位，不能机械地以课时多少来判断法制教育的分量，应该在坚持法制教育的思想品德教育性质基础上，不断追求法律素质教育目标，努力实现法制教育与思想道德教育和公民教育的有机结合，以适应加快建设社会主义法治国家的需要。

四、高校法制教育的主体定位

高校法制教育活动是教师的"教"与大学生的"学"双边共同活动的过程，两者缺一不可。"学"是活动的主体，"教"是活动的主导。只有在发挥教师主导作用的同时，明确大学生在法制教育中的主体地位，使学生成为主体角色，才能引导帮助大学生产生学习的内在动力，积极、主动、能动地学习，主动接受法制教育的影响，积极向教师提出质疑，充分发挥自身参与教学过程的主体性，达到最佳的教学效果。

（一）大学生是能动地认识并影响法制教育及其教育者的主体

在高校法制教育中，大学生不是消极、被动地接受法制教育者及受其教育的影响，简单、原封不动地把外在的要求移植于自身内部，而是以自己积极的活动能动地接受法制教育影响，能主动、积极地作用于教育者所提供的法制教育信息；同时，大学生也可以以自己的思想和行为能动地影响法制教育者的认识和活动。尤其是当大学生发现现实生活中遇到的问题与教育者传授的法律规定不一致时，总是希望教育者给出满意的解释和理由，促使教育者也要不断学习法律知识，提高法律素养。

（二）大学生是自我法制教育的主体

大学生在法制教育过程中的自我教育，首先表现在具有独立的主体意识，能够在教育者的启发、指导下独立地提升自己的法律素质。在自我法制教育中，教师要为学生营造良好、和谐的气氛，形成平等、民主的教风，引导大学生以主体的姿态能动地认识自己的法律水平，并按照社会要求能动地提高法律素养。其次大学生还能够把自己看作教育对象，通过法制教育进行自我支配、自我调节和自我控制，并利用内外两方面的积极因素，主动地去认识、学习和接受教育者的影响。有些高校还注意培养和选拔一批法律知识比较丰富、具备一定法律素质和宣讲能力的学生，使之成为法律宣传骨干，让身边的人讲身边的事，加强自我教育、自我约束和自我管理，并取得了很好的效果。

（三）大学生是有创造性的主体

大学生主体地位的突出特点是大学生具有创造性，能够将教育者所传达的法律思想以及内容加以认同、吸收、内化，并在此基础上产生符合社会发展要求的法律意识、法律素养，并以此来指导自己的行为。因此，法制教育者要明确自己的主导地位和作用，引导帮助大学生在接受法制教育的过程中，积极发挥自身的主观能动性和创造性，不仅要掌握法律知识，更要认识和把握学习法律知识的规律与方法，把握进入法律知识大门的钥匙，提高大学生的自学能力和创新能力，增强法制教育的实效性和鲜活性。

第四节　高校法制教育的理论基础

一、马克思主义经典作家对法制教育的理论贡献

（一）马克思、恩格斯对法制教育的理论贡献

1. 马克思、恩格斯的法律观

马克思、恩格斯科学阐释了法的起源、属性等理论，厘清了法制教育的本源性问题，确保我国法制教育不至于走向歧途，发挥了"正本清源"的重要作用。

关于法的起源，历来各学派争论不休，产生了"神权论""父权论""暴力论""社会契约论""民族精神论""精神论"等学说。这些论点的共同之处是，法在人类进入阶级社会、形成国家前就已经存在，这显然是不科学的。马克思、恩格斯从历史唯物主义角度对法的起源做了科学、系统的论述：法不是从来就有的，它是伴随着私有制和阶级的出现而产生的，是私有制和阶级矛盾不可调和的产物。法的起源的逻辑顺序是：在原始社会，并没有法律和私有财产；随着生产力的进步，产生了社会分工；伴随着社会分工，出现社会产品分配不平等，导致私有制的产生；随着私有制的出现，产生了私人利益与普遍的公共利益的冲突；出于对这些矛盾和冲突的干涉与约束，需要外部强制性的规则干预，法律由此产生。准确掌握法律起源这一本源性问题对当前的法制教育具有"正本清源"的重要意义。

关于法律的属性，马克思主义认为，法的属性包括两方面的内容，即阶级性和社会性，抛开社会性而只论阶级性或抛开阶级性而只论社会性均具有片面性。

首先，阶级性是法的本质属性。在《德意志意识形态》中，马克思对其做了详细阐释。其包括三层含义。第一，法律是统治阶级意志的体现，这种意志是由统治阶级的物质生活条件所决定的。法律制度的产生要以生产关系为基础，并且也受这种关系的制约。第二，法律是统治阶级共同意志的体现，不是某些人的主观任意。第三，并非所有统治阶级的意志都能成为法律，只有被上升为国家意志的才是法律。

其次，关于法律的社会属性。马克思主义认为人的本质是"现实性，是一切社会关系的总和"。社会性是人的本质属性，人是生活在现实中的，为了生存，人需要在一定的社会关系中进行一定的物质资料生产，也因为这种生产关系，

造成了人劳动而又有不同的收获。由于动机、目的、手段等的不同,个体在追求自身利益的时候,矛盾和冲突不可避免。为了实现利益的最大化和受损的最小化,这时处于同一阶层的人会自发形成本群体的共同利益,在处理这种共同利益关系的过程中,会出现两种情形:情形一,统治阶级的共同利益具有一致性,通过法律的形式把共同利益和个人利益予以肯定;情形二,当统治阶级的共同利益与本阶级的个人利益或被统治阶级的利益存在不一致时,会通过法律对共同利益予以确认,并要求所有阶级的个人利益为之做出"自我舍弃"。当矛盾较小的时候,这种矛盾会在法律范围内调整;当矛盾较大的时候,会出现大规模的利益冲突。基于马克思主义关于人的本质属性是社会性的认识,作为调整人类行为规范的法律,也就自然具有社会性。当前,在社会主义民主法制建设进程中,法的阶级属性会有所减弱,而社会属性会不断增强。可见法律的社会属性,对于今天正确理解法律和准确认识法制教育目标具有积极意义。

关于法的消亡,马克思主义立足于唯物主义,对其做出了科学论断,即当阶级差别存在的基础消失了,当国家作为统治工具不复存在的时候,法律也就应该消亡了。马克思主义还预测了法律消亡的时期,即社会发展到共产主义的高级阶段。因为发展至共产主义社会的高级阶段,社会分工的情形消失;劳动不仅仅是谋生的需要,而且成了生活的第一需要;随着人的全面发展,生产力也增长起来,从而使社会财富极大丰富。

2. 马克思主义相关理论对法制教育有效性的价值

该价值体现在,不但创立了马克思主义理论,马克思、恩格斯同时也是马克思主义理论的宣传者和实践者,是无产阶级思想教育的实践者。在丰富的思想教育实践中,马克思、恩格斯对如何更有效地发挥教育对思想观念的作用予以广泛论述,为我们准确把握高校法制教育的效能,在对高校法制教育的科学定位、深刻认识教育对象及其思想变化的趋向、全面把握影响高校法制教育的因素及其实现途径、探寻有效的高校法制教育方式等方面提供了正确的理论指导。

在《共产主义者和卡尔·海因岑》一文中,恩格斯剖解了海因岑所进行的宣传工作的效果问题,并进一步揭示了宣传教育的方法与宣传教育的效果之间内在的联系。他认为利用散发宣传单的方式进行的"毫无意义的、盲目进行的"活动是不可能取得成效的。"试问:海因岑先生在他的传单中除了训诫和说教以外,什么时候还做过别的事情吗?试问:不经过冷静思考,不了解也不顾及实际情况,就声嘶力竭地向世界发出革命号召,这岂不是太可笑了吗?"恩格斯同时还指出，宣传工作取得成效，需要目标明确、理论联系实际，要循循善诱式地宣传。恩格斯分析了因海因岑的宣传方式的缺陷而造成的思想宣传工作的低效问题，并从普遍性上揭示了宣传教育的效果与宣传手段的关系问题。

此外，恩格斯论述了党的思想理论教育者的基本素质问题，他认为党的政论家需要更多智慧，思想更加明确，风格要更好一些，知识也要更丰富些。在此，恩格斯通过对海因岑的评判，揭示了思想教育者应当具备的理论素质问题。1891 年恩格斯在《雇佣劳动与资本》的导言中，谈到了用于宣传著作的文字表述要求的问题。在《给奥·倍倍尔、威·李卜克内西、威·白拉克等人的通告信》中，马克思、恩格斯论述了有效思想教育，对无产阶级有益处的真正的教育者、真正的实际教育材料的要求的相关问题。这些论述，直接表达了马克思、恩格斯关于思想教育、宣传有效性的相关思想，是我们在新时期深入研究高校法制教育有效性问题的直接理论依据。

对于法制教育有效性问题，马克思、恩格斯最大的理论贡献在于他们创立的科学世界观和辩证唯物主义方法论，为我们进行法制教育有效性研究及规律的探究提供了科学而坚实的理论依据。马克思主义理论关于社会存在和社会意识间的决定与被决定、作用与被作用、反映与被反映关系的理论，以及关于人的思想意识与人的实践活动、环境、物质利益等关系的理论，尤其是马克思关于人的本质、人的主体性、人的需要、人的全面发展理论，更为法制教育有效性提供了直接的指导。

人的全面发展是马克思、恩格斯一以贯之的思想，也是高校法制教育的根本目的。马克思在《德意志意识形态》中正式提出，后又在许多著作中阐述，人的全面发展包含了德、智、体、美方面的全面而协调的发展。他指出人的全面发展内容广泛，包含了满足需要、提高能力、有丰富的社会关系、发挥个性自由等方面，即人应当是全面的、自由的、和谐的发展。马克思还提出人的需要是人的本性，人对外部的需要反映了人的本质。针对能力发展问题，马克思指出任何人的职能、使命、任务就是全面地发展自己的一切能力，其中包括思维能力。恩格斯也强调每个人都无可争辩地有权发展自己的才能。针对个性全面发展问题，马克思指出个性的自由发展是一切人自由发展的条件。个性的自由发展是人的全面发展的重要内容和根本标志。关于人的主体性，马克思强调"人始终是主体"，人在创造历史的活动中具有能动性、创造性和自主性。他坚持把人当作主体，"绝对承认人格原则"，反对将人看作一种"工具"。马克思还精辟地指出人要全面发展，应当将生产劳动与智育体育相结合。人的全面发展是社会发展的根本问题，马克思主义科学阐释了人的全面发展理论，为做好高校法律教育，科学、有效育人提供了前提和基础。

以上论述，直接表达了马克思主义理论对法制教育有效的价值，是我们在新时期进一步深入研究高校法制教育有效性的直接理论依据。

（二）列宁对法制教育的理论贡献

1.列宁关于法制教育的理论概述

作为社会主义国家的缔造者和法制实践的开创者，列宁关于法制教育的理论丰富而且系统。他对依法治国、立法、执法、守法和法律的监督等方面做了精辟的论述。

列宁极为重视民主、法制的作用，指出民主、法制是国家建设的基础，社会建设必须依法而行。法制对社会主义民主具有保障作用，也是政治、经济、文化和教育行为的依据。法律是无产阶级专政的工具，对那些侵犯人民民主权利的违法犯罪行为，法律应当予以严厉制裁。

列宁极为重视立法工作。他认为只有创立出法律制度，才能有法可依。他参与起草了《土地法令》和《和平法令》，并领导了苏维埃政权的两部宪法、刑法典、民法典等基本法的制定工作，为苏维埃的法制建设打下了坚实的基础。在领导苏维埃法制创建的过程中，列宁形成了丰富的立法指导思想，在今天仍然具有重要指导意义。第一，对执政党与法律的关系做了明确的界定。党的主张必须通过国家意志才能上升为法律，国家高于各政党，政党不能取代国家。第二，强调民主立法原则。立法应体现人民的意志，人民通过自己的代表制定法律、执行法律和监督法律。第三，主张法律应与时俱进。法律应当随着社会经济、政治、文化等的发展需要，而及时地废、改、立。第四，立法应当批判地继承人类优秀的文化遗产，既不能拒绝吸收，也不能照抄照搬。第五，立法要注意法制的统一，防止法出多门，要设定专门的立法机构。

列宁对社会主义国家法制建设的实践，并不是仅限于法律的制定上，他还强调严格执法和守法。他认为制定法律仅仅是开始，法律实施甚为关键，认同于"只有法律是不够的"。针对当时肃反委员会有不受法律制约的错误倾向，他提出应该把法制作为一切国家机关和组织活动的最高准则。针对党员守法的问题，他指出，"法庭对共产党员的惩处必须严于非党员"，因为党员犯罪的社会危害和消极影响会更大。列宁还强调共产党员应模范地遵守法律，把个人的一切行为置于宪法和法律的框架下，法制建设才能得到健康的发展。

列宁还重视法律监督对法制建设的重要作用。监督是法律顺利实施的关键。

在《新工厂法》中，列宁论证了监督的必要性，并且鼓励工人积极参加监督。如何创建法律监督体系？列宁认为需要做好以下两方面：应当明确检察机关作为专门的监督机关，其根本任务是维护法律的权威和法制统一；要发挥苏维埃的作用，尤其是苏维埃代表在法律监督和执行中的作用。列宁对苏维埃国家法制建设的探索，开创了社会主义国家法制建设的先河，为苏联和其他社会主义国家的法制建设打下了深厚的理论基础，对我国当前高校法制教育仍具有借鉴和指导意义。

2. 列宁思想政治教育理论对法制教育有效性的价值

其一，列宁提出了思想政治教育及其方法，对法制教育具有指导意义。

列宁是马克思主义的继承者、实践者和发展者，他在领导俄国社会主义革命与建设的实践中，将马克思主义关于社会主义的学说从科学转变为实践，在坚持马克思主义的基础上，又创造性地丰富和发展了马克思主义。列宁在坚持马克思主义与无产阶级政党思想政治教育密切相关的基本理论基础上，明确提出了"政治教育""政治教育工作"概念，还建立了无产阶级政党的思想政治教育工作机构，进行了富有成效的思想政治教育实践，并构建了系统的思想政治教育理论，对教育的有效性问题进行了系统的阐述。需要注意的是，他提出的政治教育是广义的思想教育，包含了法制教育内容，将法制教育的性质予以明确界定。

根据马克思主义的社会存在与社会意识关系的原理，列宁强调马克思主义教育和共产主义教育必须与教育对象所处的社会条件相一致，他说："在大工业最发达的条件下，工人阶级和它的思想家领会马克思主义是最容易的、最迅速的、最完整的、最扎实的。"他认为现实生活和革命实践对个体意识形成具有重要作用，联系实际是思想政治教育取得成绩的重要条件，并认为思想政治教育中的联系实际是工作中主要的和基本的内容，也是取得成绩的必备条件。列宁还系统阐述了灌输理论，在严肃批评自发论思想的基础上，他强调社会主义意识必须灌输的理论，强调无产阶级政治意识只能从外面灌输给工人。他说："工人本来也不可能有社会民主主义的意识。这种意识只能从外面灌输进去。"他还说："对社会主义思想体系的任何轻视和任何脱离，都意味着资产阶级思想体系的加强。"

其二，列宁阐释了思想政治教育要素与教育效能关系，对提升法制教育有效性具有借鉴指导意义。

列宁不但提出了思想政治教育概念，而且阐述了教育者、教育对象、教育内容、教育方法等因素与教育有效性的关系。关于教育者，列宁认为其应具备较强的政治素质，掌握党的思想理论，并能有效贯彻；同时，作为思想政治教育者，还应具有充足的知识储备和实践能力，并能不断提升。列宁还非常重视思想理论教育者的综合素质，特别强调了教育者的教育实践能力的作用。

关于教育对象，列宁认为教育对象的肯定情感，是教育对象追求和有效接纳思想理论教育内容的驱动力，没有这种情感，就不会追求真理。关于教育内容，列宁指出了有效教育对教育内容科学性的要求，他认为，马克思主义能够掌握革命阶级诸多人员的心灵，只因为它的科学性。可见，列宁自觉地将马克思主义基本原理创造性地运用到了思想政治教育的相关实践中，并提出了思想政治教育的相关理论，形成了较为系统的思想政治教育有效性理论，对法制教育及其有效性具有借鉴和指导意义。

可知，列宁不但对社会主义法制内涵有深刻而全面的论述，而且其关于思想政治教育内容及方法、教育要素与教育效能的论述，是列宁自觉将马克思主义基本理论创造性地运用到教育实践的结果，这标志着马克思主义思想理论教育及其有效性的具体化展开，对法制教育具有启示意义。

二、中共领导人对法制教育的有关论述

（一）毛泽东关于法制教育的理论概述

从领导中国革命斗争开始，中国共产党领导人一直持续不断地对中国法制建设进行实践和探索，并确立了依法治国的治国方略，构筑了中国特色社会主义法律体系，持续重视法制教育。在领导中国法制建设的过程中，中国共产党领导人形成了丰富的法制教育理论，这些理论构成了法制教育的逻辑起点和思想基础。

毛泽东关于法制教育的理论对我国法治实践具有奠基作用。我们要从广泛的层面分析学习毛泽东关于法制教育的理论，不但要分析学习其对宪法、刑法等法律的论述，还要分析学习其对哲学观、价值观等抽象理性的思想。

第一，提出了人民民主专政理论并将其确定为我国的国体，指明了我国法治教育的价值诉求。在领导革命时期，毛泽东就开始了对国体的探索，在1940年1月发表的《新民主主义论》中，他总结出：国体就是国家政权的阶级性质，是阶级社会各阶级在国家中的地位。在中华人民共和国成立前夕，毛泽东在《论人民民主专政》中指出，人民民主专政是在人民内部实行民主，对敌人实行

专政，二者互相结合。它是中国特色社会主义理论体系的重要组成部分，也是社会主义国家的本质特征，对我国法律制度的形成和发展具有重要指导意义。1957 年，毛泽东在《关于正确处理人民内部矛盾的问题》中对民主集中制进行了分析，认为民主自由都是相对的，不是绝对的，都是在历史上发生和发展的。二者是一个统一体矛盾的两个方面，既矛盾又统一，不能强调一面而否定另一面。在人民内部，应当坚持民主和集中的统一，自由和纪律的统一。这里，毛泽东阐述了社会主义民主集中制的内涵，也更加明确地阐述了我国法治教育的根本价值诉求，既要保障公民享受广泛的民主和自由，又要保障民主和自由的有序性。人民民主专政的国体，既是我国法制建设的基石，也是法制教育的根本出发点。

第二，高度重视社会主义法律体系的构建，强调社会主义法制教育的鲜明的阶级属性。创立社会主义法律制度，就必须摧毁旧的法统。毛泽东早在 1927 年的《湖南农民运动考察报告》中指出：革命不仅要打土豪、将权力给农会，还要"旁及各种宗法制度"。在井冈山根据地，毛泽东领导了中华苏维埃共和国宪法大纲、劳动法、井冈山土地法等的制定工作。在抗日战争和解放战争时期，毛泽东领导广大军民制定了一系列的行政法规和法令。

随着中国革命走向胜利，中共中央发布了《关于废除国民党的六法全书与确立解放区的司法原则的指示》，对法律的适用做出明确规定：在人民新的法律出台以前，司法工作要以党的政策，政府和人民解放军发布的各种纲领、法律、决议和条例为依据，不再适用国民党的六法全书。这标志着国民党法律体系在大陆的终结和中华人民共和国立法大幕的全面开启。

伴随中华人民共和国的成立，中国社会主义建设事业进入新时期，在毛泽东领导下，中国进行了大量的法制实践和探索。毛泽东领导制定了新中国第一部宪法——1954 年宪法，以此宪法为基础，还诞生了《中华人民共和国全国人民代表大会组织法》《中华人民共和国国务院组织法》《中华人民共和国人民法院组织法》等。1956 年的中共八大将"系统制定比较完备的法律，健全我们国家的法制"作为国家的迫切任务。毛泽东指出，不仅要刑法，也要民法；不仅要制定法律，还要编案例，并在《工作方法六十条》中号召领导干部学点法学，接受法治教育。毛泽东还通过苏联斯大林问题，反思了社会主义国家法制建设存在的问题，认为在一个法制健全的社会，这种情况不会发生。据不完全统计，"文化大革命"前，我国就颁行了 1500 多项重要法律、法规。这些法律、法规不但完备了社会主义法律体系，更为后来开展的社会主义法制教育提供了有效的制度学习载体，彰显了社会主义法制教育鲜明的阶级属性。

第三，强调党员干部应当遵守法律。列宁在苏俄建设时期，提出了对共产党员违法从重处罚的思想。党员干部应自觉遵守宪法法律，若违法而不纠，搞特权思想，党将丧失人民的拥护，失去群众基础。毛泽东继承了列宁的这一思想。1941年5月，党的《陕甘宁边区时政纲领》就明确要求："共产党员有犯法者从重治罪。"为了刹住腐败邪风，树立廉洁正气，毛泽东坚持依法惩治了大行腐败之风的刘青山、张子善等高官，告诫领导干部要遵守法律，违法就要受到处罚，向世人庄严宣布了我国严格执法的立场和原则。为了使党内重视法制的风气得以建立，毛泽东领导全国人大、政协、社会各界人士组成了普法领导小组，进行了浩大的社会主义法制教育活动。1960年，毛泽东号召党内的高级干部要学习多方面的科学文化知识，提出要"学点法学"，社会主义法律制度只有被"多数人养成习惯"，法律才能真正被遵守。

第四，把思想改造与法律制裁紧密结合起来，是毛泽东关于法制教育理论非常突出的方面。传统的法治理论更多强调法律的惩罚功能，法律神圣而不可侵犯。毛泽东提出了"改造第一，生产第二""惩罚管制与思想改造相结合，劳动生产与政治教育相结合""把犯人当作人"等法制教育理论，对传统的法治理论进行了创造发展。对违法犯罪人员采取依法惩办和思想改造结合的方法，使之转化为社会新人。既要改造人的客观世界，也要改造人的主观世界。对于被推翻的反动派，只要不进行反社会行为的，就应该给予土地和工作，予以改造。对于不愿意劳动的，在强迫他们劳动的同时，还应认真、充分地做好对他们的宣传教育工作。在中华人民共和国成立后，毛泽东还将思想改造扩展至对社会主义建设中的犯罪人员的改造，将对犯罪分子的法律惩罚与对犯罪分子的思想改造有机结合，实现对犯罪分子的惩罚，减少和预防犯罪的发生。《关于正确处理人民内部矛盾的问题》指出了走行政命令和说服教育结合之路，二者相辅相成。显然，单纯地依靠法律法规等命令形式，改造效果是有限的，必须走与思想教育结合之路。

基于司法制裁与思想改造相结合的指导思想，毛泽东提出了劳动改造理论和"死缓"的理论。传统的理论认为，监狱是惩罚罪犯的场所，罪犯在监狱中的劳动是一种法律的制裁。毛泽东认为，罪犯在监狱服刑不仅是身体的改造，更是思想的改造；强迫劳动不仅能促进生产，而且通过对罪犯的思想教育，促使罪犯受到感化、悔过自新，可以实现对其思想的洗涤、升华。通过法律制裁与思想改造，可以实现从具有社会危害性的罪犯到社会自食其力劳动者的转变。毛泽东还多次提到了对罪犯正当权益的保护问题，要把犯罪的人当作人，对他有所希望，对他有所帮助，当然也要有所批评，反对任何形式的体罚和虐待。

另外，毛泽东提出了"死缓"理论，即对罪该处死但尚未达到严重程度的罪犯，判处死刑，但缓期两年执行，进行劳动改造，以观后效。"死缓"理论划清了死刑立即执行和死刑缓期执行的界限，是对法律理论的一大创举。根据"死缓"理论，我国司法实践中，创立了死缓制度，既惩罚了犯罪，也给犯罪分子保留了重获新生的机会。历史和现实证明，毛泽东的劳动改造理论与"死缓"理论，实现了将罪犯改造成为社会新人的目标。

我们应当用全面、历史的态度看待毛泽东的法治思想。今天我国的法治，不是从零开始的，它是一个历史延续和继承的过程。

（二）邓小平关于法制教育的理论概述

随着党的十一届三中全会的召开，我国翻开了社会主义法制建设的新篇章。以邓小平为领导核心的第二代领导集体，深刻总结"文化大革命"的教训，认识到缺乏法制的危害，强调法制建设，此次全会全面论述了我国社会主义法制建设，形成了丰富的法制教育理论。其主要包括以下方面。

第一，提出将法制建设与经济建设并举，用法制促进经济和社会发展。改革开放解放了生产力，带来了社会发展的勃勃生机，也带来了消极、负面的东西。邓小平清醒地认识到，如不加以规制，则损耗改革开放的成果，阻碍社会经济的发展，甚至使国家滑入质变。在经济建设过程中，需要处理好经济建设与法制建设的关系。为此邓小平提出"两手抓"理论，它具有丰富的内涵：既要重视经济建设，也要重视法制建设；既抓好改革开放，也抓打击犯罪。齐头并进，不能重视一面而忽视另一面，从战略层面界定了社会主义建设中法制建设的重要地位。现代社会趋向于向法治社会发展，法律作为行为规则体系，具有规范性、强制性、可预测性、教育性等功能，与道德共同构成了社会行为规则的两大体系，在社会经济关系调整中，法制显示了成文规则的优势和效率。因此，若离开法制的支撑和保障，社会主义现代化建设是不能开展的。针对我国法律制度不健全的状况，邓小平主张采用"试点法""摸索法"来完善我国法律体系，这是紧密联系我国实际、渐进式的立法指导思想。邓小平处在我国改革开放和体制转换的关键时期，他的"两手抓"理论，为我们科学处理法制建设与经济发展的关系提供了正确的指导。"两手抓、两手都要硬"的思想对过去的社会主义建设事业产生了重要影响，对将来发展也具有战略意义。

第二，建设社会主义民主政治，将民主与法制结合。纵观马克思主义法学发展的历程，马克思、恩格斯对法的起源、本质、发展规律等做了科学的阐述，但是由于时代的局限，在社会主义法制建设方面论述较少。列宁较早论述了社会主义民主政治问题，但是由于种种因素的影响，法制建设问题并未在苏联得到真正解决。由此分析，建立与发展社会主义民主和法制一直是国际共产主义运动不断努力而又终未破解的课题。

从中外发展的经验教训出发，邓小平指出法律制度具有稳定性、连续性和权威性，民主必须靠法制来保障，要加强社会主义法制建设，做到有法可依，有法必依，执法必严，违法必究。提出了"民主制度化、法律化"的社会主义民主理论。一是民主制度化、规范化。民主没有法制为保障，不但不能得到民主，反而会陷入混乱无政府状态，被非理性的力量操纵，阻碍经济社会的发展。法制对民主也具有规范、救济的功能，是一种保障力量，因此，有序的、规范的和理性的社会主义民主，必须建立在民主的制度化、法律化基础上。二是科学界定了党和法的关系。中国共产党与法律的关系定位，对中国社会主义法制建设具有重要影响。因为定位的偏差，曾对中国法制建设产生了严重的冲击。针对此情形，邓小平对党和法的关系予以科学界定：一方面，法律之上无特权，党的任何组织和个人不能超越法律享有特权；另一方面，党章党规是调整党内关系的准则和规范。各级党内组织和个人还应该自觉接受党内规则的制约。

法律是在党的领导下制定的，遵守法律也是党的应有承诺，应当带头遵守宪法和法律。若党的活动与行为超越宪法和法律，无异于说国家的宪法和法律对党是没有约束力的，只针对普通民众，这样法律势必丧失了尊严和权威，成为一纸空文。因此，坚持和改善党的领导，必须在宪法和法律的框架下进行。邓小平关于党与法关系的论述，科学阐释了坚持和改善党的领导与维护法律的权威关系问题，指明了党在社会主义现代化建设中坚持的原则，对于正确处理执政党自身建设与社会主义法制建设的良性发展具有重要意义，并对我国未来社会主义政治文明建设产生了深远影响。

第三，强调加强法制教育，突出育人功能。我国有两千多年的封建传统，"人治"的观念根深蒂固，正确的执法守法观念没有完全确立，法律的权威也没有完全建立，缺乏法治的社会基础。针对国民素质现状，邓小平在重视法律制度建设的同时，强调思想教育，通过教育"在全体人民中树立法制观念"，增强社会主义法制意识。首先，提出了法制教育的根本问题是育人。提高公民素质、培养社会主义新人需要大力开展法制教育。很多人走向违法犯罪，根源就是法律素质不高，因此法制教育要进入各级各类学校课堂，因为法制教育的使命是育人，是塑造社会。邓小平还对思想政治教育与法制教育的逻辑关系予以明确，指出良好的理想、道德、文明礼貌教育能推动人维护法律、减少违法犯罪，对法制教育具有积极意义。其次，强调法制教育的对象是全体公民，注重教育的针对性和层次性。因为中国法制建设必须建立在各级干部对法治的认可和践行的基础上，政府对法治的推力是最有力的，是法治实现的重要保障，这其中干部的守法意识和执法能力是影响政府推动法治的重要因素，对干部的法制教育自然成为重点。邓小平把干部的法制教育放在首先论及的方面，指出党政机关干部必须加强纪律和法制教育。任何思想观念的形成，均离不开培育，需要遵循一定的思想形成规律。青少年时期是法制观念形成的重要阶段，邓小平非常重视青少年法制教育，提出"法制教育要从娃娃开始，小学、中学都要进行这个教育，社会上也要进行这个教育"的观点，科学总结了青少年法制观念形成的途径：学校教育和社会教育。

（三）江泽民关于法制教育的理论概述

在建立和完善社会主义市场经济体系与社会主义政治文明的过程中，作为党的领导核心，江泽民同志继承了以往中共领导人的法治思想，大力推动我国社会主义法制建设，提出了丰富的法制教育理论。

第一，提出了依法治国思想。法治属于民主政治范畴，它与"人治""专制"根本对立，是一种重要的治国方式。依法治国思想的确立经历了一个历史过程。1996年2月，江泽民在《依法治国保证国家的长治久安》中首提依法治国。1997年9月，在党的十五大报告中，江泽民强调指出："健全社会主义法制，依法治国，建设社会主义法治国家。"1999年3月，全国人大通过了宪法修正案，"依法治国"入宪，其地位被国家根本大法确认。其内涵丰富而具体：广大人民群众是依法治国的主体，国家事务、经济事务和文化事务是客体，宪法和法律是依据，人民民主是核心，领导核心是中国共产党。依法治国思想的提出，标志着党和国家完成了从"法制"到"法治"的思想观念变革，在执政理念上彻底抛弃"人治"的思维，坚定地带领中国走向法治之路。依法治国方略是江泽民在世纪之交对我国做出的重大贡献，对建设社会主义法治国家具有重要意义，依法治国思想也成为高校法制教育的重要内容。

第二，提出了法治与德治相结合的治国思想。法治作为一种保持国家长治久安的方略，强调法律在国家治理中的权威性；德治作为一种治国手段，强调"以德治国，道德主导"。国家治理采用"法治"还是"德治"，长期存在争议。马克思主义认为，法律与道德在本质上具有一致性，作为两种主要的行为规范，都是掌握政权的社会集团意志的体现，都是同一经济基础之上的上层建筑体系。

江泽民认为法治与德治具有辩证关系。一方面，二者互有区别，相互独立，法治是基于完善、理性的法律体系，通过规则的强制力规范社会组织和个人的行为；而德治是通过道德的宣传教育来规范社会成员的行为，主要依靠的是人的内心信念、传统习惯、社会舆论等。另一方面，二者联系紧密，互为条件，积极互动。加强社会主义事业建设，要将法治与德治相结合。从德治对法治的作用来看，德治给法治提供了道德思想、道德规范的指引。道德对于科学立法、公正执法、良好守法具有重要意义，一个道德观念低下、思想觉悟不高的群体是难以搞好法制建设的。从法治对德治作用的角度来看，法制建设对道德建设具有重要的保障作用。法律与道德的天然紧密关系，法律包含了重要的道德标准和规范要求，决定了道德实现的过程，法治必将有力地促进社会主流道德的传播和发展。因此将"依法治国"与"以德治国"两种治国方略相结合具有科学性。另外，从规则作用的角度来看，法律只能制约人外化的行为表现，人的内心灵魂深处的思想，法律难以触及，需要通过人的自律、自省、社会舆论监督等进行提高和制约。这启示我们，提高公民的综合素质，必然要走法制教育与道德教育结合之路。

第三，推动司法体制改革，促进司法公平、公正、公开。首先，推进司法改革。由于受苏联"条块结合、以块为主"的司法模式的影响，中华人民共和国成立后的我国司法长期缺乏独立性，受地方人、财、物等方面的制约严重。随着我国改革开放和社会主义市场经济的逐步确立，这种体制已经不能满足社会对司法公平、公正和公开的期待。1992年10月，在党的十四大报告中，江泽民正式提出司法独立问题，开启了我国司法改革的大幕。在制度上，调整司法体系中的"条""块"关系，将司法机构改成垂直领导模式，下级法院、检察院服从上级法院、检察院的监督、领导，最高法院、检察院服从中共中央的领导，使法院、检察院的人、财、物均垂直于地方，确立了垂直管理式的司法制度体系。1995年生效的《中华人民共和国法官法》《中华人民共和国检察官法》对法官、检察官的任职条件、回避制度、考核等内容做了相关规定，这标志着我国司法体制迈向了现代化、正规化之路。江泽民还非常重视教育和监督对司法公平、公开、公正的作用，并对司法腐败给予了高度关注和警觉，认为司法腐败从源头上污染了法治之水，严重影响党和政府的公信力，损害了司法队伍的形象。遏制司法腐败，除了进行管理体制的创新之外，还要进行有效的思想政治教育，提高他们的思想觉悟，使他们"不愿腐"。此外，应建立司法监督机制，把司法活动置于有效的社会监督体系之中，加强法律监督、党内监督、舆论监督和群众监督。

第四，注重通过法制教育提高公民的法律素质，重视教育对法制建设的基础功能。我国经历了漫长的"人治"阶段，彻底扭转根深蒂固的"官本位""义务本位"思维模式，公民法律素质的提升是根本。江泽民指出，民主法制教育应与民主法治实践相结合，公民法律素质的提升是法制建设的基础性工程。2001年我国加入了世界贸易组织，为与世界贸易组织规则相协调，我国对国内法进行了大量的调整和变动。为适应社会发展的新变化和国际社会发展的新趋势，要求国内法与国际法并重教育。

在重视全民法制教育的同时，江泽民继承了邓小平关于干部法制教育的理论，并注重发挥干部的示范效应。1994—2002年，中央连续举行了十多次法制讲座，每次讲座都由江泽民亲自主持，讲座立足于国内外形势，针对改革和发展中的重大法制课题展开。讲座结束，江泽民均发表重要讲话，对全民法制教育，尤其是领导干部学习法律提出了明确要求。中央法制讲座，对全国人民、全党，特别是各级党政干部发挥了激励和示范作用。

青少年法制教育是依法治国具有根本性、长远性的工作，教育目标决定了培养什么样的人。江泽民继承了毛泽东、邓小平的基本教育思想，明确培养有理想、有道德、有文化、有纪律的"四有"新人是社会主义教育事业的目标，强调法制教育是培养"四有"新人的重要组成部分。学校是学生接受教育、身心成长的重要场所，也是法制教育的主渠道。对学生的法制教育，课内课外、校内校外都应该抓好。法制教育做到计划、课时、教材、师资"四落实"，秉持教育与社会实践相结合、教育要为社会主义事业服务的教育方针，社会各部门应当营造法制教育的良好环境。

（四）胡锦涛关于法制教育的理论概述

胡锦涛同志将马克思主义思想与我国实际紧密结合，提出了科学发展观理论，将我国法制建设推入新时期，形成了丰富的法制教育理论。

第一，凝练法治精神，提出了社会主义法治理念。胡锦涛在继承毛泽东、邓小平、江泽民法治思想，吸收和借鉴国内外法治文明的基础上，依据我国法治发展状况，于2005年11月正式提出了社会主义法治理念，其基本内涵为"依法治国、执法为民、公平正义、服务大局和党的领导"五方面。这五方面是一个有机整体，联系紧密。其一，依法治国是核心。主张人民民主，反对依法治民；主张宪法权威，反对一切特权；主张依法治权，实行权力约束。其二，执法为民是本质。我国宪法确立人民是国家的主人，一切权力来源于人民的基本原则，执法为民反映了社会主义法的本质，既对执法具有引导作用，也对立法、公民法治精神的培育等具有价值。其三，公平正义是价值追求。公平正义是法治文明的灵魂，其要求全体公民能够按照宪法和法律的规定，依法行使权利，合法履行义务，权利和义务能得到公正的对待。其四，服务大局是使命。我国特色社会主义事业建设是当前的根本大局，法治理念教育要紧紧围绕大局开展，为此大局开展服务，充分把握大局，立足本职工作。其五，党的领导是保证。上述五项理念的实现必须有正确而有力的领导，党的性质、地位和使命决定了其具有领导保证作用。

社会主义法治理念的提出和完善，标志着我国民主法制建设跨入了一个新时期，是社会主义法制建设的重大理论成果。它启示我们，当法律制度发展到一定层次后，法治发展要有体系化的精神为支撑，形成以社会成员对法律普遍信任为基础的法律文化共同体，这是法治良性持续发展的不竭动力。

第二，提出科学发展观理论，构建法治发展观理论体系。法制建设的路径和方向是我国法治发展的历史前提。胡锦涛指出了我国社会主义现代化建设的历史场域和具体条件，即以科学社会主义原则、以中国国情为特色，这也是发展法治观的逻辑前提和历史基础。社会主义民主政治是法治发展的本质属性，人民民主是社会主义的生命。在宪政的体制上，他主张把政治协商纳入决策程序。他重视基层群众自治组织的建设，主张建设社区"社会生活共同体"。增强决策公众参与度和透明度，建设智力支持和决策信息系统，制定与社会大众利益有关的法律政策，要倾听广大民众的心声，重视社会机会平等，保障公民的平等参与社会的权利等。这些思想，反映了社会主义法制建设的一般要求，也包含了中国特色的法治思想。

科学发展观的第一要义是发展，法制建设的第一要义也是发展。法治社会的建设是一个化解各种社会矛盾的过程，所以法治的发展需要遵循和谐的理念。法治的发展方式应当是持续性的、渐进式的，是建立在我国社会的发展实际和发展规律基础上的。要从实际出发，与时俱进，按照规律办事。既要重视质量也要重视数量，既要重视公平也要重视效率。社会主义法治国家建设要有科学的主题和发展核心，胡锦涛提出的以人为本的发展核心思想，也符合法治发展的主题和核心。法制建设应当坚持以人为本，在社会主义法制建设活动中，尊重人性、尊重人格、关注民生和保障人权。法治发展观重视法治发展的基本环节。在立法环节，要科学立法、民主立法，推动宪政文明向深层发展。在法律适用环节，要建立高效的司法和执法体系，一方面，建设服务型政府，依法行政；另一方面，改革司法体制，建立公正有效的司法制度体系。在法律监督环节，权力必须受到制约，否则难免滋生腐败，应当完善监督机制，启用追责机制，让权力晒在阳光之下。胡锦涛的法治发展观，丰富和发展了民主法治理论，为推进我国法制建设向纵深发展提供了科学理念和思路。

第三，高度重视法制宣传教育，弘扬法治精神。贯彻科学发展观、经济协调发展、实现社会正义的必然要求是树立法治理念，需要弘扬法治精神，传授法律知识。以胡锦涛为核心的第四代领导核心也带头学习法律。从 2002 年 12 月 26 日至 2012 年 5 月 28 日，中央政治局先后组织了 77 次学习，学习内容涉及了政治、经济、文化、社会、党建、法律等问题，其中，"法治"出现的频率较高，是一个重要的学习内容。中央带头学习法律，提高了党的执政能力和工作素质，也为其他官员和全体公民做了率先垂范的作用。

胡锦涛重视对全体人民的法治宣传教育。2008 年全国人大常委会将现行宪法通过的日子 12 月 4 日确定为"全国法制宣传日"，营造了全民学习的氛围。胡锦涛还阐述了法制教育中诸要素的逻辑关系：学法，是前提和基础，没有对法律与法治精神的充分认识和领会，法制教育是难以取得成效的；尊法，是在对法律内容充分认识与把握的基础上，建立的对法律的神圣情感，也是一种信任之感；基于对法律的信任和尊重，会自觉履行义务，守法，是必然的选择，是不作为的表现；为维护法律的尊严，保护合法权益，用法，也是法制教育的必然要求，这是作为的表现。在此关系中，学法是基础、是前提，尊法是条件，守法、用法是结果。这对提升法制教育有效性具有启示意义。

（五）习近平关于法制教育的理论概述

在全面深化改革、完善和发展中国特色社会主义制度的过程中，习近平同志在继承社会主义民主和法治的基础之上，提出了一系列新思想、新观点，大力推动依法治国建设，丰富和发展了法制教育理论。

第一，法治是治国理政的基本工具。把法治作为治国理政的基本方式，是我国治国历史发展探索的必然结果，也是人类历史经验的深刻结论。党在长期的执政过程中，特别是经历了"文化大革命"后，以邓小平为首的第二代领导集体清醒地认识到，保障公民的各项权益和社会有序健康发展，法治是必须依靠的基本手段，习近平继承了这一思想。习近平多次强调"法律是治国之重器"，党和国家的各项工作要依法开展，促进工作法治化。中国特色社会主义建设，就是要在坚持党的领导的基础上，最大限度地发挥人民群众的创造精神，把依法治国方略贯彻到政治、经济和文化等各方面的建设中来。

第二，依宪治国，维护宪法法律权威。宪法规定了国家的根本制度、根本任务和国家生活中最重要的原则，为国家、社会生活总体运行提供规范和约束；

具有最大的权威性和最高的法律效力，是我国立法的基础和依据；是对我国各阶级政治地位的确认，规范和确认了我国人民民主制度。习近平突出了宪法在国家治理中的地位，依法治国，首先是依宪治国；依法执政，关键是依宪执政。法律是社会的最大公约数，是社会矛盾的化解器，依靠宪法和法律才能凝聚共识与力量，保证社会的可持续发展与稳定。习近平还非常重视维护宪法权威，宪法是党的主张和人民意志相统一的体现，我国宪法是在党的领导下制定和修改的，反映了人民的意志和利益，主张党的事业和人民利益，必然要求宪法至上，维护宪法权威。党的十八届四中全会通过了《中共中央关于全面推进依法治国若干重大问题的决定》，强调依宪治国、依宪执政，确立 12 月 4 日为我国宪法日，这些规定进一步明确了宪法的至高无上和权威性。

第三，提出了社会主义法治体系理论。建设法治社会是国家未来社会发展的总目标，落实、实践这一目标尤为关键。2014 年 9 月和 10 月，中共中央分别召开了中央政治局会议和十八届四中全会，习近平正式提出社会主义法治体系，其包括法律规范体系、法治实施体系、法治监督体系、法制保障体系和党内法规体系五个子系统。习近平指出，"良法是善治之前提"。立法要以"良"为目标。法律的生命力在于实施，仅有完备的法律，而不实施、不落实、不执行，只能成为摆设。监督是阳光和消毒剂，没有严密的监督体系，就难以有依法治国方略的有效实施。有力的法治保障体系是依法治国的标志。在过去领导中国革命和建设中，党制定了大量的内部法规，由于多种复杂因素的影响，立法缺乏规划，存在法规缺乏、重复、冲突等现象，需要予以科学化、合理化，推进党的治理能力的现代化。社会主义法治体系被科学化界定为"五个体系"，将为推进依法治国指明根本方向，是我国法治的路线图。

第四，深化司法体制改革，促进司法公正。理国之道，在于公平正直。社会公平正义是社会主义法治的核心内容。习近平强调司法公正是保持社会公平正义的底层防线，权利受到侵害，就应获得保护和救济，违法者就要承担应有责任，每一个司法案件都应当体现公平正义。为此习近平指出，司法改革应当坚持司法为民、从业者必须坚守良知，司法改革过程公开透明，完善人权司法保障制度和加强司法活动监督。

第五，提出信仰法律的法制教育目标。法律的权威源自人民的内心拥护和真诚信仰。若社会大众没有形成牢固的法律情感，法治目标也终将难以实现，法律应为全社会的行为准绳。习近平认为，法律不仅是义务规范，也是权利保护的重要规范。通过弘扬社会主义法治精神，增强社会大众践行法治的主动性和积极性，引导全民自觉守法、遇事找法律、解决问题靠法律，形成守法光荣、违法可耻的社会舆论氛围，崇拜法律、遵守法律、捍卫法律，最终确立法治信仰。

关于党组织和领导干部守法的表率问题。习近平多次指出，各级党组织必须在宪法和法律范围内活动。干部要带头遵守法律，对法律存有敬畏之心，法律红线绝不能触碰。《中共中央关于全面推进依法治国若干重大问题的决定》强调，领导干部带头学法、模范守法是树立法治意识的关键。党员干部带头守法，既是科学有效履职的要求，也将对社会大众守法产生积极的示范意义。

习近平关于法制教育的理论全面系统、内涵丰富，具有很强的思想性、针对性和指导性，极大地丰富了法制教育理论。当然，随着我国法制建设实践的推进，习近平关于法制教育的理论也将不断地丰富和发展。

三、西方教育学、心理学相关理论

西方的思想家、学者较早就关注了思想政治教育问题，也开始了从多个维度探究教育的有效性。

（一）西方教育理论的有效教育理论

1. 古希腊时期关于教育有效性的理论

西方思想家、教育家对教育有效性的关注，在古希腊智者们关于教育的相关言论中已经显现。在苏格拉底看来，教育内容根本决定了教育效能的实现。苏格拉底与智者普罗泰戈拉曾经有个著名的"德行是否可教"辩论，其实核心就是思想道德教育的有效性问题。苏格拉底认为"德行不可教"。但是他也认为美德是否可教取决于美德是否是知识，若美德是知识则是可以教的。因为美德是知识，知识是可以教的，所以美德是可以教的，所以其被潜藏的真实立场是"美德可教"。苏格拉底用诡辩推理来否定那些所谓的智者所授的知识不是真实的。跳出苏格拉底的诡辩推理，可以得出教育是否有效将取决于内容是否真实。在苏格拉底看来，只有那些永恒性、普遍性及不可改变的真理性的概念才是真正的知识，才可用来教育。苏格拉底这种"真知识"论的教育，对今天的法制教育依然具有启示意义，在确定法制教育内容时，教育内容应该是"真知识"，其应符合社会发展规律，能促进社会发展，能够满足接受主体的发展需求，这样才会形成有效的教育。

德谟克利特虽然与苏格拉底有许多观点不同，在教育对人影响作用方面却较为一致，德谟克利特推崇说服性语言的教育效力，他说"要使人信服，一句言语常常比黄金更有效"，因为说服性的语言可以使人们知晓其中的道理。

柏拉图等对教育问题也有较多的阐述。关于教育机构，柏拉图直言不讳地认为国家首先是一个教育机构，对公民进行教育是"建立邦国者的责任"。柏拉图强调教育内容应当真实，其是教育有效性的前提，所以"虚构本身，对天神是无用的，对人也只是在医药方面偶或有用，所以只支配医生去使用，而一般人应该与它绝缘"。关于教育时机与教育效果的关系，柏拉图认为最初的教育对后面的教育往往具有决定作用。他还认为教育方式直接关系到教育有效的问题，认为一个拥有自由心灵的人不应被奴役般地去从事某种学业，"强迫学习的东西是不会保存在心里的"。柏拉图认为教育课程对德行培育具有积极作用，他说："各种学问即课程，也正有同样效力引导心灵中最尊贵的机能来审视所有实在里最好的东西。"包括认识"善"。亚里士多德在继承柏拉图的学说思想的基础上，对之进行了唯物主义的发展，形成了丰富的有效教学思想。在教育的实际运作中，亚里士多德强调，只有习惯的教导和理性的教导协调一致，教育才能产生效果。他强调学习实践的意义，认为实际的社会生活及实际生活中的训练对学习效果的形成具有重要意义。关于教育目标与教育有效的关系，他认为一种教育效果的形成和实现，是受到多方面因素影响的，他说："教育不能仅以一种德行或最主要以这种德行为关心的目标。即使他们致力于这种目标，也并不能付诸实现。"在对教育模式的探讨中，亚里士多德主张为了实现教育效果，应开创不同的教育方法，也应开设专门性的教育课程，如道德教育课程，并采用合适的方法，如音乐教育法。他认为音乐可以对人的性情进行模仿，可以唤起人的感情反应，带给人们崇高的体验，因此音乐教育具有陶冶人的性情和灵魂的效力。当然他也看到了音乐的负面作用，即没有什么妨碍音乐产生某种粗俗或低级的效果。他认为可以通过选择音乐活动的数量、曲调、节奏和乐器种类避免这种负面效应结果的出现，从而发挥出其教育的积极效果。

综合来看，古希腊对教育效用的探讨，已经涉及教育目的、教育内容、教育方法、教育渠道和教育载体等方面，虽然对这些关系的论述不免有朴素的层面，却也为后世关于教育效能的研究提供了一定的论域及思维范式。

2. 中世纪的有效教育思想

中世纪（5—15世纪）是欧洲的封建时期，这一时期是宗教信仰的时代，教育、科学、艺术等所有的思想行为都服务于教义的宣传。以文艺复兴为界，分为前后两个阶段。中世纪前期，基督教教义垄断了社会主流意识、形态，神学、宗教浸淫着一切思想领域，教育本身也就渗透了神学性质。

对教育效能的探讨成为服务于神学的奴婢，禁锢了人的思想，严重阻碍人类知识和科学技术的进步，因此其教育效能是负效的、无效的。

自 14 世纪起，新兴的资本主义生产关系在欧洲萌芽和发展，资产阶级逐步形成和壮大。在此背景下，欧洲发生了影响深远的文艺复兴运动。新兴阶级从社会发展、个体价值利益实现的角度，再发展和阐释有效教育的思想。许多人文主义者在对经院主义的批判中，阐释了对政治、伦理、教育的观点，其中包含了对教育有效性的探索。

伊拉斯谟是 16 世纪初欧洲杰出的教育理论家，他深信教育的力量，将实现和平寄托于教育。伊拉斯谟说："人不是生就的而是造就的。"他认为教育是实现个人和社会理想的途径，"应该对公、私立学校和女子教育予以最大的注意，使儿童都可以得到最优秀、最可靠的教师指导"，"若有了这样的制度，就不需要很多法律和惩罚，因为人民将自愿地遵循正义的道路。"有效的教育，教师素质非常关键，伊拉斯谟在《一个基督教王子的教育》中重点论述了有效进行道德教育的问题，他看重教师的作用，认为"一个好王子，一切都归功于运用道德的原则使他成为好王子的那个人"。为此，他提出了一个好导师应该具备的素质，如优秀的品德、精通理论等。伊拉斯谟还对有效教育的方法进行了归纳，如中庸之道、因人而变和潜移默化等。伊拉斯谟的理论虽然有浓厚的理想主义色彩，但是他对教师有效开展教化应当具备的条件和实行的方法，尚有启迪意义。

培根的有效教育观。在文艺复兴之后，欧洲兴起了科学复兴之潮。英国哲学家弗兰西斯·培根提出了"知识就是力量"的名言，以唯物主义经验为思想基础，对教育的原则、教育方法等相关问题进行了探究。培根认为教育是"讲述与传授"的艺术，其在本质上是接受的，是把自己的知识传达于别人。培根强调了启发性、循序渐进、因材施教的教育原则，他说："把知识当作一根线，传授给人让人继续纺线。"教学方法要根据新、旧知识而有别，按照所学者对所学科目的程度和造诣而定。教学内容，应当符合循序渐进的原则，应该根据不同的年龄、心理特点而有所区别。学习中要从容易的地方入手，把繁难之处变成容易的，不能"重新学跳舞"。关于教学方法，培根提出了科学归纳法，倡导以格言警句来传输知识问题与解答的教学法，强调练习的重要性。培根在批判三段演绎法的基础上，提出了自认可以使人们自由进入殿堂的科学归纳法。关于教学课程方面，培根也有自己的见解。他说："一切知识，不是得之于教师的传授，就是得之于自己的修养，因此传授知识的主要部分即在著书立说，所以与之相关的另一部分，亦在乎阅读书籍。"并认为有些书可供一尝，有不多的几本书则应当咀嚼和消化。培根的思想丰富，其理论被后世继承和发展，并被运用于实践中。夸美纽斯将其科学改造为学科，提出了泛智教育理论，其有效教学理论对当今仍然具有一定借鉴意义。

夸美纽斯的有效教育观。中世纪后期，对教育及其有效性探讨较多的还有捷克教育家夸美纽斯，他提出了较为完整的教学原则体系，涉及教育目的、教育思想、教学过程以及教学组织形式等方面，集中体现于其教育名著《大教学论》中。夸美纽斯提出了适应自然的教育原则，认为作为自然一部分的人类，其教育活动当然应与自然一致，教育应从"人生的春天"即儿童开始，在遵循儿童身心发展不同阶段的规律下而开展。关于教育理论，夸美纽斯主张泛智教育，要"一切事物交给一切人类"，使人"获得真知的知识，高尚的行谊和最深刻的虔诚"，并希望知识领域里的全部精华都在头脑里生根。同时他认为教育应当按年龄分阶段进行，教育内容要完整、统一和渐进。关于教学原则，夸美纽斯提出了直观性原则、循序渐进原则、系统性原则、自动性原则和因材施教等。

在教学与师生关系方面，夸美纽斯认为教师应当积累百科全书式的知识体系，教师要精力旺盛，不停地学习，集中注意力，不断地进取，以达到自己的教学目的。他在批判经院主义教学缺乏计划的时候，主张教学实行学年制，并采用班级授课方式。夸美纽斯的教育理论奠定了现代资产阶级教育理论的基础，关于教育及其有效性的探究，在当时的条件下具有进步意义，如孟禄所评，夸美纽斯具有观念的表述形式和对使用方法的特殊解释。但由于时代的局限，夸美纽斯常把现象和感觉作为理论的依据，常常牵强附会。

3. 近代西方的有效教育观念

16世纪末至19世纪末，欧洲资本主义快速发展和壮大。一批资产阶级的代言人从本阶级立场出发，纷纷提出了自己的教育思想，其中也涉及教育有效性的问题。

英国著名哲学家、思想家和教育家洛克的教育思想是对其哲学思想的合理延伸，主要论证了家庭教育的问题，尤其是绅士教育问题，也包含有效教育思想。洛克主张教育要以人为本，尊重孩子的个性差异，因材施教，认为教育后天因素的影响重于先天因素。洛克作为一个唯物经验论者，认为教育对人有重要的作用，在反对天赋思想的同时，还提出儿童的心灵生来就像"一张白纸或一块蜡"，在上面写什么或塑造成什么，就是什么。他还主张教育应顺应人的心理和年龄状况，要循循诱导。他推崇绅士教育，这种教育包括德行、体育和智育三方面，并且认为智育是第二位的，第一位的是德行培养，因为一切德行与美善之原则，在于克制理智所不容许的欲望能力。人一旦有了这种能力就可以变得智慧而有远见，善于处理自己的事务，可以获得他人的尊重和好感。这反映了洛克教育观中强调人全面发展、重视德行修养的思想。如何根据儿童"心性"做好德育？洛克给出了有效教育的方法。一是学会用说理的方法。"温和地据理劝说一番"，比用权力和命令效果好得多。二是利用榜样的力量。儿童对榜样具有极强的模仿能力，最简明、最容易而又最有效的办法是把他们应该做的或应该避免的事情的榜样放在他们的面前，以使之懂得清楚，印象也更深刻。在教导儿童的方法中，教育者更应以身作则，使儿童去做他所希望去做的事情。三是多练习。人在各不同的年龄阶段都有自己的欲望，欲望作为人的本性，其本身不能说明德行的好与坏，他认为这种能力的获得和增进靠习惯，而使这种能力容易、熟练地发挥，则靠及早的练习。如何培养这种德行，洛克认为应该"及早"地"通过练习"养成习惯。四是适当的奖励和惩罚。多和儿童讲道理，不要为一件具体的事情而奖励孩子，而要"尊重"他、"称誉"他和"赞扬"他。其中的关键是，要使孩子爱好知识，启发他们用正确的方法去求智，提高学习的欲望。智育的目的不仅在于传递知识，更在于培养儿童的逻辑思维，要做好理解力、判断力和思维能力的培养。洛克的教育思想对后世影响很大，也是当时家庭教育的主流指导思想。虽然洛克显然过高估计了教育的作用，没有认识到遗传教育、环境在人的发展中的相互作用的辩证关系，但其欲望控制和思维发展等的教育思想与方法，对今天我国的德育，尤其是法制教育中，如何抑制学生的违法冲动、如何获得新知等方面，仍具有启发意义。

著名的法国启蒙思想家、教育家让 - 雅克·卢梭以归于自然为核心构建了自然教育理论，并由此也阐述了他对教育有效性的看法。自然教育理论的核心思想强调，对学生进行教育必须遵循自然规律，顺应人的自然本性。卢梭反对任何以传统或偏见强制学生接受违背自然规律的教育，他认为自然教育主要包括自然的教育、环境的教育和事物的教育，只有当这三种教育的方向一致且又能圆满配合时，学生才能受到良好的教育。因此事物的教育和人的教育必须与人无法控制的自然教育配合起来，也就是与儿童天性的自然发展一致起来，按照儿童自然发展的要求和顺序去进行教育，即教育归于自然。在教育目的上，卢梭强调培养"自然人"，即身心自由成长，头脑和身体都健康发展，心里没有受到传统社会的束缚和封建文化的侵蚀。关于教育方法和手段，卢梭主张适合儿童个性发展的方法，要求教育要遵循自然，即按照孩子的成长和人心的自然发展进行教育，使儿童的天性和本能得以发展，使他们合乎自然地知道如何做人。他将教育分为消极教育和理性教育，《爱弥儿》第一卷所提到的自然教育和事物教育即消极教育，而人的教育是理性教育。卢梭认为教育要遵循儿童的年龄特点，在儿童期间进行的是感觉教育，让"理智睡眠"。卢梭说："我们最初的哲学老师是我们的脚、我们的手和我们的眼睛。"他注重在实践中学习，认为学生从实践中能获得知识。经学习实践后，"学生想学习的心，比老师想教他的心还切"。总之，卢梭力图接近自然，否定按照神或某种制度等意志来培养人，具有巨大的进步意义。但其过于强调教育为完全的自由生长，而不顾人的社会性，使得教育偏离了社会意义。

克劳德·阿德里安·爱尔维修是与卢梭同时代的法国另一位唯物主义者，是一位"教育万能论者"，他试图用"利益—行为"来解释人们的一切行为之逻辑：利益是产生行为的动力源泉。该思想自然涉及了道德教育及其有效性的问题。他认为人的精神、美德和天才是教育的产物，"要使自己幸福和强大，问题在于改善教育的科学"，并强调"教育是万能的，它甚至能够创造天才"。他认为，利益是人们用以判断各种行为的根据。他以道德行为的形成过程为例，若美德没有利益可得，则不会有美德。他给出了唯一造就道德公民的办法，就是把个人利益与公共利益结合起来。爱尔维修还认识到将个体利益与社会利益协调一致的方法是政治和法律条件，他认为人生而没有同情心，但是法律和政治形式的统治与教育可以使个人利益和集体利益趋向一致，从而使他们具有同情心。在知识教育方面，爱尔维修反对无知，重视知识教育，并把知识和道德紧密联系起来。"无知的人易轻信，易被人欺骗和愚弄，还易怯懦和怠惰，要克服知识对高尚道德形成的钳制，就必须把灵魂的高尚和精神的明智结合起来"。总的来看，爱尔维修运用唯物主义经验论理论，详细而系统地阐述了教育对人、对社会所起的重大作用，为改造旧的专制制度做了舆论准备，但因为其对社会性理解的欠缺而陷入唯心主义，认为人是环境和教育的产物。这种学说忽视了环境正是由人来改造的，而教育者本身一定是受教育的。因此，这种学说必然会把社会分成两部分，其中一部分高出社会之上。

约翰·弗里德里希·赫尔巴特是德国哲学家、心理学家和教育家。赫尔巴特重视道德在教育目的中的地位，提出了"有效性教育原则"，以培养"五种道德"感念为目的，将教育的重要使命定位于做人。教育是教学的最高目的，而教学是教育的最基本的途径，指出如果教学没有进行道德教育，则只是一种没有目的的手段，道德教育如果没有进行教学，就是一种失去了手段的目的。他强调在文化知识教育中必须进行道德教育，而道德教育也只有在文化知识的教育中才能得以进行。强调教育目的应该统一，要重视多方面兴趣的培育，认为兴趣是最好的老师，并且兴趣是可以培养的，所以教育者力求教育的普遍性，而学生是个别……应当尽可能避免侵犯个性。他认为教育的最高目的是道德，主张培育五种道德观念：内心自由、完善、仁慈、正义和公平的观念。在教学过程中，赫尔巴特认为应该发挥学生的主动性，"使听者仅仅处于被动状态，并强迫要求其痛苦否定自己活动的一切方式，本身就是使人厌恶与受压抑的"。关于教学过程，赫尔巴特强调了教学内容要一致而不能只强调适用，教育内容应促使学生智力发展。课程的无端变化会使教学"赖以追求与进行的意图失去明确性"，学生也将因教学计划"缺乏一贯性"而感到痛苦。

在课程设置上，既要重视人文主义，也要合理安排自然科学的比重。赫尔巴特根据"统觉"原理，提出了教学四阶段论：明了、联合、系统和方法。首先，教师通过有效的教学方法和手段，让学生明白、感知新材料；然后通过分析，建立起新旧材料间的联系；再通过深入思考和理解，寻求结论和规律，使知识系统化；最后将系统化的知识，通过练习或作业的形式应用于实际。

综合来看，西方不少思想家论述过思想道德教育，有些思想家从教育科学的角度明确提出了"教育性原则"，还从心理学视角论证了教育与学习的关系，突出道德教育的意义，有力推动了知识教育与思想教育的关系研究，对当今法制教育效能的提升具有启示意义。

（二）现代心理学有效教育理论

心理学作为研究人的心理活动及其规律的科学，对儿童心理、学生学习等方面的研究为教育者进行有效教育提供了科学依据，使教学科学化、体系化，对有效教育思想的形成、发展贡献巨大。

在欧洲文艺复兴和思想启蒙运动的影响下，16世纪末至17世纪初，系统化、理论化的教学论诞生。科学技术的突飞猛进，推动了生产效率的迅速提高，科学文化知识为劳动者所掌握是必然趋势。资产阶级适时提出了"自由、平等、博爱"的价值追求，要求向公众普及教育，尤其是初等教育，于是长期被少数阶层垄断的受教育权被打破，教育开始走向平民化和大众化。但是，教育的矛盾也随之凸显，如何最有效地提高全体国民的科技文化水平，如何提高教育的效能，促使人们去研究"怎样教学"的问题。

现代心理学对教学的关注与研究极大地推动了有效教育思想的发展。行为主义心理学研究了促进学生产生积极的、预期变化的行为，即达到理想预期教学效果的教师的教学行为问题。认知主义（Cognitivism）关注了提供适宜的教学条件，通过学生的认知活动，促进其学习；人本主义心理学强调教师的教学行为促使学生自由学习、成功学习，培养学生的全面发展性。"教学是艺术还是科学"的争鸣及其共识奠定了有效教学的思想基础，进一步推动了有效教育思想的发展。

1. 行为主义的有效教学思想

行为主义被认为是20世纪上半叶对教学影响最大的心理学流派，强调行为的条件作用，其核心教学思想是通过有效的教学行为而达到预期的教育效果。学习就是通过强化建立刺激与反应之间的联结。学习只有在主体与环境进行刺激反应的过程中才会发生，因此应该给予学习者相应刺激或反馈。行为主义的理论目标在于预见和控制行为。

旧行为主义把"刺激—反应"作为行为的基本单位。行为主义的创始人华生在研究学习问题时坚信：有什么样的刺激，必定会产生什么样的反应，知道了反应就可以预测刺激，知道了刺激就可以预测反应。他还指出，复杂的习惯，是由系列反应联结而成的，其中的关键是先行反应所产生的动觉刺激成为后继反应的刺激。若系列中的每一反应均是由外部刺激所引起的，那么后一反应的刺激总是伴随前一反应而出现，前一反应也就成了后一反应的刺激条件或替代物，这个反应已经启动，以后即可以自动进行。通过以上逻辑，某一行为不管其多么复杂，均可以通过条件机制确立。根据以上推断，华生提出了婴儿可以被任意塑造的论断。根据旧行为主义理论，学习就是通过强化建立刺激与反应之间的联结。这样，练习或操练成了学习的同义词。

由于旧行为主义试图将复杂的心理过程简单化，引起了心理学家对行为主义的反思，以赫尔、托尔曼和斯金纳为主要代表，他们既坚持发展客观实验，又坚持发展客观心理学道路，实现了对行为主义的改良，称为新行为主义。

新行为主义既注重探索刺激和反应间的规律，又重视行为的整体性。新行为主义者将强化作为促进学习的主要杠杆。斯金纳的操作性条件反射学习理论将学习等同于可观察业绩的形成或频率所发生的变化。斯金纳认为："教育就是对个体和他人有利的行为。这种行为最终将受到多种方式的强化。"他认为强化及其实施强化的环境都构成了刺激，这种刺激可以控制反应。当期待的反应出现，应当适时、恰当地强化，这样可以加强这种反应出现的可能性和可持续性。随着强化的持续，在该情境下采用强化行为的趋势逐步形成，这样情境与反应间也就建立起连接。在此情境中，主体倾向于一定行为。在学习过程中，学习行为发生的动力来自外界的影响，刺激和强化是其关键因素。人们需要在二者间确立连接关系，并将这种关系维持和强化。强化遂成为教学的艺术追求。

在逻辑实证主义和操作主义的程序指引下，新行为主义理论试图将心理学发展为一门自然学科，导致其发展陷入困境。班杜拉、罗特尔、米契尔等心理学家通过对传统行为主义学习理论的批判，以及对新兴认知主义学习理论的吸收，对行为主义学习理论进行了扬弃，试图在行为主义和认知心理学间找出一条折中之路，而其理论体系是既具有行为主义的躯壳，又有认知心理学血肉的混血儿——新的新行为主义。

新的新行为主义学习理论将人作为主要的研究对象，强调人的主观能动性，突出人的主体地位，重视社会因素对人行为的影响，主张学习进程具有飞跃性，而行为则应有内隐性，辩证分析了先天遗传与后天习得的关系，注重自我调节、认知等的作用。该理论提出了诸多有影响的观点，下面重点介绍具有代表性的观点——观察学习法。

观察学习法是班杜拉通过大量的实证研究提出的，与传统的行为主义"亲历学习"有别。作为一种学习方式，观察学习是指个体只需要观察别人的学习过程，就能学到复杂的行为反应，而不需要全部亲自体验参与。观察学习可为创新提供认知和行为的工具，对于诸多的创新性工作任务，通过范例可以习得所需要的知识和技能，因此观察学习是人类生产生活中一种重要的学习方式。他认为观察学习由四个子过程构成：注意、保持、动作复现和动机过程。

班杜拉还提出了通过观察学习促进创新的两种途径。一是在人们周围存在大量不同的事物，使得新的模式极可能出现，在人们观察之时，对象的多样性将促成主体的行为认知和创新。二是在同样的情境中，新观念的示范作用能削弱传统影响力，促使创造行为的显现。榜样对创新极有启发性，因为具有发散思维的榜样比传统行为方式的榜样更能激发人的创造性。当然榜样也可能存在负效应，班杜拉认为应当警惕与榜样对比中的自我贬低，当观察者的技能未能充分发展，而观察的对象却具有非凡的创造力时，观察者可能因创造力受挫而导致自我贬低。观察学习理论在提出后受到了广泛的关注，尤其在德育研究和侵犯行为研究领域。研究者关注防止范式暴力（如暴力伤害）对青少年行为发展的影响。教师尝试用观察学习理论开展道德教育。另外，班杜拉的观察学习对创新教育的阐释理论，对今天的教育也具有诸多的启示。在理论上，观察学习和经典条件反射、操作条件反射并称为三大经典的学习范式。但是也应当注意，班杜拉试图将全部学习现象都视为观察学习，无疑具有泛化倾向。

2. 认知心理学的有效教学思想

行为主义基于动物实验结论来推断人类的学习，学习过程被描述得过于简单和机械。从20世纪50年代中期开始，认知主义学习理论和模式逐步发展起来。与行为主义探讨学习行为不同，认知主义从主体内部思维过程来认识学习，研究学生关系、师生关系等影响学习效果的更广泛的变量。认知心理学认为学习应是主体主动、积极地形成新的认知结构，而不是简单的强化刺激与反应的连接。认知主义探讨了学习主体内部的心理结构及变化情况，认为学习的实质就是获得符号性的表征或结构，并应用这些表征或符号。认知主义试图将学习过程精确化，探究了知识接收、组织、存储和提取。学习是一个将知识编码和组织的心理过程，学习的最终结果检验需要借助外在的作业和考试。认知主义强调记忆在学习过程中具有重要作用，学习需要通过记忆的方式将信息精心组织和存储起来。遗忘是由于信息的丢失、受干扰和缺乏线索等原因导致信息不能从记忆中汇总提出。依据认知心理学理论，迁移同信息的存储密切相关，当主体明白如何在不同的情形下选取知识时，则发生了迁移。

认知学派强调心理结构，适宜于解释较为复杂的学习方式（推理、问题解决、信息加工）。但与行为主义相比较，两种理论的实际教学目标还是相同的，即用最有效的方式向学习者传递知识，使学习者获得一套教育者所要求的形式或抽象的概念。在对教学内容的分析上，加涅打破了传统的"某一学习理论可以解释一切学习现象"的错误观念，提出了学习层级说，认为知识是有层次结构的，教学要从低层级即基本概念的学习出发，逐级向上学习到高层级的知识技能。在设计教学进程时，首先要对学习的内容进行任务分析，逐级找到应该提前掌握的知识，而后分析学生既有的水平，确定合适的起点，设计出向学生传递知识的方案。在展开教学时，让学生从低层级的基本的知识技能出发，逐级向上学习。在制定教学策略时，认知主义者把学习者原有的知识经验、学习态度和学习策略等作为影响学习的重要因素。关键要素还包括学习者注意、编码、转换复诵、储存和提取信息等，学习者的信念、思想、态度、价值观等都会影响信息加工过程。教学评价主要看学习者知识的掌握情况。

3. 建构主义的有效教学思想

建构主义教育思想是行为主义教育理论发展到认知主义阶段的成果表现，由认知心理学家让·皮亚杰、维果斯基等创立并完善，是当代西方教育心理学中最有影响力的理论流派，已成为世界各国教育改革的重要理念。建构主义教学理论具有丰富的有效教学思想，主要表现在其学习观和教学观中。

建构主义的学习观认为学习是在一定的情境下，通过与他人的协商合作，以学习者已有的知识结构为基础主动建构意义的过程。强调学习的自主性、情境性和社会性。

第一，以学习者为中心，学习是学习者主动构建知识的过程。学习不仅是传递知识和接受知识，更是知识的构建和增长；学生不是被动地、消极地吸收知识，而是主动地构建知识。皮亚杰认为认知是主体主动构建的过程。学习主体通过已有经验来构建对新事物的理解，知识都是通过个体认识活动的结果。学习并非机械地把外界知识搬入学习者的记忆之中，而是通过学习者与外界相互作用，对外界的新经验与原有经验进行整合、碰撞，并构建出对事物的新意义。传统的学习观认为，教师是主体，学生是客体，强调教师讲授，并不断进行反复训练强化，学生被动接受。而在新型学习观下，学习者是学习过程中的主体，具有主体性和能动性，根据自己已有的经验，在外界的帮助下，主动构建出新事物的意义。

第二，强调学习者的经验，学习者以自己的方式构建事物的意义。在对新事物的认识中，每一学习者都将根据已有的经验来构建对新事物的理解，因而，学习者已有的知识和经验显得非常重要。因为学习者的知识结构、认知水平、认知经验和思维方式不同，其思考问题的方法、角度不同，构建新知识也就必然以适合自己的方式进行。教师在教学过程中，不能忽视学生已有的知识经验，而应当以其已有的知识经验为起点，引导他们不断拓展出新的知识经验来。

第三，注重互动式的学习方式，学习是一个相互交流合作的过程。构建主义认知理论认为，知识是学习个体与他人通过协商而达成一致的社会构建。学习不是某一个体的单独行为，而是处在某一学习团体中的活动，在这个团体中，由于学习者已有的认知水平、经验等的差异，对同一事物的构建也会显现不同。正如皮亚杰指出的："儿童是在与周围环境相互作用的过程中，逐步构建起关于外部世界的知识，从而使自身认知结构得到发展的。"古汉宁指出："学习是构建内在的心理特征的过程，学生并不是把外界知识搬到记忆中去，而是以已有的经验为基础，通过与外界的相互作用来构建新的理解。"由于人们都以原有的知识系统为基础对新事物构建自己的理解，因此对相同的问题，不同的人就会产生不同的理解。在学习中，要超越个体的认识，理解不同于自己的观点，个体间的合作、交流、讨论等显得尤为重要。这样才能构建起更深层次的、新的意义理解。

简言之，建构主义认知理论认为，学习不仅是简单的信息积累，更重要的是包含新旧知识经验的冲突，以及由此而引发的认知结构的重组。学习过程不是简单的信息输入、存储和提取，而是新旧知识经验之间双向的相互作用的过程，也是学习者与学习环境之间互动的过程。该理论试图阐明学习如何发生，意义如何构建以及学习环境对知识构建的作用，并试图揭示人类学习过程中的认知规律。

建构主义教学观认为学习与教学具有紧密的联系，二者互为条件，互为对应。基于对学习的新认识，建构主义也提出了相应的教学观。

第一，实现教师角色转换。教师不再是知识单纯的传授者，而是学生主动构建意义的促进者、合作者和帮助者，是整个教学过程的组织者、指导者和协调者。教师应当激发学生的学习动机，引导学生运用有效的认知策略不断优化自己的认知模式；帮助学生确立合适的学习目标以及目标实现的路径；培养学生独立思考的能力和习惯，最终实现学生对事物的意义构建。布鲁纳强调："我们教一门科目，并不是希望学生成为该科目的小型图书馆，而是要他们参与获得知识的过程。学习是一种过程，不是结果。"

第二，教师要备足学生发展区。教师应切实把握学生已有的知识经验，使学生的学习在学生的发展区内。"最近发展区"理论的提出者维果斯基认为，儿童发展水平有两种：一是现有的发展水平；二是在有指导的情况下借助成人的帮助可以达到的解决问题的水平，或是在他人的启发和帮助下可以达到的较高水平。这两者之间的差距，即儿童现有的水平与经过他人的帮助可以达到的较高水平间的差距，就是"最近发展区"。教学必须考虑受教育者的"最近发展区"，备足发展区。

第三，学习离不开一定情境的构造。构建主义认为知识并非固定不变的，知识也并非问题的最终答案；在面对具体的问题时，知识并不总是准确无误、一试就灵的，而需要对其有针对性地再加工、再构造。皮亚杰认为："知识产生于不断的构造。"因为，在一定的情境中的教学，能还原问题的真实性，易于激发学生学习的欲望，利于培养学生的探索精神和解决问题的能力。显然，情境学习可以克服教条束缚，使学习变得更有效率。所以，知识的再构造应在一定的情境中进行，并以现实问题的解决为着眼点。教师要创设真实的案例情境或提出引起学生反省及思考的问题情境；要鼓励学生与教师间、学生与学生间的交流与合作，通过不同群体间的互动沟通、澄清辩证以及知识再构造的过程使学生原有的知识经验接近所学知识的意义；教师还要重视网络、多媒体、现代信息交流平台等对教学的支持作用，使之成为学生主动学习、协作式探究的认知工具。

4.人本主义的有效教学思想

人本主义心理学是 20 世纪 60 年代末至 70 年代继行为主义和精神分析学派之后的发展起来的。人本主义主张应将人视为一个整体来进行研究，不能将人的心理肢解为支离破碎的几个部分。应当研究正常的人，尤其要关注人的高级心理活动，如生命、尊严热情、信念等。人本主义的学习理论是人本主义心理学扩展到教学领域的结果，主要代表人物有美国心理学家马斯洛、罗杰斯等。人本主义学习理论从人的视角阐述了学习者整个人的成长历程，以发展其个性；注重启发学习者的经验并激发潜能，引导其结合认知与经验，肯定自我，进而实现自我。人本主义学习理论重点研究如何为学习者创造一个良好的环境，让其从自己的角度感知世界，发展出对世界的理解，到达自我实现的最高境界。

马斯洛的学习理论主要体现在自我实现的人格观和内在学习论。马斯洛认为人的成长动力来自个体自我实现的需要，自我实现的需要是人格形成发展、扩充成熟的驱动力，人对于自我发挥和完善的欲望，也就是一种使自己的潜力得以实现的倾向。如何自我实现？马斯洛认为无条件的尊重和自尊是实现的条件。他还认为教育在自我实现中的作用是有限的，文化、环境、教育知识、食物和水不是种子，自我潜能才是人性的种子。教育只是提供了一个安全、自由、充满人情味的心理环境，并使人性的潜能自动地得以实现。马斯洛还提出了内在学习（Internal Learning）论，批评外在学习（External Learning）是单纯依靠强化和条件作用的学习，只着眼于外在灌输，是被动、机械的。"学生学到的，顶多不过像是在他们的口袋里装了几把钥匙或几个铜钱而已。学生所学的一切对他们的心智成长，毫无意义。"因此，理想学校应倡导内在学习，依靠学生的内在潜能为驱动力，以潜能的充分发挥，达成自我实现。这种模式是自觉的、主动的、创造性的学习模式。

罗杰斯创立了以学生为中心的教育理论，提出了知情统一的教学目标观、有意义的自由学习观和以学生为中心的教学观。人本主义认为人具有尊严和价值，人的本性是善的，而不是恶的。基于人性本善，教育就应该"引出和促进这个内部天性"，继续培育和发展人的善性。罗杰斯认为，情感和认知是人类精神世界中两个不可分割的有机组成部分，因此应当培养躯体、心智、情感、精神和心力融汇为一体的人。基于培育"全人"的这一理想，教育目标应是促进变化和学习，培养能够适应变化和知道如何学习的人。因此罗杰斯认为，以学生为中心的教育理论的核心思想是提倡知识能力、认识能力和情意能力三者结合、平衡发展。只有寻求知识过程的人才是可靠的人，才是有教养的人。在现代世界中，变化是唯一可以作为教育目标的依据，这种变化取决于过程而不是静止的知识。人本主义的教育目标是培养能够适应变化的、知道如何学习的、发展个性的人。

总体来看，人本主义教育思想，在教学内容上，主张既要重视思想教育，也要重视学生情感和意志力的培养和教育；在教育方法上，主张坚持学生的主体地位，采用多种教学方法，如活动教育法、自我教育法、陶冶教育法等。这些思想非常具有时代进步意义，其合理内核与当代教育提倡的"学会学习""学会生存"和培养学生的独立性、创造性思想具有契合性。可见，人本主义教育思想包含了丰富的有效教学思想，在现实教育中，具有重要的影响力。

综上所述，因为古代并没有单独进行法制教育的实践和基础，所以法制教育问题被笼统地归入思想道德教育的范畴，于是，思想道德教育的思想论述也就自然适用于法制教育的研究。本书沿着历史发展的脉络，粗线条地考察了中外有效教育的基本发展历程。如何实施有效的教育，尤其是思想道德的教育，始终是人们构建相关理论体系关注的论题。在关注教育效能的理论构建中，都涉及了教育者与教育效果、教育内容与教育效果、教育方法与教育效果、教育对象与教育效果、教育环境与教育效果等教育有效性探讨所必须涉及的论域，尤其是现代心理学构建了系列的有效学习理论体系，使有效教育研究更加科学化、体系化。这些探讨中，有诸多的思路与方法，从不同的角度表现出对教育有效性的把握。对于从事思想政治教育尤其是法制教育研究，是非常宝贵的思想材料。

由于各时代的教育所处的阶级状况不同，因而各时期思想家的教育思想都不可避免地具有相应时代的局限和阶级烙印，也就使得众多思想家留给我们关于思想政治教育有效性的内容是精华与糟粕并存的混合体，因而，做好理论的辨别清理工作，便成为吸收中外有效教学思想营养的前提。

第五节　变革时代对法律人才的要求

一、法治国家建设与司法体制改革对法律人才的要求

党的十八届四中全会指出，必须全面推进依法治国。建设法治国家已成为当前我国的重要任务。法律人才是建设法治国家的第一资源，因而在新形势下国家对法律人才有着新的要求。推进依法治国必须大力提高法治工作队伍的思想政治素质、业务工作能力、职业道德水准，着力建设一支忠于党、忠于国家、

忠于人民、忠于法律的社会主义法治工作队伍。建设高素质法治专门队伍，把思想政治建设摆在首位，加强立法队伍、行政执法队伍、司法队伍建设，畅通立法、执法、司法部门干部和人才相互之间以及与其他部门具备条件的干部和人才的交流渠道，推进法治专门队伍正规化、专业化、职业化建设，完善法律职业准入制度，建立从符合条件的律师、法学专家中招录立法工作者、法官、检察官制度，健全从政法专业毕业生中招录人才的规范便捷机制，完善职业保障体系。加强法律服务队伍建设，增强广大律师走中国特色社会主义法治道路的自觉性和坚定性，构建社会律师、公职律师、公司律师等优势互补、结构合理的律师队伍。创新法治人才培养机制，形成完善的中国特色社会主义法学理论体系、学科体系、课程体系，推动中国特色社会主义法治理论进教材、进课堂、进头脑，培养熟悉和坚持中国特色社会主义法治体系的法治人才及后备力量。

二、法律职业共同体构建对法律人才的要求

法律职业共同体的形成需要相关的社会条件，也需要一定的观念基础。法律职业共同体是法律人的共同体。就法律职业共同体所依赖的社会条件来说，它并不是法律人所能掌控的，有时法律人也无能为力。但是法律人所能做的是自己努力。法律人实际行动的思想基础是法律人职业共同体观念的认同。观念的认同主要包括具有共同的价值精神、法律信仰和法律理性。

（一）共同的价值精神

世界观、人生观、价值观对于任何社会、组织都是特别重要的。对个体来说，也许更重要。对于一个集体及其成员，共同的价值诉求是必不可少的。价值观是一个群体得以凝聚的精神因素。法律职业共同体的形成必须以法律人共同的价值诉求为精神依据。没有对公平、正义、自由、平等、人权等重要价值目标的基本认知与认同，法律职业共同体是无法形成的。

（二）共同的法律信仰

法律人作为法律职业共同体的构成元素，必须具有对法律的信仰。在法律人那里，法律不是能不能被信仰的问题，而是必须被信仰。人类需要信仰作为精神支柱。信仰是人类幸福的重要源泉，它能为人类的内心与行动提供具有感召力的推动力量。人类信仰的内容十分丰富，法律是人们在法治社会生活中所应当具有的重要信仰之一。另外，法律信仰是法律职业共同体能够在法律上达成一致的桥梁。法律职业共同体成员之间会有诸多差异，并由此引发分歧，具有共同的法律信仰会促使不同的法律人达成一致、放下分歧、彼此认同。

（三）共同的法律理性

法律的产生可能在一定程度上与非理性相联系，但在总体上，法律是理性的产物。由法律人所组成的法律职业共同体，更应该具有对法律的理性认识。法律职业共同体的共同理性，除了他们与常人无异的认识能力外，更有专业素养内涵。他们具有常人所不及的法律知识基础和工作环境，对于法律上的是与非、对与错、合法与不合法、犯罪与不犯罪具有更大可能与更高程度的一致认识。

三、法学教育与改革对法律人才的要求

党的十八大报告中关于法制建设方面有许多新思想和新论述，从这些思想和论述中可以看出，新时期党和国家对于法治的关心与重视，同样也对法律人才提出了新的要求。

从广义上来看，法律人才应当包括法学学术人才和法律职业人才。从教育部和中央政法委联合颁布的《关于实施卓越法律人才教育培养计划的若干意见》来看，法律人才主要是指法律职业人才。一种职业的产生来自一定的社会需求，有什么样的社会需求，就会产生什么样的职业。因此，职业人才的评价标准应当与相应的社会需求密切关联。纵观法学的教育与改革可以看出，新时期的法律人才需要具备忠诚的政治本色、坚实的法律素养、高超的法律技能、真挚的为民情怀、宽厚的人文底蕴、良好的职业形象。唯有培养出这样一批高素质、高质量的法律人才，才可能更好地做到"以事实为依据、以法律为准绳"，切实地维护社会的公平与正义，更好地维护司法权威。

第二章 高校法制教育的发展历程与主要经验

　　随着我国依法治国方略的不断深化及法制社会飞速的发展，全民法制意识逐渐增强，这对我国高校法制教育提出了更高的要求。青年强则国强，青年学生是国之栋梁，高校作为培养青年学生的重要阵地，肩负着法制教育的历史使命。经过几十年的法制教育，我国高校的法制教育日益成熟。本章分为高校法制教育的发展历程、高校法制教育的主要经验两部分。

第一节　高校法制教育的发展历程

一、恢复与发展：高校法制教育的重大转折期（1978—1985 年）

　　改革开放后，我国开始了制定和完善法律制度的征程，在短期内进行了大量的立法活动，形成了以"82 宪法"为代表的大量立法成果。如何将立法为社会大众所掌握，将成果转化为思想力量，掌握法律知识成为当时的首要任务。

　　1978 年 12 月党的十一届三中全会后，国家转入常态化发展轨道，法制建设也翻开了新的篇章，中国迎来伟大的发展建设期。高校法制教育也步入新的发展机遇期。

　　为了契合思想政治教育的根本任务和使命，区别于法学人才培养教育，高校法制教育被作为思想政治教育的组成部分，与时代同步发展，不断调整和审视自身教育定位与性质，经历了由浅入深、逐步发展壮大的阶段。也就是将法制教育与法学教育、思想政治教育的关系准确厘定，高校法制教育不是法学教育的"普及版"，而是在社会主义法治国家建设的时代进程中，使法治理论从专业化走向大众化，由单一化走向系统化，从封闭化走向开放化，成为培养社会主义高素质建设人才的重要载体。这一时期的法制教育呈现如下特点。

第一，以法律知识普及为主要内容。随着我国进入常规发展状态，人们对过去的经验和教训进行反思，更加清醒地认识到过去对思想政治教育工作放任的巨大危害性，必须加强高校的思想政治教育。20 世纪 80 年代初，高校在继续开设马克思主义理论课程基础之上，开设了共产主义思想品德课程。

为了贯彻中共中央关于加强共产主义思想教育的要求，1982—1984 年，国家教委先后出台了《关于在高等学校逐步开设共产主义思想品德课程的通知》

《关于高等学校开设共产主义思想品德课的若干规定》和《共产主义思想品德教学大纲》（试用本）文件，明确了思想品德课在高等教育体系中的重要地位，该课的课程性质是思想政治教育，规定了课程的任务、内容、主体等教育方案。党和国家适时出台的教育政策文件，对处于初创阶段的法制教育课程的建设和发展，具有重要指导意义。

随着国家政治、经济的不断调整，高等教育的秩序也在不断优化。这一时期思想政治教育逐渐步入正轨，开设了哲学、中共党史、政治经济学和思想政治教育报告四门课程。随着理论研究和教育实践的不断深入，编写了相应教材，并以条例的形式对课程的学时予以明确规定。在此阶段，思想品德课得到了有效恢复，并获得了一定的发展。作为政治理论课的组成部分，法制教育随之得以恢复和发展。1983 年四川人民出版社出版了《共产主义思想品德教育》教材，其中两章内容涉及民主与法制的知识，分别是"做遵守纪律的模范"和"当奉公守法的公民"。该内容侧重法制概念、法律义务方面，多从教育目标出发进行规定和引导，缺少对人的思想观念的引导。相似的是，1985 年福建教育出版社出版的《大学生共产主义思想品德概论》中，仅有"加强法制教育，增强法制观念"一章对应法制教育，以普及知识为目的，介绍了法的基础理论知识。上述两部教材是当时法制教育的缩影，虽然其教育的内容和形式有所不同，但都是初级的、基础的、浅显的教育，是改革开放后的法制教育的"普及版"和"启蒙版"。

第二，以课外教育为主要途径。邓小平指出，法制教育的根本是育人，以何种方式育人尤为重要。1979 年伴随我国刑法和刑事诉讼法的出台，大众需要掌握我国刑法知识，中共中央发布的《关于坚决保证刑法、刑事诉讼法切实实施的指示》中指出，普法对象是广大党员、干部和群众，采用方式是各种宣传工具，部分高校在政治理论教育和学习中也开始增加法制教育的有关内容。

但是，由于当时我国很多领域的立法存在空白，且包含了法制教育的思想品德课并没有独立成课，法制教育的性质和地位并不确定。随后，国家教育委员会先后发布了《关于在高等学校逐步开设共产主义思想品德课程的通知》和

《关于高等学校开设共产主义思想品德课的若干规定》两个文件，规定了法制教育内容应当纳入思想品德课的教学计划中。至此，法制教育才进入高校思想政治教育的主课堂，但是法制教育的要求并未明确，也缺乏监督和指导，具有很强的随机性、随意性、试验性和不规范性。显然，这一时期的高校法制教育的课堂教育仅仅为萌芽阶段，并不是主流。在总体意义上，大学生通过参加社会民主法制实践，接受社会教育和自我教育是主流。在理论意义上，是一种以自发为主导的非课堂教育。

第三，以宣传部门为主要管理机构。随着 1985 年《关于向全体公民基本普及法律常识的五年规划》（"一五"普法文件）的实施，高校法制教育管理模式发生了一定的调整和变化。在全国"一五"普法之前，由高校学生工作者组织大学生学习有关国家法制建设方面的新闻报道和政论文章，其主要是在政治学习时间相对统一集中进行的，也有少数学校、院系将道德教育与法制教育结合进行，但是由于中国社会特色社会主义法治体系尚处于初始构建阶段，法律制度还不完备，这种有效的探索不但数量少，而且所进行的教育在广度和深度方面都是有限的。另外，各学校、各地区间并未统一内容和标准。

在全国"一五"普法实施后，高校法制教育被纳入国家普法规划系统，社会普法的运行体系深深影响了高校法制教育。在机构上，组建了由学校主要领导负责、以学校宣传部为主的法制教育领导小组，形成了高校宣传部全面统筹实施的宣传教育模式，集总体规划和具体落实于一身，多采用传统的方式教育，如法制宣传报告、法制讲座、知识竞赛、广播、板报、辩论赛等。这一时期，教学部门并无开展法制教育的主导权，主要是配合和辅助有关部门，功能较为有限。

至 20 世纪 90 年代初，各学校认真落实了法制教育活动，开设了"法律基础"课程，使不知法律为何物的大学生逐渐对法律有了一定的认识，对我国的法律框架有了总体的把握。由法制教育文件和高校法制教育实践来看，此阶段的法制教育的主要任务是学习法律知识。此阶段是知识学习阶段。

二、开拓与进取：高校法制教育的深入发展期（1986—2003 年）

改革开放使我国获得了巨大的发展机遇，随着社会各项事业的不断进步，法制建设进入一个快速提升期。建设良好的民主法制秩序为整个社会之共识。在国家层面，国家意识形态中仍然倡导法制建设。这一时期，我国市场经济发展迅速，社会主义民主法制建设开创了新局面。高校法制教育不断开拓进取，进入了深入发展期。

（一）法制教育课程独立设置

随着思想政治教育"85方案"和《关于在高等学校开设"法律基础课"的通知》的发布实施，高校法制教育正式进入普通高等教育的主课堂。根据国家教育委员会《关于高等学校思想教育课程建设的意见》的规定，高校必须设置"法律基础"课程，学时30节，开设学期由各学校自定，课程性质为思想政治教育课程，是必修课。至此，高校全面、正式开设了法制教育课程，"法律基础"也迈入了独立设置的阶段，形成了与思想道德教育并列的格局。但是从"85方案"的业务指导管理归属看，马克思主义理论课程属于教委社会科学研究司，思想品德课属于思想政治教育司，总体层面上的思想政治理论课程并未统一归属，反映出两类课程并未形成一个整体。

为了应对思想理论教育中出现的新情况和新问题，对思想政治理论课建设问题的探讨也在不断深入，1993—1998年，国家又发布了四个重要文件，即《关于新形势下加强和改进高等学校党的建设和思想政治工作的若干意见》《中共中央关于进一步加强和改进学校德育工作的若干意见》《关于高校马克思主义理论课和思想品德课教学改革的若干意见》《关于普通高等学校"两课"课程设置的规定及其实施工作的意见》（简称"98方案"）。综合分析来看，相同的是，文件都确认了"法律基础"的独立地位，完善了教育内容，强调了法制教育的重要地位；不同的是，对"法律基础"归属的名称有调整，1993年为"思想政治教育课"，1994年改为"思想品德课"，这是对其上位概念形式的完善，归属实质并未改变。

综上，此阶段是"85方案"向"98方案"过渡的阶段，法律基础课程虽然被整合进入思想政治课程的范畴，但在课时计划、师资等方面均具有独立性。

（二）以课内教育为主要途径

随着法制教育重要地位的逐步确立，社会和个体需要提升法制教育的效能，原有普法宣传模式已不能适应这种需要，系统化、组织化和常态化的课堂教育成为发展趋势。

在此过程中，国家颁布了两个文件，即《关于在高等学校开设"法律基础课"的通知》和《关于高等学校思想教育课程建设的意见》。前一个文件规定了两条途径：第一条途径是在思想政治教育中渗透法制教育，这是传统的方式，主要从"人民民主专政的国家制度""社会主义民主""社会主义法制"等基本政治制度入手。第二条途径是开展具体法律知识的教育，包括法律专题讲座和法律选修课。法制教育开始向课程方式靠拢。后一个文件规定高校在普通本专科生中开设"法律基础"课，将其定位为独立设置的一门思想教育必修课，还规定了教学管理体制和学时。这一时期的高校法制教育主导者从政府宣传部门转向了高校教学机构，学校按照规定，实现了法制教育的"进教材，进课堂"。经过多年的转向调整，随着国家层面实现课程独立的建构问题，法制教育从课外教育转向了以课内教育为主的模式，这是法制教育模式的一次重大转变。

（三）以教学部门为主要管理部门

这一时期，校内教学分工模式是：教学部门具体负责课程理论和实践教学；教务部门负责课程规划建设，指导和协助教学。这种模式的确立，是课程建设和改革不断调整的结果，起初并非如此。在20世纪80年代中后期，法制教育课程创立，教学部门的管辖比较复杂，各高校因地制宜，全国并不统一，归纳起来看，主要并存两种模式：一种是由法律院系承担模式，一些拥有独立法律专业的高校，尤其是国家重点院校，在承担本院系的法律专业课教学的同时，还承担了全校法律基础课和法律选修课的教学任务。部分高校还创办了法学辅修专业或第二学位，为大学生学习法律提供了多层次的平台和机会。这种法律院系承担模式，由于各学校间发展的不平衡性，只能在某些综合的知名高校进行，并不具有普遍性。另一种是由马列主义教研部（也有称为政治系或德育教研室）承担模式，教师采用专兼职结合的形式，这是一般高等院校普遍采用的方式。

随着思想品德课程和马克思主义理论两大课程并立的形成，逐渐以"两课"称谓思想政治理论课，在"98方案"实施后，教学单位也相应更名为"两课部"或"社会科学部"；在"05方案"后，普遍改称为"思想政治理论课教学部"或"思想政治理论教学研究部"。在2005年前后，少数高校成立了"马克思主义学院"，继续承担法律基础教学任务；其他多数高校的教学逐步并入"两课"教学部门的管理范围，法律院系教学模式逐步退出教育舞台，法律院系回归至法学专业的教学工作，也就不再承担公共必修课的教学。

在"05方案"实施后，对法律基础课与思想道德修养课进行了深度融合，统一为"思想道德修养与法律基础"一门课程，法律基础课程从内容到形式归入思想政治理论课教学部门管辖。从上述名称的分合演变轨迹来看，法律基础课程教学部门具有较强的独立性和稳定性，其教学管辖和隶属管辖虽然在学校不同的部门间变动，或者名称转换，但由教学部门主导而非行政部门主导的模式并未发生实质变动，也是教学实践摸索和检验的结果。

三、继承与创新：高校法制教育的继往开来期（2004 年至今）

进入 21 世纪后，我国法制教育面临加入世界贸易组织、西方法律思想渗透的挑战，科学发展观成为社会各项事业的指导思想，社会主义法律体系初步形成，使得高校法制教育进入一个继往开来的发展新时期。

（一）将法制教育与思想道德教育融合

"思想道德修养与法律基础"（以下简称"基础"）课程是由原"思想道德修养"与"法律基础"两门课程合并而来的，是思想道德教育与法制教育的综合。法律与道德关系密切，二者相辅相成、互为补充，具有互动关系。法律与道德作为两种重要的、基本的社会规则，也是思想政治教育的主要内容。20世纪 90 年代，中共中央适时提出了"法治"和"德治"两种治国方略，法律与道德若能有效结合运行，则效果将大于单个规则的简单相加之和。否则，不但不能形成合力，而且单一规则的功能将大打折扣。规则不能自我实施，教育是推动规则实施的重要力量，法律与道德的紧密关系，暗合了法制教育与道德教育的紧密关系，构建二者的良性互动关系具有重要的教育意义。所以，将法制教育与道德观、人生观、价值观、心理健康等教育结合，既能发挥学科间密切联系的天然优势，又是思想政治教育综合化、整体化和时代化的必然要求。"把它们合而为一，虽然有些技术问题需要进一步处理，但从根本上讲是具有长远意义的。"

2005 年国家发布了《中共中央宣传部 教育部关于进一步加强和改进高等学校思想政治理论课的意见》及实施方案，将两门课程正式合并。随后中宣部、教育部组织专家编写了《思想道德修养与法律基础》教材，并于 2006 年秋季正式使用，在国家制度层面完成了将两门课程融合为一门课程的转变。"教材是一部精品力作，从多方面呈现了对大学生进行思想道德教育和法制教育所要求的时代感和科学性、针对性，为把这门课程建设成大学生欢迎的精品课程奠定了重要基础。"

法律是社会的最低行为规则，法制教育可谓底线教育。"05 方案"立足于法制教育的底线养成功能，在此基础上，提升大学生的思想道德素质；将理论学习与大学生的现实问题进行了结合，务实而不空谈，"基础"课教材成为大学新生成长与成才、做人与做事、学习与生活、交往与情感等方面的一部"工具书"。"05 方案"优势明显，一方面，道德教育发挥了法制教育的基础保障功能。道德教育通过对人的精神进行影响和熏陶，以唤醒良知、提高涵养，可以有力地促进法制教育建设，树立法律至上、权力服从于法律的信念，使法律获得普遍的认同。另一方面，发挥了法制教育对道德教育的推进器作用。在法制教育中，用公平、正义、平等等法的精神去培养和教化人，最终使法律精神的价值意志、规则、知识等融于公民的思想品德和日常行为习惯中，促进道德意识的觉醒、道德规范行为的养成，在他律的范围内把自己塑造为自律、自觉、自在、自为的人，从而实现法制教育的他律到道德教育的自律。

自"05方案"实施以来，法制教育在教材、师资、课时计划和实践教学等方面更深层次地融入思想政治教育，成为思想政治教育体系的有机组成部分。"基础"课把思想道德教育与法制教育两方面的内容进行了糅合，构建了形式上的一体化，发挥了法制教育与道德教育客观、内在联系的优势。

（二）以课内与课外教育结合为主途径

学校是有目的、有组织和有计划地进行认知教育的活动场所。自改革开放以来，法制教育走过了由"点"到"线"、由"线"到"面"的不同发展阶段，即法制教育从专题报告、专题讲座的"点式教育"，回归至传统课堂的"线式教育"，又由"线式教育"向课内课外相互结合、实践改革创新的"面式教育"推进。这一时期，法制教育的组织化程度不断提高、计划性不断加强、系统性不断完善，对大学生发挥了积极的引导作用，教育有效性也在增强。随着社会主义法律体系的逐步完善以及公民法律意识和法治观念的不断提高，为了形成推动法治的社会合力，2006年中共中央提出了"依法治国、执法为民、公平正义、服务大局、党的领导"的社会主义法治理念，五方面的内涵是有机统一、相辅相成的，从不同的角度揭示了社会主义法治的主要原理，又完整描绘了社会主义法治的基本图景。社会主义法治理念是马克思主义法学思想在中国的发展成果结晶，是我国社会主义法治事业建设的指导思想。学习贯彻社会主义法治理念成为高校"基础"课的重要内容。

在大学生将要踏入社会时，完善法律素质教育，贯彻法治理念，是我国法治进程推进的必然要求。自2010年秋季开始，"基础"课正式将社会主义法治理念纳入教材，社会主义法治理念已经成为大学生的必修知识和需要重点掌握的内容，成为大学生从学校人向社会人身份转变的价值追求和奋斗力量。

（三）教学部门与其他部门形成管理合力

当前，全员育人、全程育人和全方位育人已经成为思想政治教育的发展趋势，在此背景下，高校法制教育既要发挥教学部门的主导作用，也要获得学校有关部门领导及其人员的大力支持和广泛参与，以形成一个严密、高效的育人系统。如今，高校形成了以教学部门为主，宣传、学工等部门参与，多部门通力合作、共同开展的局面，逐步形成辐射化、网状式的管理模式。宣传部门为早期法制教育的主要承担者，随着教学分工的优化调整，其宣传理念、宣传手段和方法及宣传机制等也发生了巨大的变化。在宣传理念上，注重培养法律意识和法律思维能力，从灌输知识向传播理念转变；在宣传手段上，从传统媒体向生动、快捷、高效的新型媒体拓展；在宣传方法上，从单一的理论灌输向社会热点选题、适合学生接受的灵活方式转变；在宣传机制上，从行政计划管理向服务教学转变。例如，一些高校宣传部门开展了法庭进校园活动、"3·15"消费者维权日活动、"12·4"宪法日宣传教育活动等，配合教学部门，营造了学法、用法和守法的良好校园氛围。

开展与学工部门的工作联通机制。学工部门是对大学生进行日常教育管理的部门，是学生思想政治教育的主阵地。学工部门与教学部门虽然是两个二级机构，但其均是学生思想政治教育的部门，其工作对象都是学生，在工作目的和目标上具有一致性。辅导员是学工部门学生工作的着力点，对学生思想道德素质形成具有重要影响，其职责是宣传马克思主义、中国特色社会主义理论，解决学生生活、学习中存在的问题，执行学校的奖惩制度等。辅导员在工作中经常会遇到法制教育问题，拓展了以能力转化为特点的"第二课堂"，通过开展安全教育主题班会、学习安全防范手册，组织安全防范讲座、组织文明礼仪活动等实践活动，促进学生遵纪守法，培养他们的生命观、文明礼仪观。高素质的辅导员队伍是法制教育工作的保证，2004年中共中央、国务院发布的《关于进一步加强和改进大学生思想政治教育的意见》指出："要采取有力措施，着力建设一支高水平的辅导员队伍。"2005年教育部发布了《关于加强高等学校辅导员、班主任队伍建设的意见》；2006年7月教育部发布了《普通高等学校辅导员队伍建设规定》（24号令），明确了队伍建设中发展和培养、选聘和配备、管理和考核等的具体要求，为辅导员队伍专业化指明了发展方向。

高素质的辅导员队伍为"第一课堂"理论教育提供了实践的平台和机会。可见，学工部门与教育部门形成了互为补充、相互促进而又不可替代的紧密关系。

加强与心理健康教育部门的合作关系。心理因素是大学生行为选择的重要影响因素，在深层次上影响大学生的法律素质。由于社会环境、家庭环境和自我性格的影响，处于社会快速变革时期中的大学生，其心理素质并不理想，这已经成为大学生行为不法性的潜在隐患。北京社会心理研究所和北京高校学生心理素质研究中心在2002年的一次大规模调查中的数据表明，有16.51%的大学生存在中度以上的心理问题。《2010—2011 年度大学生心理健康调查报告》显示，27% 的人认为自己经常有心理方面的困扰，66% 的人认为偶尔有，近九成学生出现了心理问题困扰，这表明大学生心理问题是普遍、持续存在的。在某种程度上，心理疏导是法制教育的"添加剂"，具有"点石成金"的特殊功效。法制教育决不能孤立进行，必须走与心理健康教育相结合之路，建立联系机制，共同探究、形成合力。当前，有些高校的心理健康教育部门是单独设立的，有些是设置于学工部门之下的。针对大学生突出的心理问题，心理健康教育机构探索实践了心理问题普查制度、排查制度、约谈制度、治疗制度，及时发现了大学生的非理性行为表象特征，并在适当的时机介入，有效疏导并化解了矛盾和纠纷，一定程度上降低了校园恶性违法犯罪行为发生的概率。

发挥安全保卫部门的特殊保障作用。法制教育与保卫部门的工作有着直接的联系，保卫部门在维护校园安全稳定、消防、户籍管理等工作之外，还承担着校园的治安防范与管理。大学校园本是高雅的殿堂、知识思想的圣地，但是随着社会各种思潮的渗透，社会压力的增大，一些学生不能有效处理与外界的各种关系，进而引发了违法犯罪活动，尤其是财产性违法犯罪尤为突出。安全保卫部门处理最多的是校园盗窃、诈骗案件，学生宿舍、实验室、教室、浴室和餐厅等实体场所，以及校园网络等虚拟空间，均是保卫部门监控的重点。当然，安全保卫部门进行法制教育有其特殊的形式，对刚刚入校的新生，主要是通过做好一场法制报告会的方式进行，主讲者往往是校外的公安，司法战线的骨干、专家，给学生打好预防针，把好入门关。对其他在校时间，主要通过具体案件的处理进行教育。对于案情简单、轻微的刑事违法案件，往往与学生工作部门合作，指导院系学工部门依照《学生守则》处理和教育。对于情节复杂、违法严重的案件，如杀人、伤害、投毒、强奸、泄密等，保卫部门并无执法权，应及时移送公安机关处理，并配合做好案件相关工作。

（四）广泛运用多媒体技术教学

互联网于 20 世纪 80 年代末被引入我国，90 年代开始成长和发展，进入21 世纪后，呈现爆炸式增长。现在网络已经进入千家万户，社会也跨入了大数据时代。目前，继报纸、电台和电视之后，网络成了第四传媒。网络具有信息传播的高速性、即时性、互动性和开放性的特点，正深度改变着人类的生存方式，对人们的学习、生活和工作的影响越来越广泛。

互联网对法制教育的影响广泛而深远。如同硬币的两面，网络影响也具有双面性，既能产生积极的影响，也可能产生消极的影响，是一把"双刃剑"。

在积极方面，其一，网络具有丰富的信息资源、海量的信息数据、及时的传播速度，大数据能为高校法制教育提供全方位的信息支持，成为法制教育获取信息的"神器"。其二，网络为法制教育提供了新的教育和学习途径。当前，很多高校开展了数字化校园工程，学校成了社会信息化较高的平台，网络正成为大学生获取知识最直接、最主要的途径。高校教育要充分利用网络，构建网络与课堂教学相结合的模式机制。目前，高校充分利用校园网络，开辟了网络课堂教育的新模式。其三，网络成了增强高校法制教育的有效载体。当今大学生可谓网络生活的"达人"，遨游在网络信息世界中，使用着日新月异的网络平台和工具软件，手机等上网工具几乎成为其身体的一部分。高校法制教育通过逐步加强网络技术的使用，制作出了生动活泼、富有冲击力和感染力的网站、课件和视频等教学载体，增强了法制教育的趣味性和主动性，吸引了学生的关注度和注意力，从而大大提升了法制教育效果。其四，运用新媒体开辟网络"第二课堂"。把教学计划、教案、案例、教学视频等资料在网络上发布，设置网上答疑、网络交流等空间，构建全天候的教育平台，形成网络教育和课堂教育整合发力的新局面。显然，运用新媒体技术进行法制教育是未来发展的必然趋势。

但是网络绝非净土，网络的无序和混乱一直是网络发展的"顽疾"，暗藏着巨大的教育危机。不同的社会思潮在这里碰撞，各种文化在这里聚集，不法利益诱惑在这里滋长，西方意识形态在这里渗透，可以说，网络也是一个"藏污纳垢"之地。大学生好奇心强，易于接受新事物、有激情，但是心理和生理并不成熟，辨别和控制能力有限，所以网络对青年大学生树立正确的马克思主义法学观和社会主义法治精神构成了威胁。当前，大学生网络不轨行为主要表现在黑客攻击、侵犯隐私、网络传销等方面，虽然大学生犯罪比例很小，但是由于其身份的特殊性，往往成为新闻媒体关注的热点，影响十分恶劣。所以，在利用新媒体发挥其优势的同时，必须对其消极性予以高度的警惕，准确驾驭新媒体发展的特点，用社会主流价值观引领数字化校园，将社会主义法治精神嵌入人心。

第二节　高校法制教育的主要经验

一、改革开放前高校法制教育的基本经验

就 1949—1977 年我国高校法制教育而言，大致可以分为初创阶段（1949—

1956 年）和挫折阶段（1957—1977 年）两个阶段。由于种种错综复杂的原因，如果说初创时期的法制教育总体还算正常，那么挫折时期的法制教育更多的只能说是教训或遗憾了。这一段特殊的历史时期的法制教育，可以简单概括为：经验少、教训多，成绩少、失误多。这也让我们更能深刻地体会到"一个国家的法学教育发展实有赖于该国政治、法律制度的相对完善和该国社会经济生活等的稳定乃至繁荣。反过来，一个国家法学教育的兴衰，可以折射出该国政治、经济、文化等的发展水平"。其实，法制教育以及由此对大学生进行的法律意识和法治观念培养，不仅折射出国家的发展水平与国民的综合素质，也对社会主义法治国家建设起到了积极的促进作用，甚至从长远看，这种专门对大学生开展的法制教育还是建设社会主义法治国家的基础工程。

（一）自始保留高校法制教育具有历史进步性

中国是一个拥有人治和专制传统的国家，"在这种人治理念和专制政体的不断交互下，法律仅被视为一种单纯的维护封建专制主义的治理工具，形成了以'君本位、官本位、义务本位'为内容的封建文化"。中国共产党领导人民群众所建立的中华人民共和国是从半殖民地半封建的旧社会发展而来的，几千年的封建人治文化对人们产生了根深蒂固的影响。正是在这样的历史沉淀背景下，高校法制教育突破人治，崇尚民主、自由与法制，在我国高等教育体系中占有一席之地，不得不说是一件值得庆幸的事情。

早在中华人民共和国诞生之前的 1949 年 2 月，中共中央就发布了《关于废除国民党的六法全书与确立解放区的司法原则的指示》，宣布彻底废除国民党"六法全书"，以人民的新法律作为依据。新的以马克思主义法学理论为指导的法学教育取代了旧的法学教育，我国开始全面引进苏联的法学教育模式。全面移植苏联的法学和法学教育体系，客观上造成了长期以来挥之不去的负面影响，并奠定了我国法学教育的发展基调（即泛政治化和非职业化，按照政治标准和政治人的要求来构建法学教育体系，法学教育的法律职业性被政治性淡化直至吸收），然而无论如何，废除旧法统、创建新制度，及时填补了中华人民共和国成立之初高校法制教育上的"青黄不接"。从这个意义上理解，采用"拿来主义"的方法，自始保留高校法制教育至少缩短了中国人自己摸索发展道路的时间。中华人民共和国成立以后，始终致力于民主与法制的发展，并没有自觉不自觉地重新回到"人治"的老路上去，而且在治国理政的制度建构层面，确实也是以法制模式作为出发点和立足点的。因此，中华人民共和国成立之初的高校法制教育还是迈出了卓有成效的一步，具有历史进步意义。

（二）开启了中国高校实体法教育和宣传的先河

在中华人民共和国成立初期，国家百废待举。在立法方面，紧紧围绕的中心任务和人民亟待解决的问题进行，逐步由简到繁、由通则到细则、由单行法规到形成整套的部门法，主要体现在四个方面：第一，宪法部门法律。从 1949 年的《共同纲领》和《中央人民政府组织法》，到 1951 年发布的《人民法院暂行组织条例》《最高人民检察署暂行组织条例》，再到 1954 年全国人大一届会议发布的《中华人民共和国宪法》及其相关法，宪法部门的法律已经基本可以满足我国当时社会发展和人民生活的实际需要。第二，重要的社会法。为了巩固政权、维护社会秩序进行了剿匪和镇压反革命，制定了《惩治反革命条例》《城市治安条例》等；为打击革命队伍内部的腐化行为，恢复发展国民经济，稳定经济秩序，制定了《惩治贪污条例》《全国税政实施要则》等。第三，土地法。为了巩固新政权，还进行了土地改革立法。中华人民共和国成立之初，为了在全国范围内及时废除封建土地制度，保证新解放区土地改革顺利进行，1950 年 6 月中央人民政府发布了《中华人民共和国土地改革法》。第四，婚姻家庭法。为了使社会出现新的面貌，以确立新型的新民主主义婚姻家庭关系，1950 年 5 月发布了《中华人民共和国婚姻法》（以下简称《婚姻法》）。这是中华人民共和国成立以来颁布的第一部实体法律。这部法律是对几千年封建婚姻制度的彻底废除，也是新中国妇女解放、男女平等的标志之一。1953 年政务院为了落实婚姻法，展开了一次全国规模的声势浩大的法律实施运动，其中各大高校就是法律宣传和教育的重点。

客观地说，改革开放前高校已经开展了具有实体法意义的法制教育，对于具有两千多年封建历史的中国而言，能够在中华人民共和国成立伊始，注意并注重在青年高知群体中进行法制教育，可以说是一种历史的进步。尤其是 1950 年通过的《婚姻法》，作为中华人民共和国成立后颁布的第一部基本法律，使得广大中国妇女特别是接受过高等教育的高知女性冲破了封建思想的长期束缚，焕发出新的精神面貌，在新中国的政治与经济建设中发挥了"半边天"的作用。全国高校掀起了宣传学习《婚姻法》的热潮，充分说明了肃清封建残余与建立新的社会生活秩序得到了党和国家的高度重视，其折射出的思想光辉将永载史册。

二、改革开放后高校法制教育的基本经验

改革开放以来的四十多年，是中国社会发生翻天覆地变化的四十多年，也是中国高等教育跨越式发展的四十多年。伴随中国社会的不断进步，置身于中

国教育体制之内的高校法制教育取得了令人称道的成就，为中国民主法制建设的恢复、稳定与发展，为中国社会的经济、政治、文化、生活等诸多方面做出了不可磨灭的贡献，较好地完成了国家和社会赋予的历史使命。

（一）建设社会主义法治国家是主题

中华人民共和国成立七十多年，特别是改革开放四十多年来，我国民主法制建设进程迅猛提速。1982年宪法的颁布，标志着中国的法制建设进入新的发展时期。1997年10月，党的十五大报告明确提出："依法治国是党领导人民治理国家的基本方略。"1999年3月，九届全国人大二次会议通过的《中华人民共和国宪法修正案》强调指出："中华人民共和国实行依法治国，建设社会主义法治国家。""依法治国"的治国基本方略和"社会主义法治国家"的治国目标在当代中国确立下来。党的十七大将"社会主义法治理念"这一创造性的概念载入历史文件。党的十八大更是将"全面推进依法治国"作为今后一段时期的努力方向。在这样的社会历史背景下，中国的法治一直围绕和蕴含着三个重大命题，即"中国法治从何处来""当下中国法治如何""中国法治往何处去"。事实上，改革开放以来中国社会的法治进程正是不断书写和探索这三大命题的过程。

大学生是民族的希望、祖国的未来，肩负着中华民族伟大复兴的历史重任，其法律素质、思想道德如何，将直接关系、影响建设社会主义法治国家，影响实现全面建设小康社会、加快推进社会主义现代化建设的宏伟目标。党的十八大报告在继续强调"深入开展法制宣传教育，树立社会主义法治理念"的同时，又创新性地提出"弘扬社会主义法治精神，增强全社会学法尊法守法用法意识"。这一提法既是对高校法制教育的总体要求，也为高校法制教育指明了发展方向。在建设社会主义法治国家的道路上，高校是群英荟萃的地方，是专门培养全面发展的高素质人才的地方，是向社会输送德才兼备的知识精英和专业能手的地方，理应成为推进学法、遵法、守法、用法意识提高的先行者。

从更长远的历史范围来看，当前的高校法制教育显然仍处于探索发展阶段，还有许多方面需要更新和完善。如何让高校法制教育更好地推动我国的法治建设？高校法制教育实现的路径又如何？这些问题告诉我们，高校法制教育不能没有章法、"无的放矢"，而是需要进行充分的思想理论储备并及时总结和概括教育实践过程中产生的新鲜经验。简言之，无论高校法制教育过去、现在、将来怎样发展，始终要牢牢把握"建设社会主义法治国家"的主题不松懈，这是多年来法制教育攻坚克难、取得进步的重要法宝之一，有助于高校法制教育实践减少盲目性和随意性，增强主动性、自觉性和实效性，更好更快地推动中国特色社会主义法制教育持续、健康、快速地发展。

（二）形成社会主义法律意识是核心

1995 年 12 月，国家教育委员会、中央综治办、司法部关于印发《关于加强学校法制教育的意见》的通知中规定："高等学校法制教育要以培养大学生社会主义法律意识为核心。内容应包括法学基础理论、基本法律知识和法制观念教育。"大学生法律意识是大学生群体对法、法律或其现象的反应形式，即心理、知识、观念和思想，包括对法律的情感、认知、评价和信仰等的内心体验。法律信仰是法律意识的最高体现。美国法学家伯尔曼有一句名言："法律必须被信仰，否则形同虚设。"对法律的信仰，是一种内在的思想信念和归属，是深层情感对法律的信服、敬畏、依从和崇敬，只有在理念上真正信奉法律的人，才能自觉自愿地接受法律的约束和监督。大学生在日常的学习、生活、实践中应当严格、自觉地遵守国家法律、法规和有关政策，形成遵纪守法的思想观念和行为习惯，养成遵守学校各项规章制度的思维习惯，逐步形成依法办事的法治观念。

改革开放以来，高校法制教育从无到有、从被动到主动、从自发到自觉、从"85 方案"到"05 方案"，经历了从知识教育到观念教育再到素质教育的一路提升过程，始终紧紧围绕一条主线，就是如何提高大学生的社会主义法律意识。课堂上，介绍法律产生和发展的基本线索，揭示法律的本质，讲解法律的概念，分析法律的特征，介绍宪法及部门法，增进学生对民主制度的了解，促进其树立正确的权利义务观念，构建主人翁意识。实践中，模拟法庭、普法宣传、维权追踪、法律进社区、案例进校园、安全讲座、消防演习、法律热线、法律知识竞赛等帮助广大学生学习马克思主义法学的基本观点，了解社会主义法制的基本要求，掌握法律规范与其他社会规范的区别和联系，理解法治化是一个渐进的过程，等等，都起到了关键的作用。社会主义民主法制建设是一项长期任务，应提高学生对加强国家法制建设重要性的觉悟，最终使他们在思想上树立起法律权威，培养学生知法、守法、护法、用法的自觉意识。同时，可以利用网络进行不同法律部门的介绍，及时更新热点案件，上传大学生犯罪预防、大学生安全教育的远程视频，提供职业生涯导航的法律窍门。凡此形式多样、学生喜闻乐见的教育形式无疑增强了高校法制教育的吸引力和说服力，通过朴实至真的理论感化学生，凭借生动鲜活的案例感染学生，形成网上网下教育的合力，争取更多的大学生成为社会主义法律意识的信仰者和践行者。

改革开放四十多年来，高校法制教育在社会主义法治国家建设的道路上越走越宽、越走越广，紧跟中国民主法制建设的现代化步伐。在社会主义法律意识的核心使命驱动下，构建和创新高校法制教育教学体系，形成"第一课堂""第二课堂""第三课堂"相互配合、交相辉映的教育合力，不断推动大学生法律意识的进一步提高，为培养高素质、复合型人才迈出卓有成效的一步。

（三）思想政治理论课是主渠道

1995 年 12 月，国家教育委员会、中央综治办、司法部关于印发《关于加强学校法制教育的意见》的通知中规定："对学生进行法制教育，要遵循学校教育的规律，充分利用校园这一特定的文化传递空间，发挥各有关课程在进行法制教育方面的作用和功能，使学生在学习文化知识的过程中受到比较系统的法制教育。要以课程教学为主要渠道，形成课内课外、校内校外紧密结合的学校法制教育的网络和体系。"高等学校要利用课堂对学生进行比较系统的法制教育，要按照《关于高校马克思主义理论课和思想品德课教学改革的若干意见》以及《中国普通高等学校德育大纲》的要求，认真开设法律基础课，并保证必要的学时、师资和投入。"马克思主义理论课，特别是中国特色社会主义建设课要结合社会主义民主法制建设的目标、任务和要求对学生进行社会主义民主与法制教育。此外，还要结合学生所学专业开设有关的专门法选修课和专题讲座。"

法律基础课作为我国高校普遍开设的思想政治理论课之一，是系统地对大学生实施社会主义民主法制教育的基础课程，在增强大学生的法治观念和法律意识、引导大学生健康成长和全面成才、推进社会主义法治国家建设方面起到了积极作用。以法律基础课为主的思想政治理论课是高校法制教育的有效载体和重要途径。它对于向大学生普及法律知识，培养法律意识，提升法律素养，帮助学生树立正确的世界观、人生观、价值观和法制观，具有不可替代的特殊地位和作用。通过研究法律基础课的独立、并立到融合的实践发展过程不难发现，只有不断改革才能切实提高思想政治理论课的针对性和实效性。从教学内容到教学形式，从教学方法到教学手段，从教学理念到教学实践，从教学人员到教辅人员，都需要适应新形势和新要求，从而不断推进改革和创新。同时，还要注意协调好各方面的关系，动员和组织学校与社会各方面的力量，互相配合、齐抓共管、优化环境，共同促进高校法制教育的发展和深入。

（四）德治与法治相结合是手段

2001 年 1 月，江泽民同志提出了依法治国和以德治国相结合的观点。这一观点的提出是"依法治国，建设社会主义法治国家"的治国方略中对民族文化思想资源诉求的一个结果。其具体内容体现在两个方面：第一，依法治国与以德治国是相辅相成、相互促进的。第二，依法治国是治国的基本方略，而以德治国不是。2005 年 5 月，江泽民同志在四川考察工作时再次谈到依法治国和以德治国相结合的问题时提出："在我国社会主义现代化进程中，依法治国和以德治国都有自己的重要作用，我们要坚定不移地实施依法治国的基本方略，同时要充分发挥以德治国的重要作用。"

依法治国和以德治国分别是治理国家的两种模式，将其结合起来共同作用的观点源自两种思想根基。一个是马克思主义关于法律和道德的理论，另一个是中国的传统思想文化。根据马克思主义的基本原理，法律和道德都属于上层建筑，是上层建筑的重要组成部分。法律给人们提供了一套明确的权利与义务相一致、行为与法律责任相对应的行为模式，借助国家强制力作为他律手段，从而达到维护社会秩序的目的。道德则给人们提供一套义务模式，通过自律和社会舆论的监督而规约人们的行为。尽管二者在调控手段上有明显的差别，但是在治理国家、控制社会秩序的作用上一直是相互促进的。

依法治校和以德治校相结合，是发挥两种治理手段优势互补的正向效应，也是建设中国特色社会主义国家和高校和谐校园文化建设的内在要求。法治属于政治建设和政治文明，德治属于思想道德建设和精神文明，只有把二者结合起来，既发挥法律对大学生思想和行为的强制性规范与约束作用，又发挥道德对大学生思想和行为的教育引导与自我启发功能，才能使大学生不会失去正确的方向，从而树立正确的行为规范。高等教育的快速发展和大学生的全面成长成才，既需要道德建设，也需要法律保障。在社会主义初级阶段，道德是多层次的、多元的，不可能用同一标准来要求所有的大学生。保护大学生长远和根本利益，必须对违反基本道德的行为产生足以威慑的法律强制力。虽然不能完全靠冷冰冰的法律强制力来维持，但如果没有刚性强制力的必要保障，任何时候任何一个学校都很难保持稳定，更何谈搞建设、促发展、上水平？因此，以法治和德治相融合、相促进，共同为高校法制教育保驾护航，既是高校做好一切工作的前提和基础，也是今后高校改革发展、深度发展和持续发展的一个维度和视角。

第三章　大学生法制教育与人才培养现状

当前，我国各高校对大学生的法制教育一直在积极地开展着。从宏观上看，大学生法制教育现状整体良好且积极向上，能够发挥法制教育的教育功能和作用，但仍存在不足。高校方面，在对大学生法制教育的重视程度、高校具体教材运用等方面还有待完善；大学生自身方面，部分大学生由于家庭环境等方面影响，法制观念淡薄，还没有把法律规范、法律规章作为严格要求自己的行为准绳，还没能将这些准则转化为自己的价值取向。本章分为大学生法制教育现状和我国卓越法律人才培养现状两部分。

第一节　大学生法制教育现状

一、当前我国大学生法制教育存在的问题

（一）高校对大学生法制教育重视程度不够

1. 高校领导对法制教育的重要性认识不够

现今社会，有一些人乃至部分高校认为大学生法制教育是可有可无的：大学生的主要任务是学好学校安排的各门课程，完成相应的考试内容，并学会所学的专业知识，法律知识对他们来讲并不是急需的，在平时，只要家庭对他们严加管教，能够积极遵守学校制定的各项规章制度，就不会发生违法犯罪的事情。这种观念在个别学校的领导心目中尤为突出。在法制教育没有得到足够重视的情况下，大学生的法制观念处于放任自由的状态，最终导致大学生法制观念淡薄，或是受到社会上不良因素的影响而形成扭曲的法制观念，有的甚至步入歧途。

现阶段绝大部分高校对大学生法制教育的开展和实施均投入了一定的人力与物力，并且认识到加强大学生法制教育的重要性和必要性。但是力度还不够，

有的高校还没有认识到加强大学生法制教育的重要性和必要性，对大学生法制教育的开展报着形式化、无用化的心态。如果高校领导对大学生法制教育不够重视，那么大学生就无法学习到最系统、最全面的法制教育课程，不利于大学生养成良好的法律素养和树立正确的法制观念，并且还会造成大学生法制教育停滞不前、教育目标难以实现等多方面问题。

2. 大学生法制教育课程课时安排略少

加强大学生法制教育是思想政治教育的现实需要，是整个高校稳定发展的需要。因此，大学生法制教育课程课时要根据实际情况，安排得尽量合理有效。当前，我国大学生法制教育课程课时安排普遍较少，大概是每周两节。法制教育课程安排少，供大学生学习法律知识的机会就少，大学生对法律知识学习的积极性也就不能被调动起来。高校应重视起来，有效增加大学生法制教育课程的课时，并加强对大学生法制教育课程出勤率、平时成绩、考试等方面的管理，督促大学生严格要求自己，认真学习法律知识，树立正确的法制观念和价值观念。

3. 大学生法制教育师资力量薄弱

拥有一支高素质的师资队伍是大学生法制教育取得实效、达到预期效果的根本保证。但目前，我国高校的法制教育师资队伍建设还有待完善，主要存在以下两方面问题。

（1）师资队伍的专业性不强

目前，我国大多数高校进行法制教育基础教学的教师基本上都是思想政治教育专业的教师，很少有法学专业出身的教师。如果没有经过专业的学习和系统的培训，很难将法制教育的本质和精髓学懂。目前，高校从事法制教育的教师大都没有经过法学专业的统一培训，他们的法律知识水平良莠不齐，授课效果也就有差异，致使本来课时就很少的法制教育课程流于形式，教学效果很难得到实现和保障。

（2）教师对法制教育课程缺乏重视

虽然思想道德修养与法律基础在高校是一门必修课，但是学校和教师均对这门必修课程有所忽视。这样的态度致使大学生的法制教育工作很难开展，致使授课的教师错失了提升自己法律专业知识水平的机会，以致他们在授课过程中照本宣科，教授形式古板、落后，内容和方式不具有时代性和创新性。有的教师由于对法制教育的内容理解有限，遇见学生提出现实中的相关法律问题时，有时会难以回答。

（二）大学生法制教育课程设置不尽合理

大学生法制教育的内容涉及教育什么、用什么进行教育、让教育对象即当代大学生获得什么的问题。这就要求对大学生法制教育的内容有一个明确的制定，法制教育内容制定得是否适当直接关系到学生吸收知识的效果。高校在对大学生实施法制教育时，要体现时代的要求，要根据教育对象的特点，有重点、有选择地确定课程内容。目前，我国高校对大学生进行法制教育的主要渠道是法律基础课的教学，思想道德修养与法律基础课程的教学内容直接体现了大学生法制教育的内容。该课程有三大特点：一是知识性，二是宏观性，三是法学化。从某种意义上说，《思想道德修养与法律基础》是一部各类法学教材的缩写本，是高校现行的法制教育的教学主渠道和教学内容。大学生法制教育的内容应该尽可能地具体，具有导向性和具体性，让大学生能够充分理解所学法律知识，内容设置上应尽量贴近大学生的现实生活，便于大学生掌握那些比较难理解的部门法，使大学生对法制教育的内容更容易掌握和有效应用。

高校实现法制教育目标的教育途径即高校对大学生进行法制教育采取什么样的方法或形式。此方法或形式的恰当与否将直接影响着教育效果实现的快慢。我们对大学生法制教育曾总结出很多行之有效的方法，如进行形势和政策教育、传统教育、开展正反两方面的对比等。时至今日，这些方法仍然可用，我们不应采取一概否定和排斥的态度。但是，面对新时期的新要求，法制教育必须创新。目前，对大学生的法制教育采取的教学方法还是传统的"填鸭式"课堂教学模式，以灌输的方法作为传授法制教育知识的唯一手段和方式。这样的教学模式不仅枯燥无味，而且不能调动大学生对学习和探索法律知识的兴趣；这样的教学模式没有注重理论与实践相结合，还会使在校的大学生失去参加社会实践即将学到的知识运用到实际生活中的机会。这样的传统、单一的教学模式已不能适应新时期的新要求，显然已不能达到法制教育的预期效果。

（三）大学生法制教育实践效果不明显

大学生法制教育拥有明确的教育目标，明确的教育目标能够聚集社会各方力量，步调一致地投入大学生法制教育的实践活动中去。当前大学生法制教育还存在着一些问题，如教育实践效果不明显、具体实践活动不能按计划开展等，思想道德修养与法律基础共同作为法制教育公共必修课被一起讲授，大大减少了法律知识的灌输程度，强度大大减弱，不能达到法制教育的预期效果。上述现状不利于大学生法制教育的全面开展。目标是开展活动的前提和基础，实践是实现教育目标的有效途径，如果实践活动开展得不到位，那么教育效果将很难达成。目前，关于大学生法制教育效果不明显，主要有以下几方面的表现。

1. 实施过程片面化

由于法律知识深奥庞杂，大学生认知和接受能力有限，在法制教育的实践过程中，常常会简化办法，这不足为奇。但是，在长期实际运行过程中，"简化"就慢慢演变成了"片面"。

①将大学生法制教育等同于法学的部门法，等同于预防大学生犯罪的教育，在大学生法制教育的实施开展过程中就片面演变成了如何预防大学生犯罪。像这样的法制教育是带有浓重的功利色彩的，它造成的后果也是很明显的：有的高校对大学生的法制教育的切入点是在刑法的教育上，有的人认为刑法是严酷的、冷酷无情的，这种片面的观点，使得法律人文关怀方面的教育又将怎么进行呢？这种教育方法不能激发大学生学习法律知识的兴趣，大学生也很难对法律产生信仰并且由衷认同。

②将大学生的法制教育等同于法律条文的教育，落实到学生的实际行动中，也就变成了最后能记住多少法律条文和法律法规。在现代的大学生普法教育读本中，法律条文成了法律的代名词，里面尽是各种法律条文，法律精神的阐述却少之又少。这将造成十分不利的后果：大学生会将原本蕴含丰富意味的法律学习看成法律条文的背诵，片面地只想把法律条文记住，对法律的学习感到非常枯燥，直接影响了他们学习法律知识的积极性，法制教育工作很难取得预期效果。

③片面追求实效而忽略法制教育的本质内涵。在课程安排上，有的教师为了激发大学生学习法律知识的积极性，在法制教育的过程中喜欢插入一些案例进行教学，增添课堂的趣味性，这是一种切实有效的做法。但是，如果整堂课都只是在讲述案例，而没有就案例所陈述的现状进行深入剖析，就容易走进一个误区：在实际操作过程中片面追求法制教育的趣味性，将大学生法制教育等同于案例的讲述，并没有进行深入的分析和探讨，弱化了大学生法制教育的本质内涵，同样也达不到法制教育的教育效果。

2. 反馈结果形式化

大学生法制教育是一项庞大而又复杂的社会系统工程，为了使这样庞杂的工程能够健康有序、步调一致地向前推进，效果反馈很重要。当前，我国大学生法制教育进程中，许多的教育活动没有深入法制教育的实质内涵中去，大多还停留在表层，致使反馈出来的信息不一定是实际中所存在的，一些客观因素的影响，导致形式化。在我国，大学生法制教育一般是以行政力量由上而下强制贯彻，许多东西要靠自觉意识完成，但是，大学生的自觉意识还处在缺乏状态，容易形成一种形式化的理解。高校应注重开展法制教育活动后的反馈情况，关注活动后是否达到预期的效果，大学生是否通过法制教育活动有所收获，其法律意识和法律素养是否在一定程度上得到了提高。反馈结果是开展的活动是否取得预期效果的正面反应，高校应该予以重视，杜绝形式化。

（四）大学生法制教育氛围不够浓厚

不同的环境能够造就出不同性格的人。大学生法制教育的氛围很关键，良好、浓厚的法制教育氛围更加有利于大学生法制教育工作的开展，有利于提高和培养大学生的法律素养和思想道德素质，优化当前大学生思想政治教育环境，改善我国高校法制教育的现状。高校法制教育氛围营造的好坏直接影响到大学生法制教育工作是否能够顺利开展。在高校营造出一个良好的法制教育氛围是一个综合的过程，是一个系统而庞杂的工程。它需要国家、社会、学校、家庭等各个方面的配合。如果社会这个大的环境对大学生法律信仰、法律素质的养成起着不可忽视的作用，那么高校的法制教育氛围对其起的作用将更为直接。大学生法制教育氛围对大学生法律意识的培养、法律素质的养成有着很重要的影响。

1. 受传统观念的束缚

从古到今，我们有着一样的传统的思想观念——"师道尊严"一直在受着这样传统思想的影响和指导。作为学生，尊重老师是我国的传统美德，但是我国高校一直将学校和学生之间的关系认定为一种特别的关系——管理与被管理的关系。高校管理工作的出发点和落脚点主要是维护学校的正常秩序和有效对大学生实施管理制约，对于如何维护大学生的权益却有所忽视。高校的法制教育建设应该多站在大学生的角度，以大学生为主体进行考量，将一些禁止性、义务性的规定转变为有助于他们提高素质、培养正确信仰的规定。

教师应该融入大学生法制教育的实践中去，与大学生一起感受理论与实践相结合的快乐，体会法制教育的浓厚氛围，同时也能调动大学生参与法制教育实践的积极性，促进和发展大学生法制教育。

2. 施教者对大学生法制教育宣传不够

大学生法制教育环境是各种复杂环境因素的有机统一体，其中每一个小环境都是独立而有其自身发展规律的个体。大学生法制教育氛围对大学生法律素质的培养、对优化大学生思想政治教育环境都起着举足轻重的作用。目前，我国高校对法制教育的宣传力度还有待提高。究其根本，是学校领导不够重视，大学生法制教育慢慢变得流于形式，不能达到预期效果，大学生并没有从中获得应得到的法律知识，法律素质也没有得到应有的提高。高校应该大力做好宣传和教育工作，而非流于形式，应旨在提高大学生的法律素养和法律知识，提高法制教育的实效性。大力宣传法制教育，营造浓厚的大学生法制教育氛围，是促进大学生法制教育效果实现的一个重要因素。

3. 网络资源利用率低

网络走入现实生活，现在基本每个家庭都安装有计算机，从而通过网络了解到大千世界的各种信息新闻。近几年，网络已经成为传播讯息最快捷的手段。对大学生进行法制教育，应当充分利用网络，使大学生能够迅速、快捷地吸收法律知识。这是一种教学模式，更是当下具有时代性的教学技术。当代大学生思维敏捷、接受能力强，对于新生事物都能在短时间内接受并且掌握。目前，我国高校对网络资源的利用率还很低，不能将先进的网络技术与教学方法相结合，不能充分发挥网络这一便捷资源给大学生法制教育带来的用处。教学方法如果具有创新性、技术性和趣味性，那么大学生对于枯燥的法律知识的吸收会更加有效。高校应重视网络技术给大学生法制教育课程带来的重要影响，充分利用网络资源，提高大学生法制教育的实效性。

二、大学生法制教育存在问题的成因分析

高校对大学生进行法制教育是推动高校思想政治教育创新和发展的重要途径之一，有着不可替代、举足轻重的作用。但是通过前面的分析我们发现，大学生法制教育在个别方面还存在着问题，我们必须找到导致这些问题产生的根本原因，制定出相应的对策，这样才能完善和发展大学生法制教育，提高大学生的法律素质，推动大学生法制教育的健康发展。

（一）学校方面的原因

学校教育的好坏直接影响到高校法制教育的成败。通过之前的问题分析，当前我国法制教育过程中出现的问题，学校方面主要有以下三个方面的原因。

1. 大学生法制教育的教学模式与方法单一

目前，我国高校法制教育的课程教学形式大都单一，理论不能很好地与实践相结合，缺乏时代性和一定的吸引力。资料调查显示，有相当一部分的大学生对教师的课堂讲授内容并没有多大兴趣，稍微有兴趣的学生，即使在课上认真听讲，但对所学内容大多记忆不深。

高校在制定法制教育的课程设置和教学方法时不应墨守成规、亘古不变地运用过去的方法。时代在发展，社会在进步，21世纪的大学生具有更加活跃的思维，高校要制定出符合大学生发展的教学方法。国家也一直在号召要做到与时俱进、开拓创新。如果大学生法制教育一成不变，那么将会给法制教育、思想政治教育，甚至是给整个国家的教育事业带来停滞不前的危险。高校应该针对出现的这一问题，对课程设置、教学方法做出调整和变革，适应新形势，解决新问题；应运用现代先进的科技手段，创新教学计划，改善教学方法，最终达到法制教育的目标和预期效果。

2. 大学生法制教育师资建设专业性弱化

教师在大学生法制教育过程中扮演着至关重要的角色，身上肩负着双重任务：一是要完成学校制定的教学任务和教学目标；二是要做好大学生法制教育的传授者，使大学生通过自己了解到更多的法律知识，并树立正确的法制观念。

随着社会的不断发展和进步，我国法治化程度越来越高。作为法治社会公民的大学生，应当具备学法、知法、懂法、守法、用法等基本法律素质，并且明白法律是为人服务的，而不是为了制裁人。但是，现在一些高校认为法律课可有可无、大学生法制教育没有达到理想的效果等。产生这种问题主要有以下两方面原因：其一，教师队伍自身素质参差不齐；其二，教师进修培训经费太少，甚至很难落实。这就导致大学生法制教育师资队伍专业性不强、大学生吸收法律知识不到位等诸多问题。教师是直接影响大学生吸收法律知识、树立法制观念的关键，加强大学生法制教育师资队伍建设对大学生法制观念的树立和未来发展非常关键，不容忽视。

3. 高校校园法制文化建设缺乏创新性

高等学校对大学生一般都采取寄宿式的办学模式，学校是大学生学习、生活的主要场所，不管是课上还是课下，大学生基本都活动在校园里。因此，校园的文化建设对大学生的影响也颇为重要。高校校园法制文化建设是大学生素质教育和思想政治教育的重要组成部分，通过对高校校园法制文化的建设能够唤起大学生对待法律、对待社会的关心。校园法制文化建设的指导思想是要"依法治校"，对教师、学生加强法制教育，提高法律素养，增强法制观念，增强学法、知法、护法、用法的法律意识，共同建设文明、和谐的法制校园。

大学是培养高素质人才的摇篮，推进校园法制文化建设，提高大学生法律素质，是高校法制教育的目标之一。目前，我国高校的法制文化建设表现出滞后、传统的一面，一些高校的校园法制文化比较陈旧，不能引起大学生学习法律知识的兴趣，校园法制文化没有与时俱进，缺乏创新性。文化环境对人的影响是潜移默化的，通过分析上述问题，改进和创新校园法制文化建设刻不容缓，它关系到对大学生法律兴趣的培养，关系到大学生法律素质的提升，更关系到高校法制教育实效性的提高。

（二）社会环境的负面影响

社会是一个复杂的有机系统，社会构成的各个方面始终保持协调的相互联系，社会的发展是全面、协调、综合的发展。良好的社会环境有利于大学生法制教育的开展，有利于大学生形成正确的世界观、人生观、价值观和法制观。反之，恶劣的社会环境必然会阻碍大学生法制教育的发展。社会多元而复杂，每个人的生长环境不同，受教育的条件和程度也不相同，由此造成了人们的思想和道德水准的差异。当今社会广泛流行的一些错误观念或多或少地会对大学生法制教育的效果产生一定的影响。这些错误的观点有着根深蒂固的传统支撑，侵蚀了大学生的思想，对大学生法制教育产生了负面的影响。在这些观念中，有一些观念的功利色彩极为浓厚，如"民不可告官"等。针对这种颠倒是非的观念，高校应当未雨绸缪，一旦发现问题，要及时遏止，一并消除。具体工作方面，高校可以定期召开法制宣传大会等活动，向大学生传达正确的社会思想和法制精神，使大学生树立正确的法制观念，正确地对待复杂的社会。法律是为人民服务的，通过对大学生的法制教育宣传活动使大学生克服浑浊的思想阻碍。

只要工作及时、到位，社会环境所造成的负面影响可以降至最低，同时，也能够净化大学生的思想和观念，对大学生法制教育的发展起到一定的导向作用。

（三）大学生的自身原因

大学生法制教育会存在一些问题，除了学校、社会方面的原因，大学生自身也是一个主要原因。当代大学生大多是独生子女，生活环境优越，心理承受能力脆弱，社会和家庭中许多复杂的因素极易影响他们的思想观念和举止行为，部分大学生在思想上对自己要求不严格，行为上松懈，致使思想和行为都处于放任自由的状态，缺乏一定的标准和原则。这就造成部分大学生自身法律素养低下，法制观念歪曲等。部分大学生自身的原因阻碍了法制教育的顺利开展，削弱了大学生法制教育效果。大学生自身原因具体表现在以下几个方面。

1. 观念弱化

随着市场经济的深入发展，人们的自主意识明显增强。这种情形同样表现在大学生身上，使大学生的观念发生偏颇。富裕的家庭环境，衣来伸手、饭来张口的生活习惯，使当代大学生的个性更加突出。父母放任孩子，让孩子的个性自由发展，这显然是对孩子不利的，一些大学生辨别善恶能力下降，有的甚至狂妄自大，视法律于不顾，最终走向犯罪的不归路。他们的法制观念严重淡薄，法律意识不强，是不能承担今后社会赋予他们的重任的。由此看来，对大学生进行法制教育，任重而道远！

2. 性格易受外界影响

互联网的迅猛发展，使学生的学习兴趣发生了变化。部分大学生沉迷网络，活在虚拟世界中，无暇顾及现实生活，也慢慢放弃学习，无故旷课、迟到早退、应付考试等现象时常发生。尽管大学生的普遍年龄都在十八岁以上，但是他们的心理还处于未成熟阶段，社会阅历浅，法律知识匮乏，法律素质不高，需要学校、家庭、社会积极配合，帮助大学生树立正确的观念和意识。学校作为教育主体，应准确抓住大学生的心理特点，结合先进的网络技术，使大学生法制教育课程的开展先进、丰富而有趣，这将有助于大学生消化法制教育课程内容，而且也能促进大学生法制教育的开展。大学生作为教育对象，应积极主动学习法律知识，树立正确的法制观念，坚定正确的原则标准，努力克服外界的负面影响，提高自身思想道德修养和法律素质。

3. 心理压力大，现实困惑多

时代的变迁，社会的进步，使得优胜劣汰、适者生存的规则更加突出。就业压力、经济困难、家庭内部矛盾、人际交往等问题也层出不穷，由此带来了大学生各种心理上的问题。以往的大量事实证明，缺乏正确的法制观念和健康的心理素质是青年大学生步入歧途、迷失方向的重要原因。大学生正处于脱离幼稚、走向成熟的重要阶段，他们在接受新事物时所产生的心理波动，应该被教育界关注。如果关注和教育不到位，那么大学生犯罪案件还会发生，严重的甚至会犯罪或自杀。所以对大学生进行法制教育显得尤为重要和迫切，高校可以将法制教育与心理教育相结合，深入大学生的生活中，了解他们的现实情况和心理状态，及时做好开导和教育工作。

大学生的自身原因不容忽视。高校作为教育主体，应做到因材施教，对不同的大学生采取不同的方法进行教育，这样才能达到教育效果。如果及时克服了这些问题，那么距离实现大学生法制教育的教育效果就会更进一步。

第二节　我国卓越法律人才培养现状

一、卓越法律人才的界定、素养与能力

《教育部 中央政法委员会关于实施卓越法律人才教育培养计划的若干意见》（以下简称《培养意见》）指出了我国法学教育的不足："我国高等法学教育还不能完全适应社会主义法治国家建设的需要，社会主义法治理念教育还不够深入，培养模式相对单一，学生实践能力不强，应用型、复合型法律职业人才培养不足。提高法律人才培养质量成为我国高等法学教育改革发展最核心最紧迫的任务。"显然，这个文件指出了我国大学生的知识视野不广博、理论基础不扎实、实践应用能力不强的现状，并提出了强化法律人才能力培养和提高法律人才培养质量的核心任务，使我国从事法学教育的法律人朝着卓越法律人才目标迈进，从而培养和造就一批适应法治国家建设需要的卓越法律人才。但是，迄今为止，学界对何为卓越法律人才、卓越法律人才应具备哪些素养及能力都还没有完全形成共识。

在教育部和中央政法委开始实施培养卓越法律人才的计划后，"卓越法律人才"就成了一个非常热门的高频词汇。在法学教育界，似乎有把卓越法律人才的培养目标泛化的现象，无论何种性质何种类型的高校，都在讨论如何把培养卓越法律人才作为自己的法科教育培养目标，并且是作为唯一的或基本目标来实施，这就有点偏离了法学教育的基本方向。当然，如果将其作为法科教育的培养导向，倒是无可厚非，但把培养卓越法律人才作为法科教育的基本培养目标，则是在不切实际地"放卫星"或高喊口号，不顾自己学校的软件与硬件建设基础，而过度高估自己学校的培养模式与培养水平。这对于法科教育而言，并不是好事。因此，培养卓越法律人才应是法科教育的培养导向和最高目标，而不是法科教育培养的基本目标。因为法科教育的培养目标，无论何种性质何种类型的高校，首先是培养合格的法律人，这才是法科教育人才培养的基本目标。至于卓越法律人才的培养，应该是在先进的法学教育理念和法律人才培养体制指导下，通过提升法学教育水平，从而在培养大学生达到合格法律人基础之上使之更加优秀或具备更加全面的素养。这是法学教育人才培养的最高目标，而非有的学校提出的法学教育的基本培养目标。这在《培养意见》中也已经明确指出，"经过10年左右的努力，形成科学先进、具有中国特色的法学教育理念，形成开放多样、符合中国国情的法律人才培养体制，培养造就一批信念执着、品德优良、知识丰富、本领过硬的高素质法律人才"。具体而言，"形成

科学先进、具有中国特色的法学教育理念，形成开放多样、符合中国国情的法律人才培养体制"，实际上是国家对法学教育提出的改革方向和发展导向，也是卓越法律人才培养的总体目标。所谓"培养造就一批信念执着、品德优良、知识丰富、本领过硬的高素质法律人才"，是对培养卓越法律人才的素养提出的明确要求，而且明确指出是培养造就一批高素质法律人才，而非要求所有培养的法律人均成为卓越法律人才。实际上，因为每个学生的素质、能力与兴趣等方面的差异，不可能每个人都能达到卓越法律人才的标准和要求。实际上，卓越法律人才培养是有别于普通法学教育的精英教育和培养目标的。

　　在卓越法律人才的总体培养目标之后，《培养意见》还提出了应用型、复合型卓越法律人才的具体培养目标："适应多样化法律职业要求，坚持厚基础、宽口径，强化学生法律职业伦理教育。提高学生运用法学与其他学科知识方法解决实际法律问题的能力，促进法学教育与法律职业的深度衔接。"这是从法律理性的三个维度即理论理性、实践理性和职业理性对应用型、复合型卓越法律人才培养提出的具体要求。"适应多样化法律职业要求，坚持厚基础、宽口径，提高学生运用法学与其他学科知识方法的能力"，是应用型、复合型卓越法律人才在理论理性方面应具有的能力；"提高学生解决实际法律问题的能力，促进法学教育与法律职业的深度衔接"，是应用型、复合型卓越法律人才在实践理性方面应具有的能力；"强化学生法律职业伦理教育"，是应用型、复合型卓越法律人才在职业理性方面应具有的素养。

（一）卓越法律人才的界定

　　按照《培养意见》，我国法学教育的最高目标是培养卓越的法律人才。但是，究竟何谓卓越法律人才，这是应该首先弄清楚的问题。从语义角度来看，所谓卓越法律人才，首先应是合格的法律人，然后是杰出或优秀的法律人，这样才能称为卓越法律人才。

　　第一，卓越法律人才是一个合格的法律人。合格的法律人应是指在法学教育过程中基本掌握了法学理论、法律思维与法学方法的法律人。法律人经过专门的法律训练，熟识法律思维与法治精神，能够从事专业的法学研究或法律实务的法学教师、律师、法官、检察官和公证员等法律职业。因此，在法学教育的培养过程中，要注重培养法科学生的法律思维能力，对法律体系与问题解决路径的理解能力，以及在此基础上独立学习并掌握陌生或新生法律的能力。其中，包括对法律规范本身的了解，但更重要的是对法律体系与功能的认知，以及法律思维与法学理解能力的养成，每个法律人都必须学习并终身发展这种能力。简而言之，我国的法学教育的培养要兼顾法学理论、法律思维与法学方法三个方面的基本养成，只有这三个方面达到了培养目标的基本要求，才能称之为合格的法律人。如果不能在这三个方面达到基本的要求，则是不合格的法律人。如果连法律人最基本的培养要求都养成不了，何论卓越法律人，所以卓越法律人才首先应是一个合格的法律人。

第二，卓越法律人才是非常优秀或非常杰出的法律人。单纯从词义学视角对"卓越"一词进行解读，所谓卓越，就是卓尔不群、拒绝平庸，即出类拔萃、高超出众、非常杰出之意。然而，出类拔萃和高超出众是否就意味着优秀？吉姆·柯林斯（Jim Collins）认为，"优秀是卓越的敌人"。也就是说，人才的成长历程需要经历"一般—优秀—卓越"三个阶段。从这个意义而言，卓越的含义应当是优秀中的优秀，即非常杰出，故卓越法律人才就应当是非常优秀和非常杰出的法律人才。也就是说，在法学教育过程中培养的合格法律人，要想称为卓越法律人才，仅仅是优秀的还不够，还必须是非常优秀和非常杰出的。按照这个标准，我们实际上把法学教育过程中培养的法律人分成了几个层次：不合格的法律人、合格的法律人、优秀的法律人和非常优秀的法律人。从法律人的专业素养角度而言，要求卓越法律人才在法学理论、法律思维与法学方法方面养成非常好的和非同一般的能力。

第三，卓越法律人才是具备了全面素养且非常杰出的法律人。前述界定是对卓越法律人才从法律人的专业素养角度讨论的。但卓越法律人才并不意味着具备了非常优秀和杰出的法律素养即可，而应该是具备全面素养且非常杰出的法律人。按照《培养意见》的要求，卓越法律人才还应当是信念执着、品德优良、知识丰富、本领过硬的高素质法律人才。也就是说，卓越法律人才仅仅具备非常优秀的法律素养还不够，还需要具备上述各方面的高素养。因此，有学者比较形象地描述，"内外兼备、知行合一、智勇双全、道术并重"是卓越法律人才的形象。

这是从语义角度对卓越法律人才的界定，但这种界定并不能反映卓越法律人才的实质意蕴。因此，其他学者对此有各种各样的解读，迄今为止，如何界定卓越法律人才仍未达成一致。如有学者界将其定为"具有较好的人文科学素养、较强的社会责任感和法律职业道德、丰富的法学知识、充足的法制实践，具备某一领域法律技能"的高素质创新人才。也有学者认为，卓越法律人才是具有良好的职业道德和职业修养，具有深厚的法律知识功底，能够熟练地运用法律知识解决实际问题，具有国际视野的优秀法律人才。可见，这些界定多从卓越法律人才的修养与能力角度进行了解读，故要讨论卓越法律人才的能力，则要先讨论卓越法律人才的修养。

（二）卓越法律人才的素养

如何判断法律人是否达到了卓越法律人才的要求，目前尚无明确的衡量指标。但是根据《培养意见》，卓越法律人才应当具备信念执着、品德优良、知识丰富、本领过硬等素质。这是对卓越法律人才各方面的素养提出的具体要求，明晰这些素养的具体内涵，可以为判断卓越法律人才的具体衡量指标以及如何培养卓越法律人才的能力提供参考。

1. 信念执着

这是从思想和理念认同角度对卓越法律人才提出的素养要求。党的十八届四中全会已经明确提出了全面推进依法治国的总目标，即"建设中国特色社会主义法治体系，建设社会主义法治国家""卓越法律人才是中国特色社会主义法治的建设者和捍卫者，应当对中国特色社会主义道路、中国特色社会主义理论体系、中国特色社会主义制度、中国特色社会主义法律体系和司法制度有全面认识、深刻理解和高度认同，增强理论认同、政治认同、感情认同，增强道路自信、理论自信和制度自信，自觉做到忠于党、忠于国家、忠于人民、忠于法律，立场正确，毫不动摇"。同时，卓越法律人才应该养成对法治的信仰，对法治精神的尊崇，树立自由平等、公平正义的社会主义民主法治理念，具备运用法治思维和法治方式的能力，以保证对宪法和法律的遵守与执行。卓越法律人才要形成坚持依法治国、依法执政、依法行政和坚持法治国家、法治政府、法治社会一体建设的法治意识。卓越法律人才作为法制建设的生力军，只有养成和具备了社会主义法治国家的信念，才能在走向社会之后坚持推动和做到"科学立法、严格执法、公正司法"，进而促进国家治理体系和治理能力现代化的真正实现。卓越法律人才必须始终保持理论上的清醒认识，坚定法治信仰和法治理念，做到确实内化于心、外化于行。

2. 品德优良

卓越法律人才应当具备道德感、正义感、伦理观念和责任担当精神，这是法律人应具备的良好品德和伦理修养。北宋司马光说："才者，德之资也；德者，才之帅也。"这句话精辟地揭示了德与才的辩证关系。卓越法律人才应该德才兼备，既要有超越于普通人的智识和法律修养，更要具备较高的道德正义感及伦理修养。卓越法律人才从事法律工作，经常和社会阴暗面接触，尤其需要品格高尚、德行良好，才能定力深厚、厚德载物，才能身正严明、信守法律规则而"出淤泥而不染"。卓越法律人才应具有良好的道德伦理修养和价值观念，要具有良好的道德修养，养成坚定不移的法律信仰、忠于法律的社会责任心和正义感、刚正不阿的思想品格以及树立为民服务献身法治的人生价值追求。在我国社会主义核心价值观和核心价值理念中，"爱国、敬业、诚信、友善"就是公民的基本道德规范，是从个人行为层面对社会主义核心价值观基本理念的凝练。它覆盖个人在社会生活的各个领域，是公民必须恪守的基本道德准则，也是评价公民道德行为选择的基本价值标准。作为我国法学教育培养的卓越法律人才，在个人行为层面应该做到核心价值观的理念要求。对国家要忠诚，对职业要敬业，对他人要友善，个人行为要诚信。罗马时代的法学家乌尔比安就提出每个人的行为准则应"诚实生活、勿害他人、各得其所"。卓越法律人才作为优秀杰出的法律人，更应该养成和恪守社会主义核心价值观的理念。同时，卓越法律人才还应该具备良好的法律职业伦理。法律职业伦理在法律人才素养中占据重要位置，因为法律职业伦理体现了法律职业的道德价值，是法律人的价值观，也是对法律职业行为准则的价值评价，体现了法律职业共同体的道德价值。卓越法律人才对我国法制建设的反思和批判应当是善意的和建设性的，而不能是肆意谩骂和攻击。因此，卓越法律人才必须具备法律职业伦理方面的良好素养。因此，卓越法律人才应加强社会主义法治理念教育，逐步完善作为法律人的法科学生的法律思维和法治精神教育，加深对依法治国、公平正义等法治理念的理解。坚持立德树人、德育为先的导向，加强法科学生的职业意识、职业伦理和执业纪律教育。

卓越法律人才培养是有别于普通法学教育的精英教育，对此应当建立健全学生的遴选和淘汰机制，以保证法科学生具备成为卓越法律人才的道德品质与智力要求。总之，法学教育的目的，在于培育出在传授法律精神、促进民主政治、维护社会正义与秩序、保障公民权利、实现司法公正等方面发挥积极作用的法律家和法学家。

3. 知识丰富

知识丰富要求卓越法律人才既具备系统扎实的专业知识，也要有宽阔的学术视野，即法学教育的学生培养要"宽口径、厚基础"。既掌握法律系统内部的知识，也掌握法律系统外部的知识。法律系统内部的知识，就是由若干法学专业课程所承载的知识。它要求学生掌握法学专业涵盖的由十几门二级学科所构成的课程体系内容，包括通识课程、核心课程、选修课程等必备的专业知识。在这些课程的教学中，教师要特别注重对学生进行法学基本概念、基本问题、基本原理等知识的教学。通过这些课程的学习，学生对法律的结构体系、制度规则、法理精神以及运行规律会有深切的把握。法学专业知识是否系统扎实，是法律人从事法律职业的前提、基础。作为卓越法律人才，在面对日益完善和纷繁的法律关系、法律规定和法律制度时，不仅要掌握法律专业知识，熟悉法律条文和诉讼程序，还要理解与掌握法律规则和法律背后的法律意识、法律精神和法律价值，以及与之相关联的政治、经济、科技、历史、文化、社会、道德和伦理等；不仅要知道法律是什么，还要知道法律为什么如此规定，在此基础上，还要求进一步创新思维，提出法律应当是什么。诚如美国联邦最高法院前大法官弗兰克福特指出的那样，出任司法高位者，必须具有法学家、历史学家和先知的素质。所谓法律系统外部的知识，主要是指与法律事务相关联的其他领域的知识，譬如经济学、政治学、社会学等方面的知识。一个卓越的法律人才，仅仅具备法律系统内部的知识是不够的。因为法律知识虽然是一个相对独立的知识体系，法律知识对应的社会现象却不是独立的，更不是孤立的，而是与其他社会现象密不可分的。我国社会结构的复杂性和潜隐性使得法律的应用更加复杂，尤其需要卓越法律人才具有相应的社会、经济等方面的知识和科学常识，对社会现实有比较深刻的感悟，完善自身的知识结构，才能游刃有余地开展工作。

知识丰富的卓越法律人才，主要表现为复合型法律人才。复合型法律人才是指具有完善扎实的跨学科基础知识，具有深厚的法学学科体系知识，能适应我国经济发展、法制建设需要和法律职业特殊要求的新型法律高级专门人才。复合型法律人才在实践中比较常见的有法律＋经济、法律＋外语、法律＋医疗、法律＋金融等专业或学科交叉型法律人才。由于专业化、精细化是社会进步和分工细化的必然结果，因此也导致法学和法律职业发展的专业化和精细化。当然，学校不可能把法科学生全部培养成具有跨所有学科知识背景的复合型人才，只能是学校根据本校的学科优势和特色，为在校期间的学生提供这种复合型的课程体系，由学生按照自己的兴趣和职业生涯规划来选择不同的复合型课程，为适应将来工作需要而不断加强学习，使自己具有多方面知识，从而更好地向社会提供优质的司法和法律服务。

4. 本领过硬

知识丰富是本领过硬的重要条件。所谓本领过硬，是指在工作岗位上表现出来的理论知识扎实、工作能力突出与职业素养胜人一筹。主要体现在专业能力和职业技能等方面。卓越法律人才要具有从事法律职业的能力，应具备以下基本专业技能：沟通协商能力，谈判妥协能力，辩论的技巧能力，制作法律文书的能力，获取、掌握和应用信息的能力，制定规则的能力，起草合同的能力，审核、鉴定和有效运用证据的能力等。还应当具备法治理念和法律思维，熟悉认定案件事实的方法，掌握常用法律方法和法学方法，了解社会科学方法等，从而可以胜任立法、司法、律师、行政执法、企业法务、法学研究和教学等专业的法治工作。同时，卓越法律人才应具有从事其他社会治理的能力。当今社会，对法律的社会需求是多方面的，除了专门的法律职业人员以外，党政机关、事业单位、企业等也需要具有法律素养的工作者。

因此，卓越法律人才应当做到"知行合一"，掌握专业知识和技能可能还不够，还需要掌握其他方面的能力，如管理能力、创新能力、实践能力、协调能力等，要能周到地谋划、事先预估事态发展的各种可能性。

以上四个方面是对卓越法律人才在个人修养和素质方面的要求，通过这些方面的素养要求，可以指引我们对卓越法律人才的能力培养标准进行讨论。

（三）卓越法律人才应具备的能力

美国学者认为，大学教育应当以培养能力为主，而不是偏重传播知识。哈佛大学前校长巴布教授就认为高校有八种功能：提高交流能力、培养分析能力、加强解决问题的能力、培养价值判断的能力、提高社会交往和互动的能力、培养对个人和环境的理解能力、改善个人对当今世界的了解能力、增长艺术和人文学科的知识。当然，这与美国法学教育的目的是培养合格的律师，属于典型的职业教育有关。"法学院集中力量对学生进行种种律师技能的训练，即使有学术性探讨也是作为培养合格和优秀的律师而附设的，在法学院中并不占主导地位。法学对学生的主要要求是了解法律（包括判例），了解运用法律的必要程序和技巧，对案件的分析和对法律的理解。"法学是一门应用学科，立足于客观现实，不是纯粹的规范科学，更应当重视学生的应用实践能力培养。"法律的生命不在于逻辑，而在于经验。"霍布斯大法官的名言深刻揭示了法律理性是一种实践理性，法律的正义功能和秩序作用的实现来自现实生活的启迪与抽象，而不能依靠简单的逻辑推理就能实现。但长期以来，我国法学本科教育过于偏重理论知识的传授，忽略实践能力的培养。在这种经院式教育模式下培养出来的法科学生当然无法快速适应社会的现实需求，用人单位往往需要再次教育和培训，从而大大增加了用人单位的成本。但在我国法学教育中，根据《培养意见》对卓越法律人才在个人修养和素质方面的要求，应该在重视理论知识的教育基础上，还应该重视法律实践能力与职业伦理素养的培养。具体而言，应注重以下几方面的能力培养。

1. 法学理论与法学方法的运用能力

卓越法律人才必须注重养成用法律思维来对法律体系与问题解决路径的理解能力，以及在此基础上独立学习并掌握陌生或新生法律的能力。其中，当然包括对法学理论及法律规范本身的了解，但更重要的是对法律体系与功能的认知，对它的制度构造、原则与规则之间的体系关联。因此，法学教育的主要功能是培养学生认知和学习法学理论、法学思维和法学方法，并运用法学理论、思维和方法来适用法律的能力。而培养适用法律的能力，主要是通过培养其"法教义学"上的知识和能力来实现的。"法教义学"是以法规范为研究对象，以阐明法规范的含义为主要任务的学科。一方面，"法教义学"以立法为核心，并基于判例和学说上关于法律解释的见解的积累，而构成一套关于现行法的内容的知识体系；另一方面，"法教义学"包含了一套探求"新"的法律"知识"的方法：法律需要解释才能够适用，而"法教义学"上形成了一套法律解释的方法，运用该方法可以使一个关于特定法律规范的疑义得以解决。"法教义学"之所以是法律适用能力的核心，是因为这套知识体系就是可以直接运用于司法实务工作的知识和方法。通过"法教义学"方法来学习法律，能够使学生更为清晰和准确地掌握法学理论知识。同时，掌握了"法教义学"的分析方法，对培养研究型法律人才是有利的，因为"法教义学"的分析方法能够培养法科学生的问题意识，发现问题以及分析和解决问题的能力。

2. 综合人文社科知识的拓展运用能力

卓越法律人才除了应当具备系统和精深的法学理论功底、较强的实务操作技能之外，还应具备强烈的人文精神和多学科的综合知识体系。由于法律是关于公平正义的艺术，法科学生对公平正义应有强烈的追求；同时法学也是一门人文社会科学，法律人应该具有较强的人文主义精神，坚持以人为本、为权利而斗争的法治意识。此外，法律虽是一个相对独立的知识体系，但法律对应的社会现象不是独立的，更不是孤立的，而是与其他社会现象密不可分的，因此法律人还应具备多学科的综合知识体系。不了解法律适用背后的行业背景和行业知识，一方面可能导致法律适用无从下手，另一方面可能导致法律适用的结果是机械的和不合理的。特别是在当下，很多新型行业或新问题的出现，要求法律人必须尽可能多地了解和学习其他专业的理论知识。法科学生应按照自己的兴趣和职业生涯规划来选择人文社会科学课程，为适应将来的工作需要而储备多方面知识。

3. 逻辑思维与逻辑推理能力

法律规则、法律裁决都是典型的三段论逻辑推理，司法过程实际就是一个逻辑推理的过程；逻辑是基本的自然法则，公正的判决必然是符合逻辑的。因此，逻辑思维与逻辑推理能力也是实现法律正义的基本能力。具有较强的逻辑思维能力，能从同中看到异、从异中看到同，能从感性认识到理性认识，予以归纳和升华。逻辑思维与逻辑推理能力的培养，首先要求教师熟练掌握法律逻辑，通过大量的案例教学、课堂讨论、法律实务来培养学生逻辑基础知识、逻辑推理方法和逻辑思维能力。其次通过模拟审判、法院检察院实习培养学生运用归纳与演绎的能力，提高学生的逻辑推理能力。

4. 法律实务操作能力

法律实务操作能力是在法律实务过程中所应具备的实际操作能力，除了法律适用的能力以外，还包括以下几个方面的能力。第一，具有在案件事实中发现问题的能力，需要有敏锐的观察力和洞察力以及较强的辨别力与判断力，能够从案件事实中去伪存真，看到问题的关键和本质所在。只有发现和找到了案件中的问题，才能有针对性地收集证据和进行法律适用。第二，具有较好的分析运用证据的能力。在有针对性地收集证据和保存证据的基础上，根据案件事实和证据反映的合法性与关联性来分析运用证据，最终才能支持其法律适用及其意见。第三，具有很强的法律文书的专业写作能力，能严谨准确、逻辑缜密地表达自己的观点和思想，无论是撰写各式各样的裁判文书、学术论文及调研报告，还是写诉状、代理词和辩护词，都能做到思想性与实用性的完美统一。法律文书有特定的要求和格式，必须通过开设"法律文书"等课程学习与训练，形成专业写作能力。第四，具有很好的论辩表达能力，法律人在发表实务案件的意见中要能做到逻辑严密、切中关键和要害，且要有理有据、以理服人，法律人还需要具备很强的论辩表达能力。论辩表达能力是法律职业不同于其他职业的特别要求，法律人必须具备很好地表达技巧和辩论能力。

5. 法律职业伦理认知能力

法律职业伦理体现了法律职业的道德价值，要求法律人具备公平正义、严守规则、诚实守信、谨严敬业的观念。这是法律人的价值观，也是对法律职业行为准则的价值评价，体现了法律职业共同体的道德价值。切实遵守法律职业道德和职业伦理，具有良好的职业伦理道德是法律人品德良好的具体表现。因此，卓越法律人才必须具备法律职业伦理方面的认知能力并在实践中信守法律职业伦理。

6. 持续学习与发展的能力

法科学生在校期间即使达到了卓越法律人才标准，但在走上工作岗位之后，还需要接受社会实践的历练和积累工作经验，还需要继续学习乃至终身学习。一方面，因为法律所对应的社会是在不断发展之中的，社会中的新问题是层出不穷的，需要法律人不断学习了解和认知社会中的新问题以及发展新趋势；另一方面，法律作为一个职业，本身就是一个终身学习的职业，新的法律不断被制定出来，法律人需要不断学习新的法律规则和法律制度。因此，卓越法律人才必须具备持续学习与发展的能力。只有具备了这种能力，才能在社会中有持续发展的潜力。"有了较强的发展潜力，无论今后是从事法学研究、法律事务，抑或是从事国家和社会管理事务，才有可能真正成为某一领域的卓越人才乃至领军人物。"同时，卓越法律人才应具有批判精神和创新能力。有批判才有进步、才有创新；创新是法律和法学发展的动力，也是法律人才永葆卓越的前提。创新要求法律人保持对法律世界的热烈和无偏见的探索精神，发现问题并积极思考。

7. 社会交往与团队协作能力

法律人的社会交往与团队协作能力包括两个方面：沟通交往能力与团队协作能力。法律职业是一种人际交往职业，它对沟通交流能力的要求比一般的职业更高。因此，与人打交道的沟通交往能力是卓越法律人才应当具备的基本素质。由于目前的法律问题比较复杂，一般采取组成团队来解决问题的模式，因此，法律人在社会中还应具备团队协作能力，能够与其他人共同协作和有序地组织在一起，这也是很重要的一种社会工作能力。

二、卓越法律人才培养中的问题分析

（一）缺乏固定的法律职业道德教育内容

法律教育的目的是培养能够为国家和社会的良性发展保驾护航的栋梁，这些法律人才不仅要具有完备的法律知识，更要具备高尚的道德情操和坚定不移的法治信仰，要做到时刻维护法律的权威和尊严，真正做到以法律之剑伸张正义、维护社会的公平公正。但我国社会现状是缺乏高素养、高层次的法律人才，这种状况的产生能够追溯到专业法律教育的第一步。我国高校的法律教育普遍过分重视对学生理论方面的培养，传统的理论课程往往以固定的讲授模式几乎填满学生的全部课时，而有关法律职业道德教育方面的课程却没有得到重视。1998 年出版的《全国高等学校法学专业核心课程教学基本要求》一书提出了如下要求："本书是教育部高等教育司根据专业目录调整和法学专业核心课程的确定，为规范各门核心课程教学的基本规格，提高教学质量而制定颁布的基本教学文件。本书明确了法理学、中国法制史、宪法、行政法与行政诉讼法、刑法、刑事诉讼法、民法、知识产权法、商法、经济法、民事诉讼法、国际法、国际私法、国际经济法等 14 门课程的基本知识点、基础理论和基本应用。本教学基本要求是指导大学本科法学专业师生教学必备的文件。"由此可见，当时的法学学科核心课程包括 14 门，分别是法理学、中国法制史、宪法、行政法与行政诉讼法、刑法、刑事诉讼法、民法、知识产权法、商法、经济法、民事诉讼法、国际法、国际私法、国际经济法。2007 年，教育部高校法学学科教学指导委员会在中国人民大学举行全体委员会议，会上通过的法学学科核心课程共有 16 门，除原来的 14 门核心课程外，又新增两门，分别是环境资源法、劳动与社会保障法。至今，法律职业道德的相关内容依旧没有被当作主干与核心列入法学必修课程的行列当中。尽管有些高校将类似于"司法制度与职业道德"等与法律职业道德相关的课程列为必修课或选修课，但这对法律职业道德素质教育的重视程度远远不够。在高校开展的学术讲座，主题涉及刑法、民法、诉讼法、行政法等各方面，但专为法律职业道德开展的讲座少之又少。对法律职业道德教育重视不足，缺乏固定的法律职业道德教育内容，是我国法律职业道德素质的现状之一。

现今各个高校的法学专业的学生，其中一大部分就是明天社会中的法律职业者。法律职业相对其他职业较为特殊，它与社会各个层级的人们接触更多，尤其是社会中的弱势群体。法律是人们保护自己的最后的途径，而法律职业者就是法律的拥护者与践行者。对于普通的人民群众来说，法律是无形的，但法律职业人是有形的，他们需要通过法律职业人的帮助来使用自己的法律武器，甚至在一些特殊的困难时刻，法律职业者已然成了法律的化身。因而，法律相关职业，对从业者职业素养和道德标准的要求应当高于其他职业。各个高校法学专业的学生，未来的法律职业者，不应当在掌握完备的职业技能之后才开始更高层次的职业道德素养的培养。

法律教育肩负着众多责任，法律教育者不仅要传授学生法律专业知识和法律技能，更要塑造和培养学生的法律人格。学生只有在大学学习期间就开始接受优良的法律职业道德教育，才能清醒地认识到，不久的将来，在自己的法律职业生涯中可能遇到的职业道德挑战，也才能以充分的准备迎接这些挑战。法律教育者应当充分认识到开展法律职业道德教育的重要性，在法律教育教学中正式加入固定的法律职业道德教育的相关内容，向学生系统传授法律职业道德知识，使学生了解法律职业道德的原则、规范和评价标准，培养学生强烈的法律职业道德意识。

（二）法律教育教学方法和手段单一

一位合格的法律人，不仅要具有深厚的法律功底，还要能跳出法律的思维，全方位地考虑问题。在自由心理逐步占据重要位置的今天，我们不再需要"没有灵魂的讼棍和没有良心的法官"，而是需要有正义感且理性的法律人来实践社会正义。法律职业与法学教育之间的联系是不可分割的，接受相应的法学教育是法律职业生涯的必经之路，因而法学教育应当符合法律职业的内在需求，法律教育教学方法和手段应当与法律教育的目标和任务相辅相成，为社会的良好发展做出努力。

我国高校的法律教育教学方法和手段普遍单一，采用传统的室内授课模式被当作教育的标准。尽管科技的发展为传统课堂注入了新鲜血液，如以 PPT 课件替代黑板板书、以生动的视频播放代替教师的陈述，但这些形式上的改变并未解决实质上授课内容的单一。法律 16 门核心课程几乎全部在课堂上讲授，对法律实务的培养相对较少，实践的重要作用时常被法律教育者忽视。尽管很多高校都要求法律专业的学生在毕业前实习，但真正参与实习活动并从中获得实实在在的收获，则是很多学生无法做到的。实践更能带给人深刻的感悟，法律人才要想达到卓越这一标准，仅仅有满腹的法律知识是远远不够的。换言之，法律知识在书本上就已经存在，将这些条条框框死记硬背是任何肯下功夫的人都有能力做到的。法律人有别于其他行业人员的本质，在于对待问题时的思维，在于处理问题时的技巧，在于努力维护法律尊严与公平正义的道德品质。传统教学方法对学生法律职业道德素质的培养效果如何？如何丰富教育教学手段以达到更佳效果？要知道，良好的法律职业道德素养不仅仅是在课堂听课、去图书馆看书就能够养成的，更不是归纳网络上五花八门的观点和信息就能培养出来的。我们应该也必须对传统的单一教育教学方法和手段加以反思与改良。

第四章　应用型法律人才培养模式的构建

我国高等法学教育经过几十年的发展，已经取得了很大成就。随着时代的进步与发展、社会主义市场经济的建立与完善，现行法律人才培养模式面临知识经济的挑战、文化和科学技术迅猛发展的挑战、教育思想和教育观念变革的挑战以及法学教育自身质量的挑战，现行的教育模式已无法克服其存在的固有弊端，因此，培养具备综合素质的法学应用型人才，必须构建法学应用型人才培养模式。本章分为应用型法律人才培养模式概述、应用型法律人才培养模式的弊端、应用型法律人才培养体系的构建三部分。

第一节　应用型法律人才培养模式概述

改革开放以来，随着市场经济的蓬勃发展和法制建设的逐渐推进，社会对法律人才的需求不断扩大。为适应社会的需求，我国法学教育在高校扩招的推动下迅速发展，特别是在进入 21 世纪以后，更是以"大跃进"的方式在发展。这在一定程度上满足了社会对法律人才的需求，但这种只注重数量的盲目发展模式严重损害了法律人才培养的质量，导致法学教育与法律实践相脱节。由麦可思研究院撰写的《中国大学生就业报告》指出："法学专业是就业红牌专业，法学专业失业率较高，就业率、月收入和就业满意度较低。"该报告在社会上引起较大反响，法学院校应当怎样培养社会真正需要的法律人才，成了社会各界热议的话题。为此，教育部专门组织开展了法学教育质量调研，并在调研基础上于 2011 年年底出台了《培养意见》。该文件指出，高等法学院校应加强应用型、复合型法律职业人才培养工作。下面重点探讨应用型法律人才的基本内涵，培养应用型法律人才的必要性，应用型法律人才培养模式以及构建应用型法律人才培养模式需坚持的基本原则。

一、应用型法律人才的基础内涵

法律人才是中国法制建设的第一资源，可以说今天的法学教育将决定明天中国的法制建设。在我国法学教育领域，学术型教育和应用型教育一直是争论的焦点。改革开放初期，侧重于传输基础的、理论的、抽象的、知识的法学教育，这在弥补法学教育的空白方面起到了一定作用。现如今，培养应用型法律人才的呼声日益高涨。其原因在于国家法律人才或准法律人才的"人"，是法律规范的践行者，是国家司法系统运行的工程师，是国家法治文明发展的改革家。"是他们来调整这个社会的社会关系，是他们来解释这个社会的相关的法律条文，是他们把这一平衡的知识来应用于社会的调整过程中。"同时，法学是一门应用性科学，培养出来的法学学生却缺乏应用性是一个巨大的悖论。基于上述分析，着重培养应用型法律人才已成为时代趋势。

目前，我国学界对应用型法律人才的定义存在以下几种看法。王利民认为："应用型、复合型人才，意在培养未来在立法机关、司法机关、行政机关、各类法律服务机构工作以及从事企业法务等工作的优秀人才。"霍宪丹则认为："应用类法律人才，又称法律实践者，主要指法官、律师、检察官以及立法人员、公证员等。"赵秉志认为："应用型法律人才是将法律专业知识和技能应用于法律实践的一类专门人才。"各位学者基本上对应用型法律人才的定义没有分歧，即都认为应用型法律人才就是专门将专业法律知识应用于现实社会中解决相应的法律问题的人才。

虽然对应用型法律人才的定义没有争议，对应用型法律人才应具备的基本能力却看法各异。例如，陈京春认为，应用型法律人才的能力包括：法律资料的收集与处理能力、法律思维能力、对司法活动进程准确判断和把握的能力、举证质证的能力、法律事务的语言表达能力、法律文书的写作能力、坚守法律职业伦理和规避职业风险的能力。西南政法大学陈彬认为，法律职业能力更多地体现为实际从事司法工作的能力，包括交流能力、实践能力、创新能力和适应社会的能力。教育部、中央政法委员会颁布的《培养意见》对应用型法律人才的培养要求提出了意见："适应多样化法律职业要求，坚持厚基础、宽口径，强化学生法律职业伦理教育、强化学生法律实务技能培养，提高学生运用法学与其他学科知识方法解决实际法律问题的能力，促进法学教育与法律职业的深度衔接。"综合目前大部分学者的观点，应用型法律人才必须具备以下能力。

第一，必须具有扎实的法律专业基础知识、深厚的法学理论功底和敏捷的法律思维。首先，掌握扎实的法律专业知识是成为应用型法律人才的基础和前提，是用法律方法解决法律问题的必备条件。法律是法律人的行为规范及活动准则，是法律实践者进行法律实践活动的必备条件。没有扎实的法律专业基础知识的法律人，因其不能满足应用型法律人才必须具备的素质和条件，就不能成为应用型法律人才。其次，掌握法学理论知识是法律人成为应用型法律人才的前提。法律人的"知法"与一般人的"知法"大不相同，他们不仅要熟悉重要的法律规范，还应明白相应的法学理论。法律法规不可能十全十美，具有不足性和滞后性，因而法律人不仅应当知法，而且需要熟悉国家的法律体系，应知道法律为什么这样规定，做到既知其然，也知其所以然。正如有学者指出的："对于一名学习法律的人来说，法学理论素质的提高比其他任何事情都更为重要。"最后，应用型法律人才还应当具备运用法律思维对各类社会现象与事件进行判断的能力。应用型法律人才不仅要解决诉讼案件的法律问题，还需要解决各种非诉讼案件的法律问题，这不仅需要他们具备扎实的法律专业知识储备和熟练运用法律的能力，还需具有把法律知识转化成解决实际法律问题的能力，进而要求他们在掌握丰富法律知识的基础上，能运用法律思维分析和判断具体法律问题。

第二，必须具备较强的法律应用能力。法律应用能力是应用型法律人才必须具备的一项能力。法律应用能力是指法律人能将专业知识与法律应用相结合的能力。具备法律应用能力者不仅能运用法律专业知识切实解决法律实践中的问题，还能通过解决法律实践中的问题提高自身的法律专业知识，进而增强法律应用的能力。这主要要求法律人在法律实践中有较强的发现、分析和解决问题的能力，能够熟练运用相应的法律和理论知识解决相关的实践问题。

第三，必须具有相应的开拓创新能力。创新是一个民族进步的灵魂，是国家兴旺发达的不竭动力。创新思维要求我们能突破常规，跳出既定的思维模式去思考问题、解决问题。法律实践中的问题总是千变万化、层出不穷的。因此，应用型法律人才必须具有针对实践中的种种问题进行创造性地分析和解决新问题的能力。

第四，必须具有较强的综合能力。目前，我国社会正处于新的转型期，各种环境要求应用型人才必须具有较强的综合能力。应用型法律人才不仅需要具备扎实的专业知识和过硬的职业技能，还应当具备社会学、政治学、管理学、人类学、经济学，甚至是工程技术等多方面的知识。正如美国法学学者埃德加·博登海默所提出的："一个人要是只懂得法律技术，只知道审判程序和精通实在法的技术规则，那他不会是一个头等的法律工作者。"因为，法律纠纷千差万别，且涉及社会生活的各个方面，大量的法律问题和法律关系，都具有复合性的特点，解决这些问题和调整这些关系，仅靠高度专门化的法律知识和办案经验已显得捉襟见肘。要想能合法高效地解决该类纠纷，必然要求该法律纠纷的解决者，拥有较强的综合学科知识。如公司法律事务的解决者，应当懂得一些与公司运行相关的基本知识；国际贸易纠纷解决者，应当懂得与国际贸易相关的商贸知识；知识产权纠纷的解决者，应当懂得与知识产权相关的知识；等等。

二、培养应用型法律人才的必要性

（一）应用型法律人才培养是法学教育的根本目标

首先，这是高等学校教育的基本要求。教育不是言辞的传授，而是经验的实践过程。现代教育理论普遍认为，教育的实质就是一种社会实践活动。教育的实践性决定了人才培养的应用性。教育与实践应用相背离，当然不会是成功的教育。因此，高等院校的法学教育同样需要注重培养学生的应用能力。因而，培养应用型法律人才是我国法律人才培养的必然要求。

其次，这是由法学学科的性质所决定的。法学是一门以法律为主要研究对象的实践性很强的学科，诚然研究法学要有一定的理论做指导，但是法学发展更需要与法律实践相结合。俄国哲学家车尔尼雪夫斯基曾说："实践是思想的真理。"如果离开法律实践去研究法学，那么我们的研究成果将成为无源之水、无本之木。因而，法学学科的实践性决定必须注重培养应用型法律人才。

再次，这是由我国社会主义法制建设现实需要所决定的。我国正处于社会主义法治国家建设阶段，需要大批能够熟练应用法律知识的法律人才。为此，我国法律人才的培养应当注重应用型法律人才的培养，为我国社会主义法制建设服务。否则，我国的法学教育将会同社会的实际需要脱节，培养的法律人才也将无用武之地。

最后，这是由提高法律人才素质的途径决定的。马克思曾言："全部社会生活在本质上是实践的。"同时，古罗马哲学家塞涅卡也指出："一个人，只有在实践中运用能力，才能知道自己的能力。"法律人要想提高自己的法律素养，就必须在实践中加强训练。因此，应用型法律人才的培养是我国高等法学院校法学教育的基本要求。

（二）法学教育的现状决定必须培养应用型法律人才

法学具有很强的实践性，在法学理论教育的基础上，加强应用型法律人才的培养，这已形成共识。但是应用型法律人才培养因种种原因而开展不足，这就需要进一步加强应用型法律人才的培养。

首先，观念上普遍对应用型法律人才培养的重视不够。一方面，重视科研胜于教学。近年来，高校非常重视科研，以科研为主导的考核方式对教学形成一定的挤压，教师和学生也重视科学研究，把发表文章作为晋升职称或评优评奖的重要指标。诚然，开展科研工作可以提高学生的写作、思维等能力，但这必定导致学生在法学应用知识学习方面的精力偏少，理论知识与实践知识的结合不够紧密，法学知识与法律应用能力增长不同步。另一方面，理论教学时间严重挤占应用教学时间。由来已久的理论教学重于应用教学的观念，使得理论教学受到优待，应用性课程教学、实践训练严重缺乏。同时因为应用型教学任务重、难度大，效果难以考核，教师往往对其"避而远之"。

其次，学生数量大导致应用型法律人才的培养难度增加。应用型法律人才培养项目多数要求小班化教学，甚至一对一的教学才能保证培养效果。应用型法律人才培养项目不能适应不断壮大的法学学生规模，因此，应用型法律人才的培养力度还显得十分不够。如2000年引入的诊所法律教育，中国政法大学、华东政法大学等高校都率先开展诊所法律教育。随着招生人数的逐年增加，诊所法律教育的师资却增长缓慢，已经开展诊所法律教育的高校也很少有扩大规模的情况，导致参与人数没有大的增加，大部分学生无法得到相应的能力训练。

最后，进行应用型法律人才培养的师资不足。现有法学教师在自身成长过程中，受到的应用型法律能力训练情况很大程度上影响了他们的教学工作。之前侧重理论教学的法学教育模式，将会通过教师继续传递给下一代学生。同时，现有师资培训制度不够完善，不能为教师提供高质量的培训课程。虽然现在有实务部门的专业人员陆续充实到教师兼职队伍中，但是校内外教师之间的交流不够，造成了开展应用型法律人才培养能力的训练难度大的问题。

（三）法律人才现状决定必须加强应用型法律人才培养

社会经济发展对法律人才的需求很大，但目前法学教育的人才产出与法律实践脱节，这决定了高等法学院校必须加强应用型法律人才的培养。随着我国经济的发展，法制建设的推进，国民素质的提高，社会对法律人才的需求不断扩大，尤其需要具有维护公平正义情怀、业务能力精湛、沟通表达能力强的应用型法律人才。我国当前的法律人才储备不能满足社会经济发展的需求。仅从律师职业讲，同国际市场比，我国法律服务市场仍有很大差距。社会法律人才缺口如此之大，但与此同时法学学生就业却屡屡"爆红"，从2008年开始，由麦可思研究院编著、社会科学文献出版社出版的《就业蓝皮书：大学生就业报告》一书每年对各个专业的就业率进行统计，其中法学专业的就业率一直处于垫底状态。用人单位对法科学生的法律业务上手不快、法律应用技能不熟练表示不满意。这种结构性矛盾的根源在于法学教育与法律实践之间的脱节。这就迫切需要加强应用型法律人才的培养，以适应社会对应用型法律人才的需求。

（四）相关利益主体要求加强应用型法律人才的培养

法学院校在培养法律人才的同时，需要顾及各相关利益主体，包括国家、社会用人单位以及学生等，这些主体对法学教育提出了加强法律应用能力培训的要求，这就决定了法学院校必须加强应用型法律人才的培养。

一方面，这是教育主管部门对法学教育的要求。教育部、中央政法委、地方教育主管部门都相继启动了进行法学教育改革的卓越法律人才培养计划，以此来促进法学教育改革，提高法学人才培养质量。另一方面，这是学生的要求。学生是法学受教育的主体，同时也是法学教育服务的消费者和体验者。学生是否满意是检验法学教育质量的重要标准。"不包分配、竞争上岗、择优录用"机制的出台，宣告包分配的"黄金时代"已彻底结束。面对强大的就业压力，努力提高自身竞争力尤其是与未来职业相关的各项能力，是学生努力追求的目标。对于有志于法律职业的学生，得到相应的法律应用能力培训是他们热切的愿望。因此，加强应用型法律人才培养成为必然趋势。

三、应用型法律人才培养模式的创新

（一）应用型法律人才培养模式及其缺点

首先，目前我国各层次的法学教育都把培养目标定位在为国家输送高素质的法律人才，导致我国法学教育模式千篇一律，毫无特色。培养高素质法律人才并非易事，因为高素质法律人才不仅要有扎实的法律专业知识，还要有很强的综合能力以及较高的法律素养。这些能力并非通过一朝一夕的培养便可获得的，而是需要长时间的学习和大量实践经验的积累，应用型法律人才的培养更是如此。目前，不同水平的培养组织全然不顾自身实力，跟风地将培养目标定位于此培养模式，造成当前法学文凭泛滥，培养出的学生大部分法学专业水平低下。

其次，目前我国的法学教育模式和观念仍然停留在把法学教育看作一次性教育，没有改变传统教育模式和观念。然而，法律学科的本质是一门以社会实践为研究对象的科学，具有很强的社会性和实践性，同时社会又是不断变化发展的，这就要求法学教育组织必须携手法律实践部门共同培养高素质法律人才。特别是在全面推进依法治国和我国经济快速发展的今天，传统的法学教育观念已不能客观及时地反映法律人才培养的全部过程和所有内涵，已经不能适应当代培养应用型法律人才提出的基本要求。

再次，目前我国的应用型法律人才培养过分坚持以传授知识为主，仅仅依靠课堂，实践性教学比较匮乏。虽然一些有识之士发现了该问题，并提出通过到实务部门实习以弥补不足的解决方案，但这仅仅是通过技术手段对原有体制的弥补，不能从根本上解决问题。经过若干年的尝试，仍然暴露出许多问题，如学分所占比例少、实践时间短、教师经验缺乏、经费投入不足等，使得应用型法律人才培养模式流于形式，效果大打折扣。

最后，目前我国应用型法学人才培养的重心在于法律基本知识的传授和法律应用技能的训练，法律职业伦理教育严重缺位。高素质的应用型法律人才不仅要有高超的法律职业技能，还要有良好的法律素养。这就要求对应用型法律人才的培养绝不能仅限于基本职业技能的训练，更重要的是对法律素养的培养。目前的培养模式导致很多法科学生仅将所学法律知识作为一种谋生手段，在工作岗位上没有法律人的使命感和责任感，更有甚者徇私舞弊、贪赃枉法。这不仅没有为国家的法制建设贡献一己之力，反而阻碍了国家法制建设的步伐。

（二）应用型法律人才培养模式的创新点

1. 教学方法的创新

教学方法即为完成教学目的而有秩序进行的一种活动方式，是学生在教师的引领下共同实现教学目的、完成教学任务的途径。正确的教学方法有助于教学质量的提高、教学任务的完成和教学目标的实现。创新教学方法主要从以下两个方面着手。

第一，增强教学方法的多样性。在教学过程中，通过采用新的教学形式，如将研讨式、小组式、案例式、项目式教学形式有机结合，可以起到非常好的效果；运用现代科学技术实现多样化的教学方法，如使用数字化、多媒体、多功能的教学设备，增强教学方法的多样性；充分利用互联网，携手信息技术公司，共同研发模拟教学软件，实现学习与游戏的结合。

第二，加强教学方法的有效性。教学方法的有效性即对某一教学方法实施的有效成果的评价。加强教学方法的有效性，关键在于教学方法的目的性和实践性。一方面，在理论教学和实践教学过程中，都应明确教学方法的目的及需达到的效果，这样教学目的就不会发生严重偏离的现象，同时也能有效保证教学方法实施的有效性。另一方面，法学实践性教学有助于法科学生的实践能力和综合素质的提高，因为在法学实践性教学过程中侧重培养学生的实践能力、自主创新能力和研究能力。不同内容、不同形式实践教学的训练，不仅有助于学生掌握基本的法学理论知识，还有助于训练学生的法律应用技巧和逻辑推理能力，进而使法科学生解决实际法律问题的能力得以提高。

2. 教学内容的创新

教学内容的安排直接关系教学方法的有效性。教学内容的合理安排是增强教学方法有效性的重要环节，是实现教学方法理论与实践相结合的实施重点。合理安排教学内容主要包括合理设置教学课程和有效分配教学师资两个方面。

（1）合理设置教学课程

①构建科学合理的课程体系，以培养出具有扎实法学理论基础、较为广泛的综合知识以及自身修养较高的法律人才；②在法学教学的过程中落实实践教学，着重培养学生实际分析问题、解决问题的能力；③课程设置结构，主要体现课程体系的整体性和系统性，学生既能根据自身兴趣爱好和社会的需求自由选择课程，也能为了应对知识经济挑战选择能够培养其自身现代法治精神、法治理念和训练其法律思维方式的课程。

（2）有效分配教学师资

注重聘请拥有较强实践能力的专业人才，特别是拥有司法机关工作经历的人才，因为其了解法律职业的具体要求。同时应当确保教学资源的合理分配。

3. 制度保障的创新

（1）建立多元的培养模式制度

在人才培养过程中，结合社会对法学人才的需求特点，将学校培养与多元培养结合起来。学校培养主要侧重法学思维方法、基础理论与专业知识的融合。学校培养的功效在于长足地提升学生获取知识和应用知识的能力、批判思维的能力、创新思维和探索的能力、科学研究和实际工作的能力。社会培养的功效在于提升学生适应社会的能力和实践的能力。为此，学校要与公检法机关、企事业单位签约，建立长期稳定的合作培养关系，扩大实习基地的建设，采取集中与分散实习相结合的方式，切实保证学生的实践。这样才能培养出适应我国立法、司法、执法、法律服务和法律监督要求的应用型法律人才。

（2）创新教师评价制度

目前，高等院校普遍重视教师的学历背景，通常会对取得博士学位的教师和引进的博士教师给予特殊的照顾和支持，这些引进的博士、教授大部分是在研究型、学术型的教学环境下培养出来的。然而，对于一些积极参加实践和一心教学的教师却缺乏支持，忽视了教师的实践能力的培养，打击了教师教学的

法制教育与法律人才培养研究

积极性。同时，教师职称的评定强调学历要求和科研成果，对教师的实践能力和课堂教学水平却没有明确的规定。因此，应当把教师的实践活动成果和教学水平纳入教师的评价制度中，这样教师才能把大量的时间和精力投入实践与教学中。

（3）创新资金保障制度

应用型法律人才的培养必须有充足的资金保障。然而，随着高等院校办学规模的扩大，目前我国高校教育经费普遍缺乏，高等法学院校用于应用型法律人才培养的资金投入更是严重不足。因此，我国在财政预算上应当设立应用型法律人才培养专项资金，确保专款专用。同时，高等法学院校在积极争取教育部门应用型法律人才培养的专项资金时，还应当充分发挥自身优势，争取社会资金的投入。如与社会相关企业积极协作，共同签订人才培养计划，利用企业资金，为其培养高素质的应用型法律人才。这样不仅能解决应用型法律人才培养资金不足的难题，还可以缓解学生的就业压力和解决企业难以招到上岗就能上手的优秀法律人才的难题。

四、构建应用型法律人才培养模式需坚持的基本原则

（一）必须坚持实践性教育与通识性教育的统一原则

受我国传统教育"传道、授业、解惑"以及大陆法系重理论和体系的影响，我们绝不能全盘否定通识性教育，而应当取长补短，做到实践性教育与通识性教育相统一。一方面，实践性教学不可能离开通识性教学而实现。法学实践性教育永远都要求对法学理论有一定的掌握和理解，只能在通识性教学的基础上才能更好地开展。另一方面，实践性教学只能教给学生那个时代融入社会的本领，然而社会是不断变化的，通识性教育却可以教给学生离开校园后几年、十几年、几十年依然能适应社会变化的理论知识和理论素养。因此，必须坚持实践性教育与通识性教育相统一。

（二）必须坚持"以法为本"的原则

应用型法律人才培养模式的培养目标是单一的，即培养应用型法律人才，而不是培养管理人才、财经人才或其他方面的人才。因而，我们在制订人才培养方案、安排相应的教学课程时，要注意把握其他社会科学学科课程设置的量，以及考核方式和尺度。

（三）必须坚持法学应用技能和职业伦理的培养相统一的原则

对法科学生而言，应当有严格的道德自律，其人性应当达到一种更高的境界。正如我国著名教育家陶行知所言："千学万学，学做真人。"另外，法学教育是现代高等教育中的一门职业教育，职业教育必须加强职业道德的培养。如果一个法律人缺乏良好的职业素养，那么他将很难忠实于法律并服务于社会。一些法律人因经受不住利益的诱惑，徇私枉法、违背职业道德，不仅没有起到促进法制建设的作用，反而阻碍了法制建设的进程。因此，我们在注重培养应用型法律人才的法律应用技能时，不能忽视对其良好职业道德的塑造。

第二节　应用型法律人才培养模式的弊端

一、法学教育与法律职业脱节

法学教育和法律职业紧密相连。首先，法学教育是从事法律职业的基础，法学教育为法律人才从事法律职业提供相关理论和实践知识。其次，法律职业为法学教育的开展指明了方向，且法律职业又极大地丰富了法学教育的内容。二者相互作用、相互影响，当法学教育和法律职业形成良性互动关系时，法学教育与法律职业相互促进、相得益彰。如果没有把法学教育和法律职业有效地联系起来，两者之间的信息得不到有效反馈，则法学教育和法律职业的发展将面临严重的威胁。长久以来，我国的法学教育过度地重视法律知识的理论教育，并没有与法律职业之间形成良好的互动，这样就造成法学教育和法律职业之间没有形成良好的反馈环节，二者长期处于脱节状态，这种情况将会产生如下严重的问题：法学教育发展成为一种独立于法律职业教育的单独的系统，其将会变成无源之水，没有生机和发展的活力。当这种状态长期没有得到有效改善后，整个法学教育的教育观念将会严重扭曲，我国法律人才教育事业的发展将会受到极大的影响。

放眼当今国际发达国家，在法学人才的培养过程中，法学教育与法律职业始终是紧密相依的，法学教育为法律职业行业提供了大量高素质的专业人才，法律职业也优化了法学教育的教学形式和内容。例如，美国、英国都是以职业教育为其法学教育的出发点，从事法律职业的相关人员都必须接受高等院校正规的法学教育。在德国、法国等国家，同样拥有良好的法学教育背景，是从事法律职业相关工作的必要条件。放眼国内，由于受多方面因素的影响，法学教育与法律职业始终长期处于分离状态，高等院校培养的人才已经不能满足社会的需求，使得众多法律专业的大学毕业生在从事法律职业相关领域的工作时，还必须参加相关的法律职业培训，这不仅严重浪费了校园和社会资源，而且也大大延长了法律人才的培养周期。同时，很多从事法律职业教育的相关人才，也没有接受过良好的法学教育，我国把是否通过司法考试作为唯一的"职业资格证"。另外，我国的法学教育的培养目标已经与法律职业渐行渐远。对当前我国法学专业学生进行问卷调查的结果显示，该专业的学生就业率很低，很大一批法学专业的毕业生从事着非法律专业的工作，大大浪费了国家的教学资源。国内当前的法律人才培养模式，将会造成如下糟糕的局面：高校法律专业学生招收规模庞大，而真正从事法律职业的高素质人才却如凤毛麟角，大批毕业生由于找不到与法律专业相关的工作而无奈选择其他领域。这种结果主要是由法学教育培养模式的严重缺陷造成的。

（一）培养目标有所偏离

我国的法学教育培养目标与法律职业渐行渐远。首先，众多应用型高等院校的法律专业教育，过多地偏重于法学理论知识的传授，很大程度上忽视了对学生的实践环节的教学，法学专业与法学实践的严重脱节，使得法学教育没能培养出高素质的法律职业人才。现行的教学模式，只着眼于学生基础理论知识的加强，而学生实践操作的能力、思考问题分析问题的能力、运用法学知识分析社会生活实际问题的能力低下。其次，在法学理论教学中，没有很好地对学术型教育和应用型教育进行有效的区分，对应用型人才教育与学术型教育一样，均以法律相关基础理论为核心，很少或没有对应用型人才进行相关实践环节的教育，扭曲了应用型本科教育的培养目标。

（二）专业理论课程设置不合理

我国现行的法学专业人才的培养模式，仍然沿用 20 世纪 90 年代所形成的法学课程教学体系。随着社会的不断发展，当前的法学教学内容已经不能适应当今社会发展的需要。当前我国的应用型法律本科教育的课程，主要是根据学科的逻辑结构来开展的，不同高校之间差别不大，过分注重法律知识体系的系统性和完备性，法律教材的内容过于陈旧，没有很好地反映当今国际法学领域发展的最新成果，传授相关的法理学知识成为其唯一目的，按照学分制强制学生选公共必修课、公共选修课和专业必修课等课程。试想，如果学生没有实践作为基础，根本没有很好的辨识能力来挑选自己感兴趣的法学课程，这将使得学生的法律知识体系过于单一，毫无自己的专业优势可言。另外，教学也始终以"学科"为其最终目的，课程内容与社会要求和职业能力的要求相差甚远，割断了法学教育与法律职业的联系、理论学习与实践工作的联系。法律人才的教育理论课程主要是以相关学科为核心，实现单科分段教学的，理论知识的完备性是其追求的重点，学生获得比较系统的法律理论知识成为其唯一目的。这种法学教学的课程设置，往往强调基础理论，忽视实践教学，理论和实践分崩离析，法学教育的培养目标也就无法企及。当前的课程设置模式，虽然可以传授给学生一定的法理学知识，但无法传授他们动手实践的能力，课程教学与实践教学完全割裂开来。一方面，教学目标有所偏移，过多强调学科教学理论知识的系统性，课程设置没有很好地从学生今后从事专业工作出发设计和培养他们所需的核心工作能力。另一方面，课程设置太过单一，没有很好地体现与其他相关专业的融合性，在目前这种教学模式的课程设置下，学生的大部分精力和时间都是在进行法律基础理论的学习，很多知识对其今后的工作几乎没有指导作用，但因为专业课程设置，严重忽视了相关的实践教学，学生应用法律知识解决实际问题的能力没有得到有效的加强。

当今社会对从事法律职业的相关人才的要求也发生了巨大的变化，要求法律人才必须具有更高的综合素质。不再需要以前的简单的技术型人才，而是更多地需要复合型法律人才。例如，在国际经济活动中，不仅要求拥有一定的法学相关理论，还必须了解经济、外语等其他学科的专业知识。显而易见，单纯的专业基础理论知识已经远远不能满足当前社会的需求。除了单一的专业知识，法律人才的社会实践能力也非常薄弱，这也是国内高校的法学教学培养目标发生偏移的结果，造成我国法学专业的人才培养过分强调基础理论知识，而实践能力在很大程度上被忽视。

法律人才的教学内容没有很好地将理论知识与实践能力的培养有机地融合。目前的法学人才培养模式的课程设置，在教学方法和考试方式、课程设置、学科设置等方面，都存在较大的缺陷。法学知识的相关教材数量很多，但是，其中相当一部分都是互相抄袭，拥有新颖独到观点的书少之又少，甚至有的还存在诸多错误，法学教材的诸多错误，也将严重损害教材应有的权威性和教学意义。教师在给学生授课的方法上严重忽视了对学生创新思维和实践能力的培养。考试方式上，大多是以标准答案来评判学生的试卷，这在很大程度上使得学生的创新精神得不到很好的发扬。学生考试也仅仅是死记硬背课本上的相关理论，很少进行独立思考。加快法学相关专业的教学内容的改革，已经刻不容缓。在课程设置方面，应该加大选修课所占的比重，减少公共必修课的数目，教师在课堂上应该多花时间积极探讨案例法，开设诊所式等多种实践性很强的法律课堂教学模式；在考试方式上，突出考查学生的创新能力和实践技能，摒弃以前那种纯粹的死记硬背的考试模式。

（三）理论教学与实践教学脱节严重

高等院校与法律职业用人单位的人才培养理念，存在十分明显的差异。这种理论教学与实践教学的脱节很严重。企业希望培养出更多的复合型应用型人才，用人单位十分看重学生的实践动手能力，而各大高校的教育理念则更为注重学生的法律基础理论知识的掌握。对于本科应用型人才来说，从事法律职业的专业能力，以及专业外的其他能力，往往比基础理论知识的学习更为重要。目前，应用型本科教育课程理论体系和实践教育环节没有紧密地联系在一起，而是各成体系，目标和理念不统一，缺乏合作意识，大多是先理论教学，后实践教学，学生感性认识的缺失，易造成理论知识的空泛，这就使得学生掌握基础理论知识的效果大打折扣，法律专业的毕业生的实际专业素质与社会需求相差甚远。另外，法律职业相关领域急需相关人才，但法学专业的本科生由于缺乏实际的工作经验而被用人单位拒之门外，这就造成大量资源的浪费。当前法学院的招生规模仍然在进一步扩大，因为法学院认为用人单位以学历作为招聘人才的唯一标准，而招聘单位却更加看重学生的实际动手能力。要处理好以上种种问题，就必须处理好理论教学与实践教学的关系，强调实践教学在本科教学过程中的重要地位。此外，实践课程在时间安排上大多比较靠后，很多课程都开设在大三、大四，而此时本科生由于忙于考研或找工作，使得实践课程的效果受到比较大的影响。

（四）教学方法单一

教学方法是教师组织教学的一种表现形式和重要手段，是实现教学培养目标的重要途径和根本方法。教学手段现代化是当今法学教育的重要特点之一，全国高等院校在这一方面做了一定的努力，也取得了一定效果。当前我国高等院校在理论教学的过程中，仍然以讲授法为主，采用的是知识导向型的教学模式，以基础理论知识的掌握作为教学工作的出发点和归宿，整个教学过程都表现出理论知识的重要地位，研讨式、案例式、项目式等教学形式在实际教学过程中所占的比例仍然不高，部分高等院校甚至没有相关的实验室、模拟法庭、资料室等，教学质量更是无从保证。实际教学效果表明，在教学过程中，丰富的教学形式是取得良好教育效果的关键。教学形式穿插在实践教学过程中，对提高学生的整体专业素质、专业技能是大有裨益的。

（五）教师的专业素质不高

学校教师的法律专业素质不高，也是制约我国应用型法律人才教育发展的一个重要因素之一。当前很多高等院校的教师大多直接来自高校，没有从事过法律职业的相关工作，对法律职业人才的具体要求不是很了解。所以，当前我国高等院校的大部分教师自身实践能力的欠缺，严重地制约了学生相关实践活动的开展，严重阻碍了我国应用型法律人才培养模式改革的步伐。

高等院校的法律专业的教师实践动手能力十分薄弱。大部分教师都是学术性人才，包括新引进的博士、教授大都是在研究型、学术型的环境下培养出来的，与此同时，由于相关领导也有着"重理论、轻实践，重知识、轻能力"的思想建设观念，使得广大教师不愿花大量的时间和精力对学生进行实践课的教学，工作量计算比不上理论课，导致更多教师愿意上理论课，不愿意上实践课，也没有很强的积极性去指导学生进行实践环节的教育，即使带领学生进行实践教学，大多也是走马观花、流于形式，没有达到实践教学所应该有的效果。另外，很多高校教师与法律职业部门缺乏频繁深入的沟通联系，没有很多参与实践活动的机会，加之年轻教师理论教学课程任务较多，也没有时间和精力走出校门从事与法律专业相关的培养实践能力的工作。

二、高校对法学教育实践不够重视

（一）高校定位仍存在盲从性

新时代条件下，国家在推进中国特色社会主义事业的同时，也在不断推进教育事业。很多学校尤其是发展中的高校，以此为契机，想更快更好地抓住机遇，勇担重任，努力在新的起点上实现跨越式发展，但是发展方式仍需要斟酌。近来在学校发展史上是一个重要的历史节点，长期以来，学校在国家教育部门的正确领导下，始终坚持教育教学发展。人与人之间会进行比较，学校与学校之间也会比较，这是一个正常现象，但是在潜移默化的过程中，很多弊端也慢慢显现，虽然说一步步向上是个好的趋势，而且符合人类社会进步的规律，但是从小型到大型，从低级向高级的过程，是显示自身实力的过程，很可能会助长重视学而看轻术，一旦这种思想根深蒂固之后，想去除是比较难的了。我们要明确的是，高校的办学目标是为了学生，一切为了学生，培养出来的学生优秀，才能真正体现学校的高水平。有所担心的是，学校发展壮大了，但是毕业的学生一届比上一届实力不足，这是我们不愿看到的情况。现在社会广泛流行大学排行，在对大学进行分类的过程中，大学的类型由"类"和"型"两部分组成，类型是按科研的规模大小，将大学分为研究型、教学研究型、研究教学型、教学型四种。"类"则反映大学的学科特点，结合学科门类的比例，分为综合类、文理类、理科类、工科类四种。这种按学科与科研规模分类的办法，如果处理和使用不当，则有可能助长"重学轻术"的思想，使得高校忽视人才培养类型与层次和社会对人才需求的关系，集中向着一个方面发展。专科办成本科、本科办成综合性大型大学，再争取成为重点院校来争取硕士点、博士点、重点学科、重点实验室、研究院所和更多的教授、院士，并以此来显示自身的实力。

一所由中专院校升格为本科院校的以培养应用型高级专门人才为主的高校，在进行学校发展目标定位时，提出到某某年将学校建成一所特色鲜明、在船舶工业及相关行业内知名、在国内外有影响的多科性大学。至某某年，把学校建成高水平、有特色的多科性大学，并争取跻身教学研究型大学行列。在进行办学类型定位时，把学校定位为教学型大学，但是要向研究型大学发展。很多高校无论从办学的软件还是硬件上都缺乏条件，高谈空话套话，很大程度上存在着盲目的治学状态，导致一定比例的不协调，处于失衡的状态，很多学校师资力量薄弱，课程设置也很不合理，最终培养不出合格的人才，损害的不只是学生，也损害了人们对法律的认识，使本来就没有达成共识的法律意识，又落进了另外一个为难的境地。在这些重重压迫下，越来越多的负面影响一步步出现，就像原来中国人民身上的两座大山，多少人感受到困惑，多少人感受到压抑，一个个知识分子都在努力寻找出路，在黑暗中寻找光明的灯塔，最后的结果能够像大家所想的那样吗，所谓革命的前途是光明的，而道路是曲折的。这一路上，多少法学人为之付出了青春和汗水。但是单单依靠个人的力量是远远不够的，应该依托大环境，依托大力量，如承载人们很多期望的高等学府，有大家的期许，期许能够坚持使命、秉承精神、发扬传统，完成教育振兴计划，也有国家一定程度的期望，但是我们看到的结果却并不尽如人意，有些高校并没有励精图治激励法学学子奋发拼搏，在一定程度上为了人数而一味盲目强调人数，没有在教育教学质量上把好关，这是让人相当不理解和痛心的现状，也不符合市场大环境的需要。

（二）实践课时分配少

1998 年，我国教育部门出台的《普通高等学校本科专业目录和专业介绍》规定："主要实践性教学环节一般不少于 20 周。"2007 年，教育部出台《教育部关于进一步深化本科教学改革全面提高教学质量的若干意见》要求"各高等学校要做好法律专业毕业生的实践能力培养工作……"。

以英国法学专业实践教学模式为例。现代英国法学教育为各大学法学院所承担，开设基础理论课，使学生掌握法学的基本理论知识。职业训练阶段时间为一年，这一阶段的课程由律师学院负责安排实用性课程，对学生进行法律技能的训练，为学生走向社会做准备。完成这一阶段学习后，有志于法学研究者，可以继续攻读法学硕士或博士学位，也可以由个人提出申请参加考试。职业训练一年期间，前六个月不能出庭，后六个月才能出庭，但须接受大律师的监督。经过训练，学生具备了从事法律职业的理论知识和职业技能，才能够完全胜任工作。

美国法学专业实践教学模式。美国的法学教育模式很特别，法学院培养目标明确，即培养法律人才，所以美国法学教育十分注重实践教学。其主要体现在两个方面：一方面，广泛采用案例教学法，课堂教学以讨论案例为主，教师第一次上课时，将所需讨论的案例材料布置给学生，并开列参考书，由学生做充分的准备；课堂上，学生踊跃发言、辩论，最后由教师做总结。这种教学方法要求学生从司法审判的角度去阅读案例，学会如何通过案件进行推理，学会从具体案例演绎出一般原理，培养法律推理能力。另一方面，法学院建立了许多实习中心，如上诉法院实习中心、民事法律实习中心、刑事法律实习中心、残疾人实习中心、刑事法律实习中心等，使学生有更多的机会得到实际的锻炼。

目前法学课程的开设，主要以部门法学科的划分或国家颁布的主要法律为标准。也就是说，这种课程设置主要是以传授知识为主，不是理论和实践相结合的模式。而且从师资队伍看，绝大部分教师是从高等院校本科或研究生毕业后直接从事教学工作，本身没有在法院、检察院、律师事务所工作过，缺少丰富的实际工作经验。他们在教学中更多地注重理论研究，没有从法学学科本身的实践性、技术性出发来训练学生的实践能力和操作能力。法学本科实践教学主要是靠毕业前的两三个月去法律服务机构实习来完成，这种毕业实习是学生亲身体验司法工作的实践。但其缺陷是，毕业实习前大多数学生对人民法院、检察院及其法律服务机构设置的工作程序并不了解，加之毕业实习时间有限，大部分学生只能粗略地了解一下，不符合理论转化为实践的要求，只有少数学生能真正地去参与并得到锻炼。

三、法学实践教育难以推进

（一）实践途径不多

我国许多高校在开展法律实践教学时，大多是利用一些律师事务所、检察院、法院等机构到校内成立相关的法律实践基地。这些实践基地很多都没有真正起到对学生实践能力的锻炼作用，其主要用来应对相关部门的检查或者学校的教学评估，表面效果与实际作用不相吻合。究其原因是多方面的，主要是缺乏长期的、制度性建设。另外，在实践基地出现问题以后，法律实践部也很少采取积极的应对措施，没有从整个法学教育的高度去思考问题，没有很好地听取、采纳广大师生的意见和想法；实践基地出现的具体问题也极少被公开探讨；多数高校法律教师也没有过多的热情和精力去参与实践基地的教学，对于在实践基地教学过程中面临的实际问题，也未能采取有效的方法来应对，实际的教学方法和教学内容也都有失偏颇。这样的教学模式和教学方法没能很好地指引学生有效地参加实践基地的学习，导致学生的实践动手能力和运用法律知识分析实际问题的能力没有得到应有的提高。这种法学教育实践环节的缺陷将直接影响法律人才的社会竞争力，也不利于国家的法制建设。由于学生在校内实践能力的欠缺，在从事法律职业相关工作之前，都要到专业的培训机构重新学习，这不仅浪费了校园的教学资源，又延长了人才的培养周期。

（二）实践教学难于开展

我国的法学教育实践中，模拟法庭实践教学往往很难起到应有的作用。首先，模拟法庭实践教学方式要求学生具有一定的基础知识及技能，因为要进行完整的法庭程序模拟，学生必须拥有一定的实体法和程序法基础，而程序法多在大学二年级才开始学习，所以大学一年级的法科学生由于缺乏基本的法学知识，要进行模拟法庭审判是非常困难的，也不能起到实际的作用。大四毕业班的学生由于毕业论文写作加上找工作的压力，往往无暇参与，模拟法庭实际适用的阶段非常有限。其次，即使学生在参与模拟法庭之前，已掌握基本的知识及技能，要勉强在短时间内论证一个复杂的问题，他们只能采取快捷方式恶补，这样的方法学习到的法律知识很快就会忘记，因此，对学生没有长远好处。最后，一次模拟庭审耗时甚多，角色有限，既不能保证学生都有机会参与，也不能给予学生多次练习的机会。总之，模拟法庭作为学生的实践活动有它的优点，作为技能培育方法却存在着多种缺点。

刑事侦查与物证技术试验、专业实习和法庭观摩，也同样存在一些问题。随着高校的扩招，法学专业的学生数量骤增，给实践教学的组织安排带来了很大困难。一方面，指导教师和实验室资源有限，难以保障每个学生拥有足够的实践机会。另一方面，学生数量过多，也使得实习、法庭观摩难以集中安排。实习生众多，实习单位对实习生也不够重视，没有具体落实指导教师形成一套具体的指导方案等，实习效果参差不齐。而且自高校扩招以来，大多数学校不同程度地忽视了这些教学形式的建设，对之缺乏规范的管理，使本来就极为有限的实践教学活动在实际上流于形式，相当一部分学校甚至连这些基本的教学环节，在形式上都不健全。

（三）实践教学经费严重不足

随着我国高校办学规模的扩大，物价的上涨和消费水平的提高，我国高等教育中的实践教学经费明显不足。我国实践教学经费总体而言是偏少的，而我国传统的文科教学经费相对于理工科要少很多，具体到法学专业，实践教学经费更是严重不足。相比理论教学，实践教学需要更多的投入，现在各高校普遍面临专业实习经费不足等问题。经费的短缺，使得高校的硬件建设受到限制，教学设施差，必然制约实践教学的发展，导致实践教学的效果大打折扣。

第三节　应用型法律人才培养体系的构建

一、应用型法律人才培养体系中存在的问题

在依法治国方略的推动下，我国逐步建立起广范围、多层次的法律人才培养体系，为法学事业的振兴和繁荣做出了重大贡献。中国共产党十八届四中全会是首次以依法治国为主题的中央全会，把法治中国提升到了前所未有的高度。在此背景下，法律人才培养体系，特别是应用型法律人才的培养体系必须深化，必须改革，才能满足依法治国的客观需求。但目前，法律人才培养体系仍然存在结构不能适应进一步建设法治中国的需要、人才素质不能适应社会需要的问题——法学教育造成了法律学习者过剩，而法律职业者尤其是高水平法律人才稀缺。法律学习者的供给远远达不到实务中、应用中法律职业者素质的需求，法学教育的实践中，应用型法律人才培养体系的问题，可以概括为"人才培养目标与实践相分离"。

应用型法律人才培养目标应该是培养满足社会经济发展中所需要的应用型、复合型卓越法律职业人才，但中国法学教育一直与法律职业实践相分离，导致法学教育主要局限于提高法学高等院校学生的理论知识水平。不以法律职业为目标导向，没有进一步提出不同地区、不同层次的政法机关和不同职业分工的法律人才应当具备的特定的职业规格要求，进而使教学内容和教学方法脱离实际，重"学理"而轻"术业"。当然，也有不少法学高等院校的人才培养

以应用为目标，如西南政法大学以人才培养职业化为目标，但在具体的培养教育中不能贯彻人才培养的初衷与目标。表现在教学内容上，就是把理论知识的传授放在首位，应用型教学薄弱，仅把应用当作枯燥理论的调味剂，将应用能力培养作为理论知识学习的补充形式；表现在资源管理上，资源流向课堂理论教学，应用型教学缺乏必要的师资和物质资源支撑。

应用型法律人才培养体系中实践不能满足人才培养目标的问题又突出表现在以下两个方面。

（一）法律人才培养的课程体系设置缺乏实际性和规范性

法律人才培养课程体系承载着将法律这门学科的科学认识逐步转化为培养对象知识的责任。社会发展后如果不能丰富课程体系的内容、深化课程体系的层次、取代已陈旧的知识体系，则培养对象所获得的知识很难应用于实际生活。法律人才培养机制缺乏法律职业部门、法律职业者的介入和引导。政法院校每年招收多少学生、毕业生如何选拔和分配、课程标准如何确定、毕业资格条件如何设计等，都由教育部门和大学负责，处于相当封闭的状态，成为一个自给自足的办学系统。法学教育已然隔绝于社会，加之法学理论本已滞后于实践，在现有应用型法律人才教育中，无论何种具体的教育模式，课程体系都缺乏实际性，很难保证学习者获得的知识是最符合时代及当地社会发展状况的知识。

当然，也有部分法学院校开设实务型课程来满足培养应用型法律人才的需要。但这类课程的内容和教学环节缺乏规范性。

实务型课程内容缺乏规范性。正如美国大法官霍姆斯所说："法律的生命在于经验而不是逻辑。"实务型课程在于传递对法律运用有效的技巧和方法，所授内容很大程度上取决于教师想要传授的经验，而法律职业是抽象与经验的统一，对于哪些经验、哪些实践内容应该教授，没有统一的标准。教师的个人素质与修养决定了课程内容和培养效果的好坏，很难形成一套完整的应用型人才培养链。

实务型课程教学环节缺乏规范性。实务型教学本身就缺少像理论教学环节那样成熟、系统的体系和规范。一些实践环节的开展仍然依赖于教师自身的素质和具备的资源，教育部等部门也没有出台关于实践教学内容的明文规定，实务型课程教学的随意性很大，且由于实践的灵活性，缺乏可以借鉴和推广的成熟经验。

（二）法律人才培养的评价体系没有形成

人才培养是有着明确的目标进而追求某种结果的积极实践，其不是盲目的、无意识的活动。而检验人才培养的目标与结果，需要依靠人才培养的评价体系进行。

应用型法律人才培养依赖于实务型教学，但实务型教学中没有统一、严格的规定和考核标准。在实务型教学中，教师为了方便考核，通常采用以考卷为主的传统考核方式。应用型法律人才培养的评价体系重学业性因素评价、轻非学业性因素评价，难以有效检测出培养对象的应用能力，对应用型法律人才培养成果难以做出科学评价，忽视了社会转型中建设法治中国的实践需求以及应用型人才培养目标的诉求，忽视了教育价值中个体成长与发展的需要，一定程度上制约了人才成长。

同时，因为与应用型法律人才培养成果考核相比，学术型法律人才的考核更为严谨和规范。所以教育者不敢冒着风险将实务型教学提高到与理论型教学同等重要的地位，不重视实务型教学计划和方案的制订，任由授课教师随意发挥，各教师教学质量和教学水平也很难被科学全面地评价。

二、应用型法律人才培养体系构建的总体思路

（一）避免思维误区

欧克肖特曾说："实践知识既不能教，也不能学，而只能传授和习得。它只存在于实践中，唯一获得它的方式就是给一个师父当徒弟——不是因为师父能教它，而是因为只有通过与一个不断实践它的人持续接触，才能习得它。"法律知识，作为一种实践知识，仍然以理论知识为其根基。理论知识的教学是人才培养的基础，坚实的理论基础能更快地促进应用能力的形成和完善。但是，应用型法律人才培养思路，往往容易陷入以下两个误区。

1.单纯以法学研究者视角看待法学教育

法学知识，作为一种实践知识，与司法实践、法治中国的实践息息相关。这种知识如果单纯依靠教学来灌输，培养者的法学知识必定有限；如果仅以法学研究者视角看待法学教育，不与实务技能培训相结合，培养对象在这种视角的主导下，只能学理论做研究。高校只是培养法律的学术人，不是培养能够到法院等部门去从事司法工作，进行法律分析、法律判断的应用型人才，但只学习现有法律法规，不提高自己的应用能力，增进自己的社会经验，是很难成为应用型法律人才的。正如美国法学家庞德所指出的："法学教育不是传授法律知识，而是培养法律思维，因为无论教授了多少实定法知识，也无法赶上法律的制定、修改和废除的速度。"因此，应用型法律人才的培养更要强调从法律

职业视角出发，教授知识并培育出运用知识以解决问题的能力，使培养对象在完成必要的法学课程后，能够通过自己的学习能力面对社会发展的新形势，解决社会发展中的新问题。最终使应用型法律人才培养符合"授之以鱼不如授之以渔"的教育规律。

2.认为应用型教学就是多开设实务型课程

此前引用欧克肖特的观点也多次强调，并不是所有的知识（尤其是实践知识）都可以传授，如游泳或者骑自行车。学习这类性质的知识，不是认真聆听一门叫作"游泳实务"的课程，非经亲身实践无法学会。而应用型教学开设大量所谓的实务类课程，往往无法培育学生的实践应用能力，其效果无异于缘木求鱼。按照何美欢教授的看法，实务型课程的案例教学法，也并非真正的案例教学，更多的只是一种例证。在教学实践中，教师会先讲述案例所要涉及的相关知识，让学生获得理论基础，随后给出一个案例，对案例进行分析以加深学生对理论的理解，并使他们学会实际使用。

所以，单纯地开设实务型课程或者引入案例教学法的这种"行为"不是而且也不可能成为医治法学教育与法治中国建设脱节的良方。应用型教学不能流于形式，关键在于这类课程开设后的学习内容和学习形式以及案例教学到底是以什么样的教学手段进行。

实务型课程在内容和形式上都缺乏规范性，培养对象的学习过程和学习效果往往浮于表面，这种情况下，实务型课程的开设更需要谨慎。在课时有限的情况下，不能走实务型课程压榨理论型课程的歧路。否则实务型课程的教学缺乏理论储备，会成为外表光鲜、内在破败的空中楼阁。简单地增加课程课时是无法培养出应用能力的，应当将技能培育有意识地贯穿于法学知识教授的过程中。

（二）调整课程体系

法律的程序化和法律人才职业化，是使西方国家走向法治道路的两个关键性因素。在依法治国语境下，法律人才的培养体系是国家法治体系的重要组成部分。应用型法律人才的培养体系只有保证法律教育和法律职业的紧密衔接，才能谈得上"应用"二字，正如我国著名法学家沈宗灵先生所言："在研究法律教育课程体系（主要是指综合大学作为一级学科的法学的课程体系）时，首先要考虑法学教育的目的与任务。"因此在设置应用型法律人才教育课程时必须考虑应用型教育培养目标，以及是否有助于实现培养目标。

根据应用型法律人才培养的特点和目标，课程体系应该是职业导向性、灵活性、针对性的统一。课程设置上，既要有基础学科作为支撑，又要根据不同法律职业者所需要具备的知识和技能进行安排。更为重要的是，要根据社会发展，也就是建设法治中国的进程，针对法律职业者的需要来更新教学内容。更进一步来讲，法学教育不仅要从传统规则、法学理论出发，还要从职业需求和实务技能出发，法治中国语境下的法学教育更要求对人才的培养从社会其他制度的角度进行，要培养法律人才能够掌握法学的规范体系并且使作为"社会医生"的法律人才能够洞悉法律背后的社会结构与发展状况，推动法治中国的进一步发展。

（三）加强与实务部门的合作

德国教育采取双元制，分设应用科学大学和综合科学大学。应用科学大学与企业建立密切合作伙伴关系，人才的培养不仅是大学的任务，而且是企业的任务；学生不仅在大学学习，也在企业工作，参加企业的研发项目，所以是理论密切联系实际的学习。德国政府出台法律保障合作的实施，使得企业渗入人才培养的全过程。

应用型法律人才的培养，其应用的主要体现就是有更多的应用平台，有更好的实践机会，如果能够学习德国，加强应用型法律人才培养机构与法律职业有关的实务部门（如司法机关、行政机关、律所、企业）的合作，势必能够为应用型法律人才的培养带来更多的物质资源，形成在应用中学习、学习为了应用的人才培养生态链。而这种合作不能流于形式、浅尝辄止，需要政策、制度予以支持及保障。2011年，教育部、中央政法委员会联合下发《培养意见》，要求政法部门与法学院校发挥各自优势，共同培养造就一批高素质法律人才。2012年，最高人民法院发布文件，要求建立人民法院与法学院校的双向交流机制，通过政策逐步推动法律人才的培养。

三、应用型法律人才培养的宏观体系

（一）构建不同领域的应用型法律人才培养体系

1. 法学学位教育

应用型法律人才培养因注重应用而区别于理论研究。应用型法律人才培养体系的法学学位教育首先应当排除进行深入理论研究的法学博士学位教育。至于法学硕士学位教育，由于存在法学硕士和法律硕士的划分（后者的培养目标定位于应用型人才），以及实务部门大量工作岗位（特别是公务员）的学位学历准入门槛提高到硕士及以上，所以硕士研究生教育不应该被排除在应用型法律人才培养体系之外。因此，应用型法律人才培养体系中法学学位教育主要是指法学本科教育和硕士学位教育。

根据张文显教授的观点，我国法学教育的三个基本问题之一就是规模与质量。21 世纪以来我国法学教育出现了速度型规模性发展态势，设立法学本科专业的高校数量和法学研究生教育规模呈几何级发展，速度与效率、数量与质量的矛盾日益突出，加之法学本科教育（包括法学第二学士学位教育）和硕士学位教育（法律硕士专业学位教育）多头并存，不能很好地衔接，造成矛盾冲突。法学学位教育在人才培养时必须控制数量、注重质量，针对不同的培养目标，按照能力要求层次的高低进行阶梯形培养。应用型法律人才法学学位教育，关键不在于多开设实务类课程，或者引入案例分析等教育方法，更不可以应用之名，减少对学生理论知识的培养。应用型法律人才学位教育应该着眼于使学生毕业后能够在无须课堂教授的情况下也能依靠通过法学教育培养起来的素质与基本知识迅速理解和运用新法律。

2. 法学实践教育

实践智慧的法律应用知识的获取，必须依赖于真实的司法实践——实践是最好的老师。

（1）法律诊所

法律诊所是法学实践教育的重要形式，是理论联系实际的重要平台。其承担着多元化的人才培养目标：使学生在实践中、应用中、实务操作和自我培训中训练法律职业的应用技能，提高自身对法学理论和社会制度的理解能力以及学以致用的能力。在校期间以法律援助的形式，以实务操作的形式，提前深入理解法律职业的真实内在，帮助学生择业，培养学生的法律伦理道德以及社会责任感。

值得关注的是，法律诊所作为教育机构存在的同时，它还具有另一种属性——民间法律援助机构。学生通过这一平台，由学校支持，在诊所教师的指导下，通过各种形式（如案件代理、义务咨询、普法宣传等）以自己所学，尽自己所能服务社会。法律诊所依托强大的校内资源，既培养了应用型人才，又实现了社会公益责任，这种属性在法治中国语境下，无论对于人才培养本身还是对于法治中国的进一步推进都大有裨益。另外，通过法律诊所教育还能有效缓解实务部门接受实习生面临的人才饱和的压力。

（2）模拟法庭

模拟法庭是法学实践教育的重要形式。模拟法庭将较为复杂的案件（通常为真实案件）作为素材，组织学生在接待当事人、处理分析法律关系、法律文书写作和庭审辩论各个环节进行原被告双方（控辩双方）比赛，使学生获取实务技能和经验。在英国、美国等普通法系国家有两种形式：模拟法庭和辩论技巧。模拟法庭一般是低年级学生的必修课，即所有法学院学生都要参加模拟法庭的训练；辩论技巧课则是为那些有意成为出庭律师的法学院学生开设的高级训练课程。

中国国际经济贸易仲裁委员会组织的"贸仲杯"国际商事仲裁模拟仲裁庭辩论赛和由商务部、中国政法大学、西南政法大学共同主办的"中国WTO 模拟法庭竞赛"（China WTO Moot Court Competition）都是全国性重大赛事。

（3）观摩庭审

无论是通过教授者以网络传播技术为手段播放庭审录像、组织学生亲历审判法院实际参与旁听，还是通过近年来流行的微博直播庭审进行互动，都可以使培养对象真实、直观地感受庭审氛围，了解庭审的全过程。这种教学，对培养对象学习实践中的诉讼程序以及注意实践中进行诉讼的程序问题非常有帮助。

同样地，在法治中国语境下，高校和各地法院密切开展合作，多组织学生实地观摩庭审，对人才培养起到积极作用的同时，由于法学专业学生的旁听，还能更好地保障庭审中程序正义的实现。

（4）专业实习

专业实习是通过集中实习（由学校组织安排）和分散实习（自己寻找实习机会），在指导教师的指导下，进行相当程度的与法学专业有关的工作实践。专业实习是重要的实践性教学环节。

专业实习时间长，有指导性，能够使实习者深入了解相关法律职业，并且通过具体的工作来检验、修正理论知识，养成良好的工作习惯，汲取切实的社会经验。

3. 法学继续教育

法学继续教育在某种程度上是终身学习理念的重要体现，是对法律职业者修正、更新知识，提高技能的后期教育。在知识社会里，终身学习不仅伴随法律人的职业生涯，而且在研究性学习模式与学习型机构、学习型团队的交替作用下，其将成为法律职业者的一种工作方式和生活方式。

法律继续教育手段灵活，可以通过面授也可以通过便捷的大规模开放在线课程实现。其内容多样，可以学习各类人文学科（如秘书技能、行政管理、心理学等）知识，能够满足法律职业者在复杂社会中的应用需求。

（二）构建不同分工的应用型法律人才培养体系

构建不同分工的应用型法律人才培养体系要以法律职业为导向，有效衔接学位教育与实务界的培训。尽管应用型法律人才培养突出"应用"二字，但法律基本理论才是应用之本，并且社会生活越复杂，法律理论越重要。正如何美欢教授所说："在实务上，碰到新问题时，最重要的是对它进行基本结构分析，即回到最原始、最古老的基本原则。当然，有时新问题要求将目前的法律解构，然后再重构新规则，即制造新知识，但这种工作要求律师对原有的法律，特别是基本原则，有透彻的认识。关键仍然是具有扎实的基础知识。"

构建不同分工的应用型法律人才培养体系，是指学校对人才的培养和实务界对人才的培养侧重不同。学校对人才培养，尤其是法学本科教育，仍应当侧重于法律理论的培养。因为实务技能更多的是法律经验和社会经验，进入市场的法律职业者（而非在书海里畅游的教授）才是教授实务技能的良师。如果将学位教育侧重于实务经验的传授，而非理论知识的传授，则不利于学校资源的优化配置，是一种资源的浪费。另外，学校对人才的培养，尤其是本科教育不侧重于实务技能的传授，不代表没有实务技能的传授。学位教育的主体——校方要加强与实务部门的合作，提供物质资源、合理设置课程体系，以有实务经验的法律职业者，学校通过法律诊所、模拟法庭等实践教学传授实务技能，传授解决问题的思维和能力。

（三）构建统筹不同区域、不同层次的应用型法律人才培养体系

一方面，在我国东部市场经济发达地区，全球化的日益深化需要大量高水平的涉外法律人才。另一方面，在我国诸如农村社区的纠纷解决中，则有着不同层次的需求，包括那些在雪域高原和崇山峻岭中跋涉的马背上的法庭。在那里，不仅需要更多的献身精神，还需要特殊的专业知识和技能。而目前我国的法学教育在造成法律毕业生在东部地区相对过剩的同时，许多西部地区却出现了法律人才的严重短缺，甚至法官出现断层。

所以，在法治中国语境下，需要构建统筹不同区域、不同层次的应用型法律人才培养体系。这种体系构建，尤其依赖政策的导向。需要综合考虑学科的地域布局、东西部差异（包括社会经济发展程度的差异和教育资源分布的差异），尽可能地针对偏远地区、基层地区给予学习、生活、工作待遇特殊优惠

政策，并可以采取定向培养的方式，集中解决偏远地区和基层地区政法干部队伍建设中的人才资源不足问题，为法治中国的协调发展提供基础保障和可持续发展动力。

随着经济全球化进程的加快，法治中国建设的推进，东部发达地区对高端应用型法律人才的需求增大。伴随经济全球化而来的是信息网络化和执业全球化。所以，在法治现实语境下，需要构建统筹不同层次的应用型法律人才培养体系。高校必须根据现实的需要，既培养基层社会需要并能消费得起的应用型法律人才，又培养高端应用型法律人才。高校要主动出击，与国外知名高校建立广泛合作，实现人才培养国际化。通过双向交流、联合培养等方式，逐步完善我国应用型法律人才培养模式，创建国际化的教育环境。

第五章　学术型法律人才培养模式的构建

自 1978 年恢复硕士研究生招生以来，我国学术型法律专业人才培养历经四十余年的实践与探索，目前已经形成了基本的法律人才培养模式。法学学术人才的培养教育由 20 世纪 80 年代的规模小、人数少发展到如今众多高校和研究机构纷纷设立法学院系及法学硕博点培养学术人才。伴随法学教育的蓬勃发展，学术型法律人才的培养和毕业后的去向正面临着内外双重压力，也促使高校对传统的培养模式进行重新思考和定位。本章分为学术型法律人才培养模式概述、学术型法律人才培养的方法和途径、学术型法律人才培养体系的构建三部分。

第一节　学术型法律人才培养模式概述

一、学术型法律人才培养模式的内涵

法律人才培养模式，是指法律教育机构或者法律教育工作者所普遍认同和遵从的，关于培养法律人才的实践规范和操作样式，是根据国家教育的基本方针，以及法学教育理论的基本要求，为造就合格的法律人才而构建并经过实践形成的、某种标准化的培养样式和具体的运行机制。

从满足社会不同需要的人才规格上看，可分为应用型法律人才培养模式和学术型法律人才培养模式两种类型。其中，学术型法律人才培养模式是以选拔高层次法学研究型人才和拔尖创新型法律人才为主要目标的，主要为法律高等院校、科研机构等单位培养教师和科研人员的规范化机制。多数学者都认同，我国对学术型法律人才的培养主要集中于法学硕士和法学博士的教育上。

（一）法律人才

法律人才一词，在法学界出现的频率较高，但人们对法律人才的理解却莫

衷一是。我国著名的法学教育家孙晓楼先生曾在书中表示"要明白了怎样才算法律人才，方可进行高深的法律教育，不然无的放矢，结果是一场空"，孙先生对法律人才有自己独到的见解，他认为法律人才至少要满足三个要件：要有法律学问，要有社会常识，要有法律道德。只有法律学问而缺少了社会常识，那是满腹不合时宜的，不能适应时代的需要，即不能算作法律人才；有了法律学问和社会常识，而缺少了法律道德，那就不免流为腐化恶化的官僚政客，也不能算作法律人才；一定要有法律学问、社会常识和法律道德，三者具备，然后可称法律人才。一个世纪以前的法学教育家对法律人才的理解，对我们今天对法律人才的定位和要求同样具有积极的指导意义。

法律人才应当具备专业的法学知识、高尚的职业操守、优秀的法律实务能力。学者对法律人才常见的描述，多从法律人才应具有的素质或其类型来说。根据地位和作用不同，可将法律人才分为法律制定者、法律实施者和法律教育者三个层次；依据人才思维、行为方式不同可将法律人才分为学术型法律人才与应用型法律人才两人类。针对各自性质的不同，明确各自的法律人才内涵也是非常必要的。例如，对于法律制定者，其立法工作关系国家的大政方针，从源头上关系着我国的法治进程。这种法律人才更倚重渊博的法律理论与社会生活的学问，要有更高的政治素质、政策理论水平和宽广的眼界，具有对国家和人民利益高度负责的职业道德。法律实施者更注重执行、适用法律的知识与技能及具体的职业道德；法律教育者必须本身是法律人才，才能履行培养未来法律人才的使命，更应注重法律学问和法律信仰等精神素质。学术型法律人才要注重理论创新能力，应用型法律人才更偏重准确地适用法律的能力和职业道德素质。

（二）人才培养模式

模式是一种解决问题的方法论或范例，是用于指导实践的标准样式。我国教育行政部门在 1998 年下发的文件《关于深化教学改革，培养适应 21 世纪需要的高质量人才的意见》中首次对人才培养模式做出明确界定：人才培养模式是学校为学生构建的知识、能力、素质结构，以及实现这种结构的方式，它从根本上规定了人才特征并集中地体现了教育思想和教育观念。

龚怡祖在《论大学人才培养模式》中，将人才培养模式描述为：在一定的教育思想和教育理论指导下，为实现培养目标（含培养规格）而采取的某种标准构造样式和运行方式，它们在实践中形成了一定的风格或特征，具有明显的系统性和范型性。

对于人才培养模式，不同的学者有不同的界定，但所表述的人才培养模式都具有以下特点。

1. 完整性

人才培养模式是一种教学教育样式，从价值定位到具体的制度建构是完整统一的系统，具有内在的逻辑联系，各部分协调合作，缺一不可。

2. 中介性

人才培养模式体现了一定的教育理念和思想，它是将理念思想转化为实践的桥梁和媒介，也是将实践所得反馈于理论的重要途径。

3. 可操作性

人才培养模式是一种范式，具有普遍的指导意义。教育主体依照该模式进行操作可以收到可观的效果，模式所提出的方法、理论是能够为人所准确把握和实施的。

（三）学术型与应用型法律人才培养模式的区别

专业学位与学术学位的水平是相当的，但教育背景和职业范畴的差异使两者在培养制度上有所不同，具体表现如下。

1. 生源对象与招生考试

一般将学术学位研究生招生考试定在每年年初，并实行"全国硕士研究生统一入学考试"，初试的政治理论、外语和部分专业的基础课由教育部统一命题，其他科目由招生单位自行组织命题。初试分数线除了 34 所自主确定复试分数线的高校外，其他学校一律由国家统一划定最低录取分数线。

专业学位研究生的招生一般要求报考者有一定的职业背景，但也有少数几个专业，如法律硕士、工商管理硕士接受同等学力者。同等学力者是指参加成人高考或自学考试获得国家承认的大专毕业学历的人员，他们需要经过两年或两年以上（从大专毕业到录取为硕士生当年的 9 月 1 日）的实际工作，达到与大学本科毕业生同等学力（含国家承认学历的成人高校应届本科毕业生），且达到招生单位根据本单位的培养目标对考生提出的具体业务要求。学术学位研究生招生则主要以国家承认学历的应届与往届本科毕业生为主。专业学位研究生招生考试以每年十月份的"在职人员攻读硕士学位全国联考"（联考）为主，报读法律硕士、工商管理硕士等专业的求学者也可参加全国年初的统考考试，联考命题由"教育部学位与研究生教育发展中心"组织，录取分数线由各招生单位自主划定。

2. 培养方式

学术学位研究生以全日制学习为主，有两年制和三年制两种，大多数学校目前采取三年制，由学校单方面参与管理。专业学位研究生以在职培养为主，也有专业采用半脱产的形式，但学员主要还是在业余时间学习，强调学校与企业、实际工作部门相结合。例如，专业学位设置和试办后，专业学位教育指导委员会的成员中，既有高等学校的领导与教授，又有行业主管部门的领导，也有企业与用人部门的代表，还有国务院学位办公室的有关负责人，这就从组织上保证了学校、企业界、用人部门、行业主管部门以及教育主管部门共同参与专业学位培养的全过程成为现实。

3. 课程设置

学术学位研究生教育以培养科研人员和学科专家为目的，培养这类研究生的关键在于通过传授系统和完整的学科知识，实现对学科知识的创新与发展。因此，课程设置以学科知识体系为框架进行构建，基本课程包括公共基础课、专业基础课、专业课以及选修课，四种课程按照一定比例组合成完整的课程体系。

专业学位研究生教育的课程设置以职业能力为本位进行设计，按照一定的分类方法，将某一专业课程分成若干相对独立的单元，所有单元又按照一定的形式组合成一个系统。在授课过程中，各门课程还会不断加入最新科学技术成果和先进经验，从而使课程体系更加具有灵活性。

4. 导师指导

随着科学分工越来越精细，学术学位研究生教育中往往是一个导师专门指导自己的研究生，兼具课题组的其他导师的指导，以保证知识的传递，促进知识的创新和学科的发展。专业学位与学术学位研究生的生源对象和培养目标的不同，导致在导师队伍的组建和导师指导方式上有很大差别。专业学位研究生大多是在职学习，除了在学校集中上课外，仍在原单位工作，这就形成了校内外双导师培养的趋势。一方面，校内导师具有较强的理论科研功底，有多年指导研究生的实践经验，他们的指导以学术为主；另一方面，校外特聘导师对本专业的现状比较清楚，以指导实践工作为主。

5. 学位论文要求

学位论文是研究生的重要成果，也是衡量研究生能否获得学位的重要依据。学术学位研究生论文要求做出创造性科研成果，注重理性思维的高度概括与抽象，具有理论价值。专业学位研究生论文立足于实践，针对在实践工作中需要研究的问题，运用所学理论和专业背景解决实际问题。

二、国外相关学术型法律人才的培养模式

考察世界各国法学教育的构成，可以得知法学教育的基本类型大致可分为两类：一类是以德国为代表的大陆法系的素质教育模式，另一类是以美国为代表的英美法系的职业教育模式。

（一）德国学术型法律人才的培养模式

德国作为典型的大陆法系国家，奉行"理性主义"法律价值观。这种法律价值观对法学教育的渗透和影响表现在：将法律作为一门科学来传授，具体教授法律规则、抽象的概念和思维方法，具有很强的学术性和偏重理论的特征。注重培养学生在探索学习中不断完善法律科学和自身素养，使得法学教育"注重激荡思想上之活动，使之爱慕科学，就现代之人群生活关系，用至当之方法以促进人类文化于日趋光明之域"。在这一价值观的影响下，德国的学术人才培养建立在科学的教育体系之上，并注重学术传统的继承。德国的法学教育由基础教育阶段和见习阶段两个部分组成。这是一种学术教育与职业教育相结合的体制。大学期间的基础教育注重对学术研究能力和知识广泛深入的掌握，然后进行大学教育结业考试，合格者获得见习服务候补官员的资格。第一次结业考试之后，就进入实务性的见习培训阶段，时间一般为1~2年，由第二次司法考试来检验，通过后即可获得包括法官、检察官、律师、政府官员等职业的从业资格。德国历来推崇学术教学和理性主义。两次考核，一次注重对基础理论知识的考核和对学术创新精神的培养，一次注重对实务能力的考核和职业素养的培养。两者之间相互联系，一环扣一环。这种"统一法学家"的教育模式，对法学学生的要求比较严格，培养出的学术型法律人才不仅具有深厚扎实的理论功底，而且也能做到理论联系实际，将学术真正应用于实务之中。

（二）美国学术型法律人才的培养模式

美国奉行法律"现实主义"精神，倡导由"书本上的法"转向"现实中的法"，认为法是社会经验的产物。大学期间的教育主要培养学生的抽象思维能力，培训学生熟悉法律案例，了解法律程序，培训学生解决法律实务的能力。

美国的法律人才培养模式并不是始于本科教育，而是一种后本科教育。可以看出，美国的法律教育的门槛很高，从一开始就定位在精英培养模式的层面，

优秀的生源质量也为培养出高素养的学术型法律人才打下了良好的基础。这种培养模式要求学生必须拥有一个非法学本科以上专业的学位，使研究法律的学生拥有多样的知识背景，有助于在学习过程中对法律的研习尽可能做到多角度全方面。在教学方法上采用问答式和判例式教学，注重对实务的引进，师生交流互动，引导学生进行创新性思维，培养学生成为高素质、复合型人才。在美国，法律研究者追求的不仅仅是纯学术上的成就，更多的是希望将学术上的成果运用于实践中，真正做到学以致用。

简而言之，美国的法学教育是典型的实用主义教育，对于学术型法律人才的培养结合了实践与理论两方面，学术人才在司法实践中总结经验，又将法学研究的成果反馈于实践，从而推动法学理论的进步。

（三）国外模式对我国学术型法律人才培养模式的适用价值

尽管大陆法系和英美法系有着不同的法律传统，但随着时代的发展，二者逐渐呈现出融合的姿态。在培养现代法治需要的法律专门人才方面，保持着大体一致的理念和制度安排，主要是法律人才的培养以法律职业为目标，学习和从事法律职业必须接受良好的高等基础教育，完善的法律人才培养过程是法学基础教育与法律实务训练的结合和统一，建立严格的遴选程序选拔理想的法律职业者，并相应地建立起不同形式的、有效的司法考试制度。我国应取古今中外之精华，去其糟粕，推动法学教育的进步。

从上述国家的法学教育人才培养模式中可以总结出以下几点。

首先，各国的法学教育都有自己明确的培养目标。德国颁布《关于改革法学教育的法律草案》，旨在培养在全方位法律职业领域都有能力开展法律业务的精英人才，作为法学研究者这类学术人才也需要通过两次考试并经历见习阶段。美国的法学教育实务和学术并重，学术人才的深造同样需要学习法律职业者共有的知识技能和方法。外国的法学人才培养方案中选修课占很大比重，立志以学术研究为主攻方向的学生可以在选课时有所偏向。我国的法学教育培养目标相对模糊混乱，学术型和应用型法律人才培养方案在价值定位上有冲突和重合。对于学术型人才的培养在实践教学环节存在很大欠缺，法学研究不能有效地和实践相融合，故应对此有所借鉴，在教学内容中相应增加实践技能培训课程的比重。我国在对学术型法律人才的培养方式上多偏向于大陆法系国家的教育模式，注重理论知识的掌握，缺少对法律实务的认识和法律应用技能的训练，更存在所谓的学术型人才脱离法实务界闭门造车的情形。我国的学术型法学人才培养可以吸收两大法系教育模式的优势，增大实践课程的比例，引入互动式和判例式教学，在拥有良好理论基础的同时提升学生的创新能力，增强法律技能。这对学术型法律人才扩展视野，保持学术上的客观性和先进性创造了条件，避免了封闭的培养模式。

其次，在生源规格和质量上，德国和美国均呈现高起点的特色。德国对法学院的学生录入标准为高中优秀毕业生。学生学习期间，必须经历严苛的司法考试和见习生活。美国的法学教育是后本科教育，更是高起点的表现。学生带着不同的学术背景进入法学院，以专业的培养方式和精英教育理念进行培养，学校坚持"严进严出"，保障法学人才的整体质量，为学术型人才的发展奠定了良好的基础。

我国的法学教育发展起步晚，发展速度快，经过高校扩招之后，培养对象数量激增，与之相对应的便是教学资源的短缺与就业压力的增加，势必影响教学质量与法学学术人才在接受培养期间的自我塑造。不得不说，当下的学术型人才培养模式远远达不到为国家法学教育和法学研究输送具备深厚法学专业理论的高素质精英人才的标准。因此，我国可借鉴国外的培养模式，将法律人才培养尤其是学术型法律人才培养的规格建立在高起点上，实行"严进严出"的培养模式。

第二节　学术型法律人才培养的方法和途径

一、法学硕士

法学硕士是法学专业学位教育中位于法学学士和法学博士之间的一个层次，供本科阶段为法学专业的考生报考，学习侧重坚实的理论研究，旨在为国家培养全方位的学术型人才。招生考试主要是年初的"全国硕士研究生统一入学考试"，被录取后，获得研究生学籍。毕业时，若课程学习和论文答辩均符合学位条例的规定，可获毕业证书和学位证书。

结合我国对应用型人才需求持续增加的社会现实，以及法本、法硕的教育背景，依照教育部《2010年招收攻读硕士学位研究生管理规定》的内容，将我国法本、法硕的培养目标定位为"培养热爱祖国，拥护中国共产党的领导，拥护社会主义制度，遵纪守法，品德良好，具有服务国家服务人民的社会责任感，掌握法学学科坚实的基础理论和系统的专业知识，具有创新精神和较强解决实际问题的能力、能够承担某一特定领域法学专业相关工作、具有良好职业素养的高层次应用型专门人才"。下面从法学硕士的培养目标、教学模式和科研能力的培养三方面进行阐述。

（一）培养目标

法学硕士教育制度设置的初衷是为法律教育和科研机构培养学术型人才，它所预期的毕业生是学术法律人，而非实务法律人。我国目前是按二级学科设置专业招收和培养研究生，从此也可以看出法学硕士明显的理论教育指向，其目标是通过对本专业知识专而精的学习和研究，使研究生掌握基本原理、原则、理论和思维，更加强调学术性。

学术研究性强调法学的社会性，强调法学教育的职业性和实践性。因此，尽管法学硕士研究生和法律硕士研究生在理论知识结构与能力方面的要求有所不同，在培养目标上有所侧重，但仍属于同一层次、不同类型的人才，并不能互相取代。

（二）教学模式

目前，无论是法学硕士研究生还是法律硕士研究生，教学上基本以教师讲解为主，偏重于系统讲授基本原理、基本知识和研究基础理论，缺少师生之间的互动；课程缺乏灵活性，选修课数量严重不足。这种模式固然有利于研究生形成较为完整的知识体系，但影响了其积极性、主动性和创造性的发挥，在培养法律思维、法律推理和实践能力等方面难以收到理想效果，尤其是偏离了法律硕士研究生的培养目标。

（三）科研能力的培养

1. 培养科研能力的方式

法律研究乃至实践并非简单的逻辑推理、演绎归纳，而是一项创造性的工作。创造性是指个人在一定动机推动下从事创新活动的创造性思维的能力，也称创造力或创造心理。在信息时代和法律快速发展的条件下，法律的变化和知识的更新非常频繁，教师不仅要传授学生基本的法律知识和法律观点，还要让学生具备法律思维能力。实践证明，吸收研究生参与导师的课题是培养研究生科研能力的有效方式。

2. 选题的方式

法学硕士研究生主要通过阅读或调查研究积累知识，通过不断归纳和总结已有的知识理论和法学研究动向，结合自己的思考形成新的观点，以此求得理论创新，参与课题更侧重于创新性和前沿性。

3. 科研要求

《中华人民共和国高等教育法》已经明确规定硕士这一层次的人才应具有

的学术水平，只有当申请人的学业水平达到国家规定的学位标准，才可以向学位授予单位申请相应的学位。硕士研究生撰写高质量的调查报告（如案件调查、立法调查等），也应视作完成了科研工作量。对毕业论文的评审，应强调创新性，注重学术水平和科研能力。

4. 课题的组织

一方面，要对研究生参与课题提出明确、严格的要求，即实事求是、客观真实地反映研究对象，做到数字正确、论据可靠、推导有依据、引文有出处，形成有质量的研究或调研成果。另一方面，要倡导独立的思想，自由的精神，为研究生参与科研创造宽松和谐的学术环境。

二、法学博士

法学博士是法律教育体系中的博士学位，现代法学院的博士学位取得趋向于强调合乎科学的法律研究。法学博士生教育以培养高等教育和研究机构的教师或研究人员为目标，以对经典著作的研读和讨论为主要授课方式，以学术论文的发表和毕业论文的写作为主要评价标准，是一个张扬学术自主性和彰显学术研究性的过程。

（一）法学博士的分类

因各地教育制度与学院传统不同，各院校的法学博士的学位名称也有所不同，如表 5-1 所示。

表 5-1　法学博士的分类

中文名称	英文名称	缩写	一般所属学制简述
法学博士	Doctor of Laws	LL. D.	以科系名称直接套用于学位名称的学院
法学哲学博士	Doctor of Philosophy in Law	Ph. D.	以哲学博士为研究型博士学位定名的传统学院，较常见于英式制度院校，包括中国香港及澳大利亚的大学
法学文学博士	Doctor of Letters in Law	D. Litt	以文学博士为非理学的研究型博士学位定名的传统下的学院

中文名称	英文名称	缩写	一般所属学制简述
法律科学博士	Doctor of Judicial Science	S. J. D./ J. S. D.	以美国法学院所开创的博士学位命名，由于不少地方的法学教育均有借鉴美国法学教育的情况，因此此学位亦见于加拿大、澳大利亚等地的大学

（二）法学博士的培养目标

法学博士的培养目标是：在本门学科上掌握坚实宽广的基础理论和系统深入的专门知识；具有独立从事科学研究工作的能力；在科学或专门技术上做出创造性的成果。

（三）法学博士的学制

一般法学博士修读期最少为期三年，在此期间学生修毕一定学分的指定课程，并通过博士生资格考试（Qualifying Examination）后，需撰写一篇博士论文并通过论文答辩，获得学院的认可后便能够颁授该学院制度的法学博士学位。

在入学要求上，各院校规定不一，较常见的是要求申请人须拥有法学硕士学位或为法学硕士学位课程的应届毕业生。

（四）法学博士招生的专业

法学博士研究生主要招收法律专业硕士，分为法学理论、法律史、宪法学与行政法学、刑法学、民商法学、诉讼法学、经济法学、环境与资源保护法学、国际法学等专业，主要培养面向法律教学、科研和实务部门的专门人才。

（五）法学博士的学位认证

博士学位是标志被授予者的受教育程度和学术水平达到规定标准的本专业的最高学历的学术称号。在学士学位、硕士学位和博士学位三种学位中，博士学位是最高的一级。

我国的博士学位由国务院授权的高等学校和科研机构授予。高等学校和科研机构的研究生，或具有研究生毕业同等学力的人员，通过博士学位的课程考试和论文答辩，成绩合格，达到规定学术水平者，可授予博士学位。

第三节　学术型法律人才培养体系的构建

一、学术型法律人才培养目标的确定

当前我国学术型法律人才培养体系中存在的一个问题是对学术型人才培养目标的界定不清。学术型法律人才培养目标的确定应当从更加宏观的视角进行阐释。首先，学术型法律人才应当具备扎实的法学知识，具备深厚的法学理论功底。法学知识是学术型法律人才所必须具备的前提素质，也是区分学术型人才与一般懂法民众甚至是实务型人才的重要指标。这里所说的法学知识是从广义上来理解的，基于法律自身的特性，与法律相关的经济学、社会学、历史学等交叉学科的基础知识也是应当具备的。其次，学术型法律人才应当具有严谨的法律思维，具有较高的学术素养与严密的逻辑思维能力。法律是一门专业性极强、涉及面极广的学科，法律思维的运用使得法律问题的解决更加条理化和规范化。学术问题具有抽象性、复杂性，严谨的法律思维对于学者来说至关重要，同时法律思维也是学者从现实法律现象中提炼出学术理论的桥梁。法律思维以法律语言为思维语言，所以还要求学术人才具有较高的法律语言表达能力。从一定意义上说，学习法律就是学习法律语言及其使用，熟练地运用法律语言是法律人的一个基本功。最后，学术型法律人才应当具有坚定的法律信仰；对理性绝对追求，对法学问题具有敏锐的感知力与独立的思考能力，具有勇于质疑与批判的科学精神。学术人才最应具有的是法的精神，而不仅仅是现实规则和简单的法律条文。作为一个追求真理的学者，应该勇于质疑和挑战被自己认为不合乎科学与理性的权威。基于此，学术型法律人才的培养应在基本学术研究能力与学术素质的培养之上再根据学生个体的追求与规划，确定职业方向。

二、教学培养方式的创新

学术型法律人才的课堂教学更注重研究性与启发性。改变目前以教师为中心、以课堂为中心、以课本为中心的"三中心"教学方式，树立以能力培养为核心，知识、能力与素质协调发展的新理念。众学者对于教学方式的改进提出了不少建议，各有创新，在强调学生学习的自主性、互动性与主动性方面达成一致，同时强调即使是学术人才也应紧密结合法律实践。付子堂教授认为中国法学教育和法律职业群体最缺少两类人：具有丰富实践经验的法学理论家和具有深厚理论功底的法律实务家。即使是学术导向的法学教育培养模式，实践培养也是不容忽视的。

苏格拉底的教学法又称问答式教学法，学生和教师在教学的过程中通过互相讨论而探索，不像传统的权威主义方法那样由教师个人演绎，也不像自由主义方法那样让学生"自生自灭"。通过互相之间的讨论交换学术观点，而不再是将自己坚持的理论学说灌输给学生，不容学生表达自己的看法与观点。专题合作模式教学是指将专题任务有计划地分配到团队或小组中，系统地利用师生之间的互动与学生之间的配合，对学术问题进行深度的探讨与研究，激发学生的主动性与参与性。任务的分配要合理，各成员在完成分配给自己的任务的同时，又会与其他人员进行商讨与研究，这样就能更加充分地接触与理解所研究的学术问题，更加全面地分析问题，所得的学术成果也更具有科学性。反过来，学术成果的达成又激发了学生的主动性与学习动力。研讨会模式源于德国，现已成为大陆法系国家最具代表性的法律教学模式。它是以学生为主的师生共同讨论问题的一种研究方式，目的在于培养学生主动探索和研究的精神，培养学生独立思考和解决问题的能力，目标主要定位于科学研究型人才的培养。所以在培养学术型法律人才的教学过程中，我们完全可以灵活地借鉴与运用研讨会模式。案例教学、分组讨论、角色模拟等方式在准备充分的基础之上均可运用到法学学术教学当中，将学术理论的抽象转化为具象，使学生今后的理论研究具备实践基础，激发研讨的主动性，增强师生之间以及学生与学生之间的互动与思想交流，这样更有利于个人的进步与学术的发展。此外还应注意的是，虽然方法理论上是创新可行的，但是要在实践中加以运用还是要靠教育者的引领，要在各方面准备充分的基础之上加以实施，否则将会事倍功半，效果还不如传统的教育手段。

三、课程教学体系

学术型法律人才的课程设置既要考虑法律复杂性、涉及面广的特点，又要考虑实践教学中时间的分配利用。体系的设置要平衡合理，不能走极端。过少的课程达不到培养高学术水平人才的目的，过多的课程则造成资源的浪费。专业方向的课程不可或缺，非专业方向的法律基础课程也是必不可少的，因为虽然经过了法学本科对于法学基础知识的系统学习，但是法学作为一个整体的学科体系，其基本理论与法理具有互通性，往往在研究一个方向的问题时会运用到另一法学专业的理论。法律又是处在发展变化中的，基尔希曼曾以讽刺的口吻说，立法者只要修正三个字眼，整个（法学的）藏书就变成废纸一堆。法律虽具有固定性、权威性，但是在科技飞速发展的今天，条文乃至理论的改变并不新鲜，学术型法律人才要跟上法律发展的步伐，促进法律学术的发展，就要在法学硕士与法学博士学习阶段继续学习非专业方向的法律基础知识与理论。与此同时，各交叉学科的基础知识课程应设置为选修课程，以供不同学生根据自己的兴趣和发展方向来选择。在笔者看来，法律是一门应用型的学科，法学研究，包括法律专业理论问题的研究也是为了更好地解决实践中各社会领域的难题，包括政治、经济、教育等问题。学生在规划自己的职业时总会与除法律之外的另一领域挂钩，所以交叉学科的学习是必要的。教师也可综合考虑实际教学情况及学生个人情况，安排阅读经典法学与非法学专业的经典书籍等作为课程教学辅助，这样在课程之外也保证了学生有足够的精力投入学术研究中，学生有专业教授推荐的书籍目录也不至于在想阅读大家学者的学术成果时不知做何选择。学术教育与实务教育并非矛盾对立而是相辅相成的关系，实务教育为学术教育的源泉，学术的研究离不开实践，因此相关实践教育课程在学术人才的培养阶段也是必不可少的，以实现理论性与职业性的共生融合，互促互进。基于此，有学者提出了法学教育领域的"双师教学"，即为学术指向的学生同时配备一名学术型教师与一名实务型教师。

课程教学体系的设置应突出前沿性与时代性，要能够反映出法学学科专业领域的重大研究热点与学术成就。设置的课程不仅要向学生传递已有定论的法学理论专业知识，同时还要向学生介绍最新的法学学术研究成果、理论，介绍古今中外各法学流派及其学术观点以及法学各领域未来的发展方向、潮流和趋势等，为学生继续深造及理论创新打下牢固的理论基础。同时，课程的设置也应考虑法律职业道德的培养，因为无论今后学生走向何种职业道路，道德都是不可或缺的。高校应开设法律职业道德教育课程，鼓励学生阅读法学道德、学术道德读物，教育者更应以身作则，守好法律职业道德底线，宣扬法律道德精神。

四、质量评估体系

此处的质量意指学术水平。一个优秀的评估系统应该能够更多地激励学生反思未来职业道路、优缺点，指导学生获得相关的学习机会；激励并引导学生在整个法学院学习期间逐渐进行复杂的工作，积极承担更多的责任。评估的目的不应是给学生打一个荒唐的分值，排列一个匪夷所思的名次。期末考试成绩仅能作为一部分评价依据，因为法学是一门实践性很强、灵活性较高的学科，单纯依靠理论知识记忆考核，无法真正促使学生掌握扎实的理论知识和促进学术研究。并且一般书面考试结束后，学生仅得到了一个分值，至于为什么是这个分数、自己的错误在哪均不得而知，因为连考试的卷子都见不到，这样学生的理论水平就无法切实得到提高。质量评价的重点侧重于学术创新与学术成果，此点区别于以硬性法律知识为重点考察对象的法学本科教育与以实务能力为重点考察对象的实务型法学人才的培养。

　　根据学术型法律人才的培养目标来确定评价的机制，以主观性评价为主，从而有效激发并培养学生的理论思维和学术创新精神。论文写作、文章发表、课题研究等均可作为评价考虑的对象，因为大多学术成果体现在这几个方面。老师也可让学生参与自己所研究的课题，并根据学生各方面的表现对其做出评价。高校应当确立学术本位主义理念，把学术科研能力作为研究生考核的首要因素。法学院应确立一个明确而不死板的学术成果评分体系，综合考虑学生的其他科研能力表现。科研实践活动也应作为部分评价依据，因为法律实践对学术的研究是至关重要的，理论正是来源于实践，同时科研实践活动能够很好地训练学生的科研能力。

第六章　法治化视域下大学生法制教育的途径与展望

近年来，高校与学生之间诉诸公堂的法律纠纷屡见不鲜。教育领域中群体法律意识的提高给高校管理工作者带来前所未有的危机感，高校学生管理法治化的倾向和需求越来越强烈。教育和引导大学生树立正确的法制观，有助于预防、减少和正确处理高校与学生之间的法律纠纷，保护高等教育教学管理参与人的合法权益。重视和加强新时期大学生法制教育工作，与时俱进，不断探索新途径和新模式，是时代赋予的一项重任。本章分为大学生法制教育的有效途径、大学生法制教育的未来展望两部分。

第一节　大学生法制教育的有效途径

一、教育目标：确立法律素质培养目标

法制教育并非以知识为唯一目标，其最终目标是提升公民的综合法律素质，但综合素质仍不免具有抽象性。法律素质是个体通过社会实践活动将自己掌握的法律知识内化，并逐渐形成的相对稳定的行为特征和心理品质。在内涵方面，法律素质具有抽象性，且易对其内涵产生歧义。所以用一个笼统的总目标，并不能适应教育效能提升的需求。

德育理论认为，个体的品格是沿着知、情、意、行的顺序发展的，知、情、意、行构成了品格的四个基本构成要素，教育的过程也即培养知、情、意、行的过程，知、情、意、行四个阶段是依次递进、逐步发展的，在不同阶段，教育具有不同的追求目标。

作为德育组成部分的法制教育，德育理论对法制教育有普遍的指导意义，对克服教育目标的抽象化具有启示和指导价值。法律素质为一种品格，它包含

了知、情、意、行四要素，那么法律素质的提升也就可以分为知的目标、情的目标、意的目标和行的目标。

确立全面素质的培养目标有何意义？其一，有利于防止教育目标追求的片面化。当前法制教育目的存在两种倾向：一是法制教育知识化，认为教育目的是培养学生的法律理论素质；二是法制教育理想信念化，认为教育目的是培养社会主义理念。很明显，这种两种观点都具有片面性，理论素质、理想信念都仅仅是素质的一部分，并没有完整反映法律素质的内涵。其二，防止了教育目标的抽象化。关于素质，《辞海》有三种定义：一是人的生理上的原有特点；二是事务本来的性质；三是完成某项活动必须具有的基本条件。在高等教育中，素质应是第三种内涵。按此内涵，大学生综合法律素质可以理解为大学生从事社会实践活动必须具有的法律条件。而此条件具体是什么并未说明，显然它具有很强的抽象性。其三，对实现教育目标具有实践意义。个体品格沿着知、情、意、行的顺序发展，教育的过程也即培养知、情、意、行的过程。分目标不但分层科学，而且符合品格形成发展规律。教育者能按图索骥，教育更加有的放矢，具体表现如下。

（一）以全面提升法律理论素质为知识目标

法制教育知识目标是通过法制教育大学生应当具有的对法制理论知识掌握的程度。知识是培养素质的基础。由于法制知识的基础性，我们不得不认真审视知识目标的内涵。从法制教育的普法性质来看，法制教育不是为学习法律而学习，而是一种智力教育；也不是为研究法律而学习，而是法学理论工作者的任务，是为了增强全社会厉行法治的积极性和主动性，形成守法光荣、违法可耻的社会氛围，使全体民众成为社会主义法治的忠实崇尚者、自觉遵守者、坚定捍卫者。法治教育还是社会主义法治意识的教育，是为了运用法律指导行为，养成规则意识，最终能用法律思维处理工作生活中的基本问题。因此，确定法制教育知识目标范围必须紧紧围绕这一宗旨，既不能一味沉溺于知识的智力教育，也不能流于泛泛而谈的法治精神教育；既不能一味照搬法学教育内容，也不能盲目借鉴大众普法内容；既不能过于深奥，也不能过于肤浅；既不能过于宽广，也不能过于狭隘。需要在全面、深度等方面做出恰当的取舍。

当前高校法制教育，由于教材设置、时间、师资、受重视程度等方面的限制，存在弱化法制理论知识教育和学习的倾向，似乎法治精神和法治理念的形成不需要对法律知识的具体掌握，理论研究也出现了所谓理论知识"无用论"

观点，认为法律知识与法律意识并无正比例增长关系，二者不具有逻辑关联性。

"无用论"观点忽视了一个严重事实：法制观念是植根于法制知识基础之上的，个体若没有对知识体系的掌握，就不能对诸多法律概念、法制理论和法律逻辑予以熟练掌握，容易对是非辨别不清，法制观念成为无可依附的空中楼阁。因为知识影响思想，思想生产观念。没有知识，自然不能形成正确认知；没有正确、系统的法律认知，怎会对法律产生信任之感？没有信任的情感动力，又怎能去践行和维护法律的权威？需警惕放弃法律理论传授的做法。虽然理论知识并不能必然得出法制意识，但前者是后者的必备要件，正如"无用论"观点认为的法律素质培养是系统工程，就不应该忽视其中的一个子系统。

当然"无用论"观点也有贡献，教育不能唯知识，知识不是全部目标，要兼顾其他目标。

（二）以信任法律为情感目标

法律情感，伴随着法制理论认识而产生，是人的法律需要是否被满足的情感体验。"法律的权威源自人民的内心拥护和真诚信仰。"柏拉图曾指出："人在达到完美境界时，是最优秀的动物，然而一旦离开了法律和正义，他就是最恶劣的动物。"伯尔曼指出，若剥夺了法律的情感力量，则法律将不能幸存。在遵守规则方面，归属感、信仰、公正往往比强制力更加有力，而非靠警察强制力量，真正能阻止犯罪的是根深蒂固的守法的传统。伯尔曼深刻阐释了法律对社会生活终极的意义和价值。国内学者也提出，"真正的反抗也许不是某种对抗，而是某种规避或者沉默"。冷漠、消极对待法律的情绪是法制教育的无形阻力，所以积极法律情绪体验非常必要。显然，法律情感是法制观形成的动力机制，积极的法律情感促进正确法制观的形成，消极的法律情感将产生阻碍作用，甚至形成错误的法制观。

根据个体与法律情感的程度，对法律的感情可分为信任法律和信仰法律两个阶段，前者是初级阶段，后者是高级阶段。基于法制教育具有大众普及的性质，过高要求对多数人不仅是不现实的，而且难以实现，因此，当前高校法制教育应当以信任法律为情感目标，待公民法律素质普遍较高时，再将目标提升到最高目标，即信仰法律。

当前我国社会中普遍存在对法律缺乏信任的情况，这与我国的历史传统和现实状况有着密切的联系。其一，中国传统儒家文化对法律信任的制约。儒家的礼文化把持着对中国古代社会的统治地位，礼文化的核心是义务观，强调个体对国家和社会的义务，礼文化单向为统治阶级服务，并把法塑造为暴力和专政的代名词，二者并不在于维护公民的权利，导致公民对法等规则只有恐惧和怀疑，从而敬而远之，不能信任法律。其二，法律工具主义的价值取向成为信任法律的理论障碍。法律工具主义强调法是实现一定社会目的的工具和手段，它是一种关于法律功能和法律本质的法学认识论与法学世界观。法律成为维护统治的工具，以维护统治阶层的利益及政权存在为其最根本的目的，而不是维护大众权益的工具。从人类文明发展来看，单纯的法律工具主义观，会使统治阶级的意志凌驾于法律之上，法律的权威被减弱，法律甚至沦为独裁、暴政的工具，也弱化了大众对它的信任。其三，法律实践中存在的一系列问题是大众对法律缺乏信任的现实原因。如一些法律在制定中程序不科学、不合理，缺乏公众的民主参与，没有真正体现和维护广大人民群众的根本利益；法律制定修订过于频繁，专业化的法律概念和思维，给大众理解和掌握法律造成一定困难，使行为无所适从；还有执法、司法不公，法律实施效率低，与公民对法律实施效果的期望有差距。诸如这些问题，时刻都在侵蚀着公民对法律信任的情感，是造成法律信任缺乏的现实障碍。

要塑造法律信任情感，除了要有社会心理、文化、道德等外在意识形态的支持外，还需要具有良好的法律制度基础和法律实践基础，制定良好的法律并有效地贯彻执行法律。具体要做好以下几方面。

第一，制定良好的法律。较早提出法治观点的思想家亚里士多德指出："法治应当包含两重含义：已成立的法律获得普遍的服从，而大家所服从的法律本身又应该是制定的很好的法律。"信任的对象是法律，但并非所有的法律都能获得人的信任，只有那些反映人民利益和意志，符合社会公平正义标准，对人民利益予以充分保护，对公共权力有效制约的法律，即所谓的"良法"，才能激发公众对法律的情感、信任乃至信仰法律。所以法律之所以获得信任，首先应该是制定精良的法律规范，此是信任之本。

第二，法律得以有效地贯彻执行。法律一旦获得通过，就应当不折不扣地被执行。法律的生命力在于被严格地执行和落实。法律只有获得实施，价值才能彰显。徒法不足以自行。若法律不能被良好地执行，将之束之高阁，任违法者逍遥法外，被侵害者不能获得及时适当的救济和保障，国家、社会、个人正当权益遭受破坏，那么再完善的法律无异于一纸空文，法律的理性价值将被蒙蔽，其也极易沦为人治的工具。法律不被执行，如同人的言而无信，公众自然产生不信任情感。英国思想家培根指出："一次不公的司法判决比多次不公平的举动尤烈。因为这些不公平的举动不过弄脏了水流，而不公的判决把水源给破坏了。"因而，守法、执法和司法领域良好的法律实践是法律信任建立的重要保障。

第三，获得社会心理、文化、道德等社会意识形态的支持。法律作为社会的产物，法律信任的塑造不仅需要制定良法和具有良好的法律实施，还受到社会心理、文化道德等多方面的影响。首先，良好的社会心理是法律信任确立的心理基础。卢梭指出："一切法律之中最重要的法律既不是铭刻在大理石上，也不是铭刻在铜表上，而是铭刻在公民的心里。"因此，遵循心理发展规律，确立积极向上的法治心理和思维显得非常必要，真正实现法文化与法律情感目标的协调一致，发挥其积极的正能量。其次，消除我国传统文化中对法律信任的消极影响，确立公平、公正、平等等现代法文化。最后，发挥道德对正向法律情感确立的促进作用。社会主流道德是法律活动的伦理基础，道德与法律在本质上具有一致性，法律情感受道德的制约，反映社会道德。在社会实践中，通过大力提倡诚实、守信、信任、责任等道德意识，有助于提高公民的道德素质，优化社会道德环境，为法律信任的情感目标的确立提供基础保障。

（三）以养成自觉法律意识为意志目标

法律意志，是个体法律动机冲突中的张力，这种张力直接影响个体法律行为的选择意向，通常表现为行为控制能力的强与弱，是人主观能动性的突出表现，是人类特有的现象，是一种具有独特价值的法律品格。我国社会主义建设的初级阶段，法制建设面临着复杂的内外环境，面临着诸多的困难挑战，也面临着非法治状态下的种种诱惑，而法律权威要靠人民维护，法律意志无疑是维护法律权威、采取法治行为而购买的有效"保险"。意志作为一种心理现象，心理学对其有深入的阐释，林崇德等主编的《心理学大词典》认为，意志是主体根据一定目的支配调节自身的行为，不畏艰难，从而实现预定目标的心理过程。它在人能动地认识和改变外部世界的活动中呈现出来，对人的行为产生坚持或制止等方面的调节作用，并影响着行为的取向和力度。通过意志，人类将内部的意识事实转化为外部的行为，实现认识和改造外在世界的目的。意志的实质是认识和改变世界的心理力量。意志强，则心理力量强大，意志弱，则心理力量弱小；意志力主动，则心理力量强，意志力被动，则心理力量弱。

单纯的意志是抽象的，意志只有与具体形态的结合才具有实在意义。

法律意志是意志的一种特殊表现形式，但法制教育学者对其研究并不多，心理学也鲜有研究。有研究认为法律意志具有自觉性、自制性、果断性和坚韧性四种属性。"四性说"虽然较为全面，但也有值得商榷之处。区分明确、互不重叠是界定事物特性的基本要求，"四性说"有重叠之嫌。自制是自我管理能力的心理，果断是对事物的快速处理心理，坚韧是对事物持之以恒的心理，而自觉具有丰富的内涵，具有自我觉悟到而为之意，自制、果断和坚韧都是法律意志内涵当然的组成部分，这三种心理都以自我觉悟为前提和基础，是对自觉的延伸理解。另外，法律有对自由约束的品性，哈特指出："在任何时间和地点，法律都有一个最为显著的普遍特征，就是它的存在意味着特定种类的人类行为不再是任意的，而在某种意义上是具有强制性的。"显然，法律有对行为自由控制的偏好。为保障个体自由实现，自觉认同法律并依法行事，这是对自由和权利的最好保障。因此，具有良好法律素质的个体，其法律意志必然是自觉性的，而不是被动性的。

自觉的法律执行力是个体在法律规则理性的引导下，体现出的作为或者不作为的意志力。作为包括行使权利的意志力和履行义务的意志力；不作为是对法律禁止事项的执行力。

自觉的法律执行力是法律意志较为稳定的一种心理状态，它包含了主动果断和坚韧的元素，并可以通过教育来提升。法律具有强制性，当主体能够自觉践行法的强制性时，个体的法律意志也就开始构建。所以，培养法律的意志既要发挥个体的自觉性，也要发挥法律的强制性，只有将两者有机结合，形成良性合力，法律意志力的自觉性才能真正培养起来。

（四）以养成法律行为习惯为行为目标

关于行为，心理学有不同的认识。行为主义心理学把人与动物受到刺激所做的反应称为行为。格塔式心理学认为行为是人心理活动的外部表现。现代心理学一般认为，行为是有机体的外显活动。虽然三者的侧重点不同，但综合来看，行为即举止，是行为人受思想支配而表现出来的外表活动。在法学上，行为与民事法律连接，形成法律行为。法学界对法律行为的一般界定是：法律行为是一种具有法律效力的行为，即能够与其他法律主体发生一定权利义务关系的合法行为。不具有合法性的行为以及不能产生权利义务关系的行为，则不是法律行为。可见，在法学语境下，法律行为被赋予了特殊的内涵。本书认为，不能简单将心理学或法学的定义照搬至法制教育的研究中，法制教育应有自己的概念界定模式，需要立足于两种理论对行为基本认识的基础上，为探究法制目标而服务，在知、情、意、行品质的形成过程中来认识界定。基于此，本书对法律行为的内涵界定为：法律行为是指在法制教育中，行为人在法律意志力的支配下而表现出来的符合法律规则的行为。它具有一般行为的特性，也区别于法学范畴的界定，即扩大了法律行为的范围，符合法律规定，即使不产生权利义务关系的外在表现，也纳入法制教育的研究范畴。因为人的行为并不都是产生权利义务关系的，在法律理性的引导下，也有非特定权利义务指向的守法行为的发生，而且这些行为也普遍存在，并且普遍守法也是在公民综合的法律素质中体现，忠实地践行法律是个体难能可贵的品质，由知到行对个体是巨大的考验，是受教育者由量变到质变的过程。

2013 年发生的轰动世界的美国"棱镜门"事件，事件的主角斯诺登本系美国公民，曾供职于中情局，因为披露美国政府对民众的不法秘密监控计划——"棱镜计划"，而受到美国政府的全球通缉，欲除之而后快，导致他不得不避难于他国，有家不能回，有国不能报，事件很快使美国陷入丑闻的旋涡中，一时成为敏感的国际事件。在沸沸扬扬的事情背后，应该如何认识斯诺登行为的本质？人类文明发展到现阶段，隐私权是法律赋予公民的基本权利，是被写入各国宪法和《世界人权公约》的，任何人不得非法侵犯。斯诺登出于个人道德责任和法律的使命感，告知公众政府毁坏隐私的行为，背负巨大的压力对监控计划予以披露。他在风景美丽的夏威夷有稳定的工作，20 万美元的年薪，家庭关系和睦，为何放弃"舒适的生活"而选择了解密？斯诺登给出了这样的解释："我愿意牺牲这一切，因为我无法对美国政府泄露隐私、破坏网络自由和基本自由的行为视而不见。他们偷偷建造了大型监控机器。"解密行为不是为了汲汲名利，"相反地，我把我知道的事情向公众公开，因此，我们所有人可以在光天化日之下，讨论影响着我们所有人的事情，我向这个世界寻求的，是正义。"对公民自由、权利的追求和维护，成了斯诺登解密的精神支柱。该事件的揭露使人们对美国的不法行为有了清晰的认识，斯诺登也因此获得了世界网民的支持和赞赏。抛开国别、抛开事件背后的国家间政治博弈，作为一名有良知、富有责任感的公民，斯诺登给社会公众上了一堂良好的示范课，人们不仅要知晓法律，还要有勇气和谋略做法律忠实的践行者，即使面对的是强大的政府。所以，个体法律认知到法律行为的外化是法制教育从量变到质变的过程。

一般来看，个体对法律知识准确把握、情感上信任法律、意志上自觉履行法律，与个体法律行为会呈正向的发展关系。但是，由于外部环境和个体心理因素的复杂性，在很多情况下，受教育者的知、情、意、行等要素并不能协调一致，会出现不平衡性。尤其是从意向行的转化过程中，由于个体的法律情感淡薄、自觉性意志不够强，会出现言行不一、知法犯法的情况。

如何将个体的法律思想外化为法律行为，并持之以恒形成习惯？除了外在环境等原因，更需要从教育内部寻找解决之道，因此，需做好以下两方面工作。

第一，有针对性地开展教育。教育者必须准确把握受教育者法律素质诸要素的状况，确定缺少的要素和薄弱环节，在此基础上，有的放矢，确定教育的重点和发端，改变发展不平衡的状态。如对那些法律知识水平不高者，要从传授法学知识入手，提高其法律认知能力；对那些法律情感薄弱、对法律信任不够者，要加强法律规则思想理性的灌输，使其改变对法律理论的片面性认识，通过感受我国法治实践的伟大成就来增强其法律情感的实践体验；对意志薄弱者，要陶冶其情操，锻炼其意志，提高其自控能力。

第二，加强法律思维训练。法律思维是运用法律规范、法律原则、法律精神和法律逻辑对所遇到或所要处理的问题进行分析、综合、判断、推理而形成结论的思想认识活动与过程。它是运用法律依据（法律规范、法律原则和法律精神）对问题进行分析、判断和推理，形成认识与解决问题的方法和决定的过程。思想是行为之源，只有具备了正确的思维方式，才能对行为进行选择、比较，并使之完善和理性化，可见法律思维是法律行为的思想保证。

综上，对任何方面的忽视，都会造成个体综合法律素质的不完整。另外，法律品格并不是有关法律知、情、意、行的简单叠加，而是这些目标的交融与渗透。因此，培养法律品格必须将这些分目标整体考虑进去，和谐划分目标间以及分目标与总目标间的关系。

二、教育者：培养高校法制教育职业共同体

目前，高校法制教育者间在专业方向、教育理念、教育实践能力等方面差别较大，与社会对法制教育效果的期待尚有差距，因此必须关注教育者群体。高校法制教育的目标、内容、计划等方面具有高度的一致性，对教育者的关注，必然是对教育者全体而非个别群体和地区的关注。如何提升该职业群体的有效性，笔者认为构建法制教育职业共同体是必然选择。

（一）构建学会组织网络，加强理论引导

构建组织的骨干网络，提升组织的理论引导。理论上，高校法制教育职业共同体涉及全体高校法制教育者，人员众多，全部以明确的身份加入一个社团或组织是不现实的，当然也没有必要。共同体强调专业素质和精神的内在统一，

以及外在行为模式的专业性。20 世纪 60 年代末，自组织理论（Welf-Organizing Theory）被提出并发展，该理论观点为复杂的社会系统可以自动地由无序走向有序，由低级有序向高级有序发展。基于此理论，高校法制教育系统也自然具有自组织能力，通过借助一定组织形式，能自动将松散的群体转化为整齐划一的整体。在具体层面，提升系统组织的理论引导、构建组织的骨干网络是其必然要求，从业务职能方面看，成立高校法制教育研究会和区域性的法制教育职业共同体是其重要途径。

学会是一种学术团体，是社会实践和科学发展的产物。作为科学领域的组织，学会在推动科学事业发展中发挥着不可替代的作用。在功能上，学会拥有知识密集的队伍，能够有效挖掘科学工作者的巨大智慧；其具有跨行业、跨地区的特点，利于人才的发现和培养；其开展科学研究，对决策具有咨询作用；其还具有开展国内外学术交流，获取情报和资料的功能。当前我国学会组织呈现组织繁茂、类别细化的趋势。自改革开放以来，我国经历了四十多年的法制教育发展历程，高校法制教育在依法治国和社会发展的重要地位与价值也越来越被认可，但从笔者查阅的资料看，并未成立高校法制教育研究会，研究者往往被纳入法学、思想政治教育或德育研究的学会中，"重视"法制教育，而"不重视"法制教育理论，理论是科学之本，是教学之基，这有本末倒置之嫌。随着社会的发展，法治实践也面临着一些新问题，需要法制教育予以适时回应和支持。这种"不被重视"的局面已经不能适应新形势下的法制教育发展，需要及时消除被"边缘化"和"从属化"的状态。事实上，缺乏专业学会的理论引领，法制教育理论研究一直处于自发的、零散的、"各自为战"的状态，这是高校法制教育理论体系不能构建的重要原因，寻求学术组织建立是提升理论研究水平的有力保障。

高校法制教育研究会的功能与法制教育紧密联系。其功能主要包括以下方面：法制教育理念的传播者和引导者；学校法制教育、社会普法的智囊；筹划法制教育制度和体系的组织者与协调者；法治信仰的培育者；法制职业共同体的专业研修基地；法制教育理论研究和实践的平台；法制教育成果的展示窗口；培养、挖掘、锻炼法制教育人才的重要场所；向社会进行法制教育的重要组织。

高校法制教育研究会的组织体系应该具有多种形式。首先，在地域上，可以成立全国性法制教育研究会和地方法制教育研究会。地方可以按照省级行政区划设置，有条件的可以设置到市县区域。地方研究会，立足于所在地区，重点开展具有针对性、现实性的研究；国家级组织立足于全国，开展全局性、重大性和基础性的研究。其次，根据不同教育阶段，成立大学法制教育研究会、中学法制教育研究会和小学法制教育研究会，各学会根据不同教育阶段学生的心理特点、认知规律等，对教育目标、教育内容、教育方法、教育载体等开展特定化研究。高校是人才的集聚地，也是社会的思想宝库，在不同教育阶段的学会中，高校法制教育研究会应当发挥引领作用，做好高等教育阶段与其他阶段的衔接研究。最后，根据研究内容的侧重点不同，可以成立法制教育理论研究会、法制教育实践研究会。前者侧重基础理论的研究创新，构建法制教育理论体系；后者侧重实践操作、提升对策、实证调研等方面。多层次、多角度的研究会将对教育者进行立体式、全方位的覆盖，能产生深远的理论指引影响，也提供了交流、学习的平台，是法制教师重要的自组织化形式，是法制教师共同体形成的组织保障。

（二）开展职业素质培训，形成共同职业思想

教师共同体的目标是每个教师个体的专业发展和教师群体的共同发展，而不是某个人的发展与成功。开展职业素质培训，利于形成共同的教育观念、知识体系和有效的教育方法。加强教师培训和管理显得尤为重要。

培训是一种有组织的知识传递、技能传递、标准传递和信息传递的行为，它是正确思维认知、基本知识和技能构建的过程。虽然法制教师普遍接受了中高等教育，但是这种教育只能提供一些基本的专业知识和层次很低的技能。法制教育是全国范围内的一项大型教育活动，必须进行多层次的技能培训。在过去，法制教师培训，一般是针对新任教师的，但当今是知识经济时代，海量的知识和信息被生产、被传播。与巨大的知识信息相比，个体将不可避免地出现"知识贫乏"，已有的知识变得支离破碎，学习的速度变慢，要学的知识太多，个体学习的有限性、滞后性与知识的无限性、快速生产性形成了巨大的反差，培训是改变这种状况的重要途径。培训意义重大，需要明确责任主体。教育部门是当然的责任主体，学校也应当发挥积极作用，提供时间、场地和资金支持。教育行政部门负责跨校间的培训与管理，学校负责校内的培训与管理。培训内容要由"补缺型"向"挖潜型"转变，以往"缺什么、补什么"的培训模式，已经不能适应知识经济的挑战和法制教育面临的新形势，以提升法制教育专业素质为目的，挖掘潜能、变革思维、更新观念。这主要涉及两部分内容，即教育素质和法制理论质素。法制教师是教育者，应当掌握教育学和心理学的专业素质，拥有科学的教育理念，掌握有效的教育方法，这是做好法制教师的前提

和基础。法制理论素质的内涵丰富，包括扎实的法律知识和法学理论、坚定的法律信仰、科学的法律思维，专业知识是教育发挥影响力的载体和工具，专业知识不强，则"巧妇难为无米之炊"，空洞说教不具有说服力，读概念、照本宣科式的教育必须停止。

（三）完善教师管理制度，以外压力促内动力

管理学理论认为，管理是在特定的环境条件下，以人为中心，对组织所拥有的资源进行有效决策、计划组织、领导、控制，以便达到组织目标的过程，管理具有决策、计划、组织、人员管理、指导与领导、控制与创新等职能。科学管理之父弗雷德里克·泰罗（Frederick Winslow Taylor）认为："管理就是确切地知道要别人干什么，并使他使用最好的方法去干。"泰罗认为管理就是指挥他人用最好的方法去工作。套用一下，法制教师管理就是能让教师用最有效的方法进行教学。学校办学依靠的是教师，教师既是教育者，也是被管理者。良好的教师管理，将极大发挥教师的潜力，是学校长盛不衰的有效途径，也是提高教育质量的根本保证。学校管理应当树立依靠教师办学，依靠教师管理的思想，有效执行教师管理职能，建设专业配套、协调配合、结构合理、数量适度，具有高素质的教学和科研队伍。这就要求必须处理好以下方面的内容：教师享有的权利和应当履行的义务，是基础；教师的资格与任用，是重要内容；教师的培养与提高，是途径；教师的待遇与奖励，是保障力；教师的考核与评价，是督促力。教师的考评是教师管理的重要环节，既能调动教师的积极性，也能帮助教师客观地认识和衡量自我，完善自我，总结经验，改进工作。教师管理的核心是调动教师的积极性、主动性和创造性。管理是一项工作，它具有一定的技巧，一般来说，可以采用目标激励法、关心激励法、动机激励法、奖罚激励法等进行管理。完善的教师管理制度，既能从外部给教师以压力，又能从内部生成工作动力。

（四）激发教育者能动性，由自发向自觉转变

激发教育者的主观能动性，有助于个体行为从自发向自觉转变。无论行动者之间是否具有共同利益，只要他们在主观上就某项行动达成了一致的意向就能开展共同行动。共同认知是共同行动的前提条件，而共同认知离不开个体主观能动性的发挥。主观能动性，是人类特有的、在实践的基础上能动地反映客观世界与改造客观世界的活动和能力。简单来看，就是人有意识、有目的地进行一定的活动。在性质方面，主观能动性是人主观意识与活动对客观世界的反作用，在本质上是人的创造性和自觉性的体现。当前一些教师的知识更新具有

被动性，为教而学、因学而教，知识的储备不足，预见性不强，学习的动力往往来自外部，具有一定的消极性和被动性。"有意识的生命活动直接把人跟动物的生命活动区别开来。"人的主观能动性将使人的活动发挥巨大的创造性。因此，发挥教师主观能动性是教师共同体构建的必然要求。

如何从被动到主动、从自发到自觉？教师需要是否得以满足是关键。应当关注法制教育者的需要，采取提高教师工资待遇、设置公平公正的奖惩措施等方法，消除法制教育不被重视的状况，满足正当需要，构建法制教育者价值实现的平台。需要满足动力机制一旦形成，必然极大激发教师的自我主观能动性。

三、受教育者：发挥大学生主观能动性

作为与教育者对应的主体——受教育者（大学生），他们的有效性问题即需要什么、以什么样的态度和怎么实现需要的问题。

（一）提升教育对大学生的需要满足度

在生存和发展过程中，人必然会对客观世界中的某些东西产生需求，这些需求反映到人的头脑中，便形成了需要。简单来看，需要就是人对某种目标的渴求或欲望。需要能改变人的行为态度，当需要被体会得越强烈，活动也就越积极，活动就越有力量，效果也就越好。

党的十八届四中全会《中共中央关于全面推进依法治国若干重大问题的决议》强调指出"人民权益要靠法律来保障"，这是对社会大众法律需要的肯定。还指出要"健全依法维权和化解纠纷机制""引导和支持人们理性表达诉求、依法维护权益，解决好群众最关心最直接最现实的利益问题"。在立法方面，要"依法保障公民权利，加快完善体现权利公平、机会公平、规则公平的法律制度，保障公民人身权、财产权、基本政治权利等各项权利不受侵犯，保障公民经济、文化、社会等各方面权利得到落实，实现公民权利保障法治化。增强全社会尊重和保障人权意识，健全公民权利救济渠道和方式"。这些是对社会大众法律需要的具体落实和保障。可见，法治具有满足人需要的属性，以其为内容的法制教育，也自然具有这种属性。法制教育作为一种客观存在，其背后也应有深深的需求。需求的满足体现了法制教育的价值所在。

人的活动始于人的需要，是人的需要不断地推动着人的实践活动的逐步深入和扩展。人的活动的目的和归宿最终也是为了满足人不断丰富着的、永无止境的需要。需要是人本性的一部分，是人本质力量的体现。需要是客观、普遍存在的，不能想象世界没有需要的情景，那样人将不复存在，有机体世界也将

不复存在。人行为的背后都隐藏着一定的需要。研究高校法制教育有效性，应将富有生命力的大学生的需要作为问题的起点和归宿。那么，是否满足主体的需要便成为事物价值判断的标准。法制教育具有很强的政治性，是在国家主导下进行的，体现出了一定的国家意志性和目的性。但是这种教育是嫁接在个体需要这棵树桩上的，假如教育顺应了个体需要，个体的主动性将被充分调动起来，枝繁叶茂，勃勃生机，也将硕果累累，嫁接成功；但如不能满足需要，个体是消极的、被动的，枝枯叶败，生机萧瑟，不能结出果实来，嫁接失败。显然，法制教育越能满足个体需要，越能体现出法制教育的价值之大；法制教育若不能满足个体需要，则体现出教育价值之小。

马斯洛将人的需要划分为五个不同的层次，各层次间呈递进关系，并认为人在一定时期同时存在多种需要，其中优势需要表现最突出、最强烈。马斯洛的需要层次理论对法制教育实践有引导意义。将需要与激发大学生主观能动性联系起来，应当做好以下三方面。其一，教育要直面大学生需要，并为实现需要服务。传统文化中的"存天理，灭人欲"，是对人性的压抑。教育若不回应个体的欲望或要求，若不能解决实实在在的问题，其合理性将不复存在，只会流于形式。其二，抓好优势需要。将表现强烈的优势需要作为重点，优先满足，解决主要矛盾。其三，教育要有针对性。不同时代的大学生所具有的法律素质状况和需要是不同的，即使同一班级的学生，因为个体的经历、家庭环境等差异，其法律需要也会有差异。因此，必须具体分析个人的需要，采取不同的应对措施，因材施教，从而提高法制教育的有效性。

（二）引导大学生积极参加社会实践

法制社会实践是大学生认识并参与我国法制建设的实践活动，是高校法制教育的重要环节。法制社会实践是法律价值体验的基础。在接受知识方面，任何经验都不如直接体验更加深刻。通过法制社会实践活动，大学生能科学理解我国社会主义法治体系的内涵，深化对党和国家的法制政策的认识，对提升综合法律素质具有重要意义。培养综合法律素质的过程，是不断进行社会实践的过程。因此，高校法制教育者应当以中国特色社会主义法制理论为指导，在遵循大学生思想品德形成和发展规律的基础上，以促进大学生全面发展为目的，引导他们走出校门、深入群众、深入基础、深入实际，积极开展社会调查、志愿者服务、生产劳动、公益活动和勤工助学等多种形式的社会实践活动，使他们在实践过程中受教育、长才干。

当前，法制社会实践活动的方式主要有法制宣传活动、法律援助实践活动和法制实践调研活动。法制宣传是为了增长社会公众的法律知识，提高其法律水平而进行的普及性法制教育活动。法律援助实践是对社会特殊困难群体提供无偿法律帮助的活动，是社会公益事业的一种。法制实践调研是指为实事求是反映和分析法制建设中的问题而进行的调查和分析活动。另外，我国广泛开展的大学生青年志愿者活动，是一种教育效果很好的社会实践活动。通过开展社区服务、帮孤助残、文教扫盲、环境保护等社会公益活动，大学生为他人和社会服务，不仅使自己学业进步，而且了解了我国法制建设现状，对建设社会主义法治国家更加具有使命感和责任感。

引导大学生参加法制社会实践活动，要注意做好以下方面的结合。一是将社会实践与党政工作的热点相结合，引导大学生主动把我国的民主法制建设作为社会实践的主要内容。二是将社会实践与专业成长相结合，引导学生理论联系实际，在实践活动中检验所学知识，切实把握新知识。三是将社会实践与未来就业相结合，既要学会运用法律保护自己的合法权益，也要以法律要求自己的职业行为，以顺利踏入社会，转化社会角色，解决就业中的矛盾和困惑，以增强社会实践的吸引力，充分发挥其参与社会实践的主观能动性。

（三）促进大学生有效开展自我教育

自我教育就是个体在外部环境的作用下，以自我意识发生为基础，不断提升和完善自我而进行的个性化实践活动。具体在法制教育方面，它是学生按照高校法制教育的目标和要求，主动提高自身法律素质的实践活动。大学生的自我教育是化解高校法制教育基本矛盾的关键步骤，也是教育是否有效的重要方面。我国著名教育家叶圣陶说过："凡为教，目的在于达到不需要教。"苏霍姆林斯基也指出："促进自我教育的教育才是真正的教育。"显然，促进自我教育一直是教育追求的目标，是受教育者的一种较高境界。因而，在高校法制中，要重视大学生的自我教育，充分调动大学生的主观能动性，使高校法制教育产生持久的效果。可见，重视自我教育是高校法制教育的内在要求。

第一，自我修养。自我修养包括自我认识和自我转化两个阶段。所谓自我认识，即大学生自己能明确意识到自身法律素质的现状、优点及不足，这是自我修养提高的前提和基础。我国自古就有"人贵有自知之明"，法国大教育家蒙田也说过："这世界上最重要的事情，无论从哪个角度说，都是自己彻底了解自己。"当前大学生对实现法治热情较高，面对社会的非法治现象，常将其归结为法律制度不完善、社会腐败、长久的人治传统，将法治的障碍外化，似乎法治是别人的事情，或是外界的给予，与自己无关。事实上社会法治化是国家和公民相向作用的良性活动结果，离开了任何一方，法治都将难以实现，每一个个体都是负有责任和使命的。因此，应当引导大学生客观地分析、评价自己，从而全面、客观地认识自己。

自我转化即大学生在自我认识的基础上，在参加法制社会实践中发挥主观能动性，自觉主动地进行自我剖析、自我反省、自我批评，重新确立目标，使其法律素质进一步完善。这个过程也就是个体法律品格从知到情、意和行的转化过程，也即法律品格的形成过程。自我转化是非常关键的实施过程，没有自我转化，自我认识就缺乏存在的价值基础，自我修养也就落空。

第二，自我管理。自我管理，是大学生自觉地运用法律规范来约束自己，调节自己的言行。简而言之，自我管理就是自律。法治社会是一个个性张扬的社会，有些学生错误地认为个性张扬就应该享有"绝对权利""绝对自由"，大学生缺乏社会历练，对社会认识不深入和不全面，自我控制能力较弱，使得他们自我教育容易偏离正确的方向，影响教育的效果。因此，高校法制教育应当发挥学校学生自我管理机构的作用，如学生会、学生党支部、团支部、学生自律委员会班委等，在参与院系的民主管理的过程中，在面对众多同学之时，首先要做到以身作则，才能调动广大学生自律的积极性。

四、教育内容：优化高校法制教育内容

（一）序列化法制教育内容

序列化法制教育内容，是将法制教育内容根据学生的生理、心理特征和思想形成规律，科学地进行分解和排列。其实质是教育内容的顺序要与教育对象的思想认识、理解力相契合。美国著名教育家杰罗姆·布鲁纳指出任何一种教学理论都应当详述最有效果的教学序列，在此序列中提出所计划的学习材料。任何个体对知识信息的接受都有其内在的序列，按照这个序列依次进行相应的教育是法制教育必须遵循的基本原则。高校法制教育的基本依据是国家普法教育宣传纲要，教育内容要具有梯度性。

1. 在不同年级阶段确立不同的教育重点

由于法律品格的形成具有阶段性和连续性，对不同年级阶段的大学生，教育内容的顺序和侧重点应当有所不同，整体呈螺旋式上升轨迹。按照年级的不同，可以将高校教育划分为低、中和高三个年级阶段，低年级阶段是大一年级；中年级阶段是大二、大三年级；高年级阶段是大四年级。在不同的年级阶段，教育内容应各有侧重。首先，在低年级阶段，主要进行法律认知教育。对一年

级新生主要通过新生入学法制报告会、法庭进校园、法制理论讲座等教育活动，让他们认识到不法行为不但会给社会造成危害，也会给本人和家庭带来不幸；同时，此阶段可加强刑事治安管理处罚等方面法律的理论教育，通过法制理论讲授，使他们对法的理性和秩序产生向往，从而在正反两方面增强规则意识。其次，在中年级阶段，主要培养大学生的法律情感和意志。大二、大三是大学生法律素质形成的关键期，要把法制教育与各学科教育结合起来，通过各种社会实践以及对法制理论的深化，培养他们自觉的法律意志。最后，在高年级阶段，重点培养法律行为。四年级的大学生面临就业，走向社会，如何践行法律成为教育的重点，在此阶段通过进行与就业、未来生活、工作相关的法律教育，如劳动法等，给他们的行为予以实际有用的法律指导。综合来看，序列化是建立在个体品格发展规律基础之上的，根据大学年级的不同，在低、中、高年级，分别有重点、有步骤地培养大学生的知、情、意、行品格，而不是现在将法制教育仅仅放在一年级的一个学期，这是一种笼统、粗放式的教育模式，什么都想做，但结果往往是什么也难以做好。根据年级不同，对内容的序列化，不仅使法制教育有效覆盖了大学全部阶段，而且符合个体的认知和发展规律。

2. 优化知识内容

高等教育是我国学校教育的有机组成部分，小学、初中、高中和大学都按照国家规定开展相应的法制教育，应当形成渐进、科学、合理的内容体系。但当前高校法制教育内容覆盖全面而广泛，包含众多的知识点，导致法制教育概念化，不能深入分析法的精神，重点不突出。因而做好法制教育内容的优化和衔接显得尤为重要。下面以"基础课"内容为例进行分析。

第一，"基础课"第八章介绍我国宪法制度，其中两节对我国的国家机构和国家制度予以介绍。事实上，此部分内容已经被安排在高三阶段的政治课中，也就是说大学生对这部分知识已经有所了解，内容的重复设置占用了高校法制教育有限的内容资源，其必要性值得商榷。

第二，在对实体法律制度的介绍中，专设一部分内容介绍犯罪种类。按照犯罪客体的不同，将犯罪分为十大种类，这些犯罪涉及生活的各个方面，罪名达到450个，每一个罪名都有其特定的主客观犯罪构成标准，对法律专业人士来说掌握都非常困难。这些抽象罪名的罗列，对非法律专业的学生无异于"天书"。法制教育是让学生了解基本的法律知识，并且应该是与学生自身发展具有相关性的。因此，从法制教育的普及性而言，设置犯罪类型的内容确实有"要求过高"之嫌。

教材作为教学的重要载体，既要符合学科的逻辑体系，也要契合教育与学习的规律。要详略得当，该粗的地方要粗放，该细的一定要细化，校园中常见的违法犯罪，如盗窃、故意伤害、计算机犯罪等应该不惜笔墨，重点介绍。在我国传统教育中，缺乏权利教育而多讲义务，对权利启蒙不够，这与法治社会注重对权利的保护不符，所以在内容设计上应该适当加强。高校法制教育并不像法律科班学生强调专业性，但是至少保证够用，像计算机程序一样，先把基本需求预设进去，在需要时方能从大脑精炼提出。

　　这要求"基础课"应当深入介绍与大学生联系紧密的法律制度，不应拘泥于某种理论体系的完整性，这也是法制教育与法学教育的区别之一。

　　3. 对不同地区确立不同的侧重方向

　　对于不同地区的大学生，法制教育内容的侧重点、序列性也应当有所不同。对我国中西部地区的大学生，应当侧重用"权利本位""契约自由""社会公平""效率优先"等现代法的精神去培养和教化，以形成法律的规范、协调、教育、惩戒等社会功能观点，树立正确的义利观，因为中西部受传统文化的影响更加深远，我国传统法文化强调服从和义务。对东部地区的大学生，应侧重权利和义务平衡、诚实守信、社会秩序等教育，因为东部沿海城市开放之便利，开社会风气之先河，经济与国际接轨紧密，观念开放，权利意识较强，应当加强权利和义务的一致性教育，不能强调权利而忽略义务，不能为了一己之私而置社会风俗和秩序于不顾。

　　总之，高校法制教育工作要与时俱进，不断改革和创新教育内容，根据社会发展变化序列化，确定教育内容，要贴近大学生的实际状况。需要注意的是，在强调整体的序列时，不能无视个体的序列化。就整体而言，受教育者对信息接受有共同的规律和特征，但是由于个体的成长是不断发展的过程，在不同的环境和成长阶段，个体所表现出的接受特征、合适的接受顺序是不同的。当前，高校法制教育多采用大班制教学，面对众多的学生，教师往往难以兼顾个体的特殊性，难以开展有针对性的教学，如何协调法制教育整体序列化和个体序列化的关系，是理论研究必须面对的问题。

　　（二）时代化法制教育内容

　　当前，高校法制教育的内容是由国家统一规定的，主要由三部分构成：国家统编教材《思想道德修养与法律基础》、国家普法规划文件以及党和国家的文件之中关于法制教育的内容。从我国对法制教育的定位来看，教育内容并不是封闭的、僵化的，教材《思想道德修养与法律基础》构成了法制教育的基础，但并不是唯一。法制教育是在一个特定时代下进行的，要反映时代，并且服务于时代，时代性是法制教育内容的必然要求。

一方面，法制教育要关注现实理论。法制教育要将党和国家对法制教育的新理论、新政策、新要求融入教育中。法制教育既是知识教育，更是政治教育，目前，我国把法制教育归属于思想政治教育的范畴，法制教育必然要承担相应的政治功能和责任。在法制建设中，党和国家提出了一系列的理论、政策、要求。如党和国家经过实践探索提出了"三个代表"重要思想理论、群众路线理论、依法治国理论、和谐社会理论、科学发展观理论、社会主义法治体系等，这些理论与中国特色社会主义现代化建设实践活动密切联系，且具有重要指导意义，在法制教育中，应当予以大力倡导，有效弘扬。

另一方面，法制教育要关注现实问题。关注现实问题就是要将社会关切的重大问题和热点问题融入法制教育中，只有与现实有效结合，法制教育才有生命力。党的十八大报告指出了我国未来前进道路上的困难和问题，如"发展中不平衡、不协调、不可持续问题仍然突出""城乡区域发展差距和居民收入分配差距仍然较大""一些领域存在道德失范、诚信缺失现象""一些干部领导发展科学能力不强"等现实问题，面对问题，法制教育不应回避，要敢于迎难而上，寻求用法治智慧破解社会实践难题，为党排忧，为国解难。不断通过理论创新和实践探索，在人的内心开展实际训练，以切实树立法治思维，养成法律行为方式的习惯。在法制教育中，要以法治的思维引领问题的解决，力避理论的空洞说教，把现实问题作为法制教育的重要载体而予以挖掘和拓展，使受教育者茅塞顿开，胸有成竹。

（三）生活化法制教育内容

生活化法制教育内容的实质就是将抽象法制理论逆转化为现实生活的过程。抽象性是法的基本特征之一，体现了法对现实生活的高度抽象、概括和规制的特点。但法制教育若停留于理论、抽象的思辨层面，就走入了死胡同，而与实践结合才是其生命的根本，生活化法制教育是革除现实教育弊端的良药，不但能使传授的法制思想富有生命力和充满生命气息，防止蜕变为单调无味的、空洞僵化、令人生厌的知识挪移，成为外在于人存在的东西；而且能激起受教育者内部心理活动，易为受教育者所接纳。既然法制教育内容——法制理论来源于具体、丰富的生活，是对现实社会的映射，那么有效的法制教育必然是将法制理论还原于丰富多彩、生动而复杂的社会生活的过程，相对于立法，这是逆转化的过程，从生活出发，对法制教育进行本体定位，是教育思维方式的哲学转变，即从本质主义的思维方式到实践的生成的方式。在当前法制知识由国家统一供给的情形下，教育内容生活化是一项具有挑战性的命题。需要注意以下几个问题。

第一，法制教育的主题和素材来源于生活。加拿大著名价值教育学者克里夫·贝克（Clive Beck）指出："在教室、在礼拜场所、在会议中，我们时常盲目追随理论和极端的理想，而忘记了现实生活的本来面目。""目前，伦理和价值的直接传授是太'学术味'了。大多忽视了日常的价值问题。……它应该是清楚、有趣、综合的，充满日常实例并具有实践价值。"确立法制教育的主题，不应该从各种抽象的大道理、脱离现实生活而带有理想化和崇洋媚外的视角出发，而应该从现实生活中遇到的各种社会的、道德的、心理的问题与困惑出发，围绕人们普遍关注的法治热点、焦点来选择、确定法制教育的具体内容。

还要注意，群体生活中遇到的带有共性的法律问题是确立面向大学生群体进行法制教育主题的依据。要充分利用各种社会生活方面的教育资源，尤其要重视教育对象身边的各种教育素材和资源，以受教育者亲身经历或感同身受的生活事件激起法治体验和感悟，促使积极思考，催生正确的法治思想。

第二，法制教育内容的组织，应按照生活的逻辑来组织，而不是从知识的逻辑出发来设计。一般而言，人的生活随着年龄的增长和实践活动范围的不断扩大而逐渐丰富。因此，高校法制教育的内容组织编排应紧密结合大学生的生活进程，与个体的生活进程保持最大限度的一致，这样更能达成教育的有效性。而以往的法制教育内容与个体生活往往存在脱节的问题，不是密切跟踪受教育者的生活顺序，而是按照抽象的教条或知识自身的逻辑结构来组织，甚至是与大学生的生活顺序背离的。如大学生绝大多数缺乏国际经济事务交往的体验，未来即使有也是少量的，缺乏生活的阅历积累，导致该教育犹如纸上谈兵。

第三，从受教育者所拥有的生活空间、生活现实的方面来选取法制教育的内容。首先，要做好制度供给的知识传授，尤其要做好与生活联系紧密的刑法、劳动法以及专业相关法等的教育。其次，要对大学生的学习生活领域进行全方位的审视，把以前未纳入法制教育内容但又有教育意义并需要引导的领域纳入法制教育的范畴中，如科技法律、生态法律等。最后，要随着社会的发展和生活的不断丰富，不断开拓法制教育内容新的领域，针对生活中的新问题开展法制教育，如网络生活的法制教育问题、生命法制教育等。

五、教育方法：增强与接受心理的契合度

接受，在汉语词典中是接纳、承受之意，具有积极、主动、自觉的意味。学者王敏在其著作《思想政治教育接受论》中认为，接受是"接受主体处于某种需要对客体的反映、择取、理解、整合、内化及外化践行的过程"。接受的过程是接受主体和接受客体双向建构、双向发展的过程。完整的接受观应该将理解和运用统一起来。接受应当包括两个阶段：内化和外化。内化是接受主体对客体的信息的择取、理解、解释和整合，外化则是接受主体在内化的基础上的行为表现。这种认识较为全面、科学地揭示了接受的本质。

关于心理，在心理学研究中，多从心理现象和心理实质两个方面来理解。从现象上，心理是感觉、知觉、注意、记忆、思维、情感、态度、动机、意志、能力、气质、人格等心理现象的总称。从本质方面，心理是对客观外部世界的主观反映。一方面，心理是大脑的一种机能，大脑是心理的中枢；另一方面，心理是客观存在的主观反映，心理是主观与客观的统一，实践活动是主体同客观世界联系的桥梁中介。由上分析可知，心理是对客观外部世界的主观反映，是人各种心理现象的总和。

当前，接受心理在业界也被广泛地使用，但予以准确简明、概括性强的概念界定较少。可以借鉴的是，王丽荣提出了相关理论："接受心理是在环境作用影响下，接受主体出于自身的需要对接受客体进行反映、选择、理解、解释、整合、内化的各种心理现象的总称。"该观点将"接受"和"心理"两个概念结合，揭示了对象的本质特点，将容易与之混淆的对象区别开来，具有较强的逻辑性。

接受心理与接受关系密切，二者相互作用。一方面，接受心理决定和制约着接受，是接受效果的前提。即使对同一接受客体，由于认知水平、情绪状态、个性特征等心理的不同，其接受的效果也呈现差异化。接受心理对接受效果具有巨大影响。另一方面，接受的效果也对接受心理具有反作用性，调控接受心理。

在遵循接受规律的基础上，合理选取教育方法，是法制教育有效性的方法保障。教育方法契合接受心理是法制教育的起点，也是始终要贯彻的指导思想。

（一）增强大学生的自我效能感

自我效能感是指人们对于自己能否成功开展某项行为的主观判断。美国著名心理学家班杜拉在《思想和行为的社会基础》中提出了自我效能感理论，认为个人对某项活动结果的期望，能促使其主动进行该活动，于是自我效能感成

为人行为的决定因素。该理论在研究人的动机中，将人的认知、情感和需要进行了有机融合，对教育具有启示意义。

在法制教育中，如何提升大学生的自我效能感？一个重要的方面是教育者的评价，教育者的评价在受教育者的心目中居于重要地位，教育者的态度、情感将是受教育者自我评价的重要依据。显而易见，教育者的支持、鼓励以及肯定的态度，能帮助受教育者建立自信心，打消行动顾虑。具体在法制教育活动中，主要通过强调接受法制教育的意义来激发受教育者的进取和成功意志，并依据受教育者的不同情况设定其应当达到的目标，在争取目标实现的过程中感受自己用法律分析和解决问题能力的提高，随着成功体验的建构，抑制失败感的萌发和扩大。

（二）发挥教育者期望的积极心理效应

心理学研究认为，教师的期望将对学生的行为产生影响，这是被心理学家罗森塔尔通过实验验证过的，这种现象被称为格马利效应。

心理学研究表明，教育者的期望往往是基于接受主体的性别、身体特征、文化背景等信息形成的。期望一旦形成，就会通过各种方式潜移默化地影响被期望者，并使受教育者形成自己的期望，并通过一定的行为外显，而接受主体的行为又将进一步影响教育者的期望。教育者若形成积极的期望，如认为受教育者"聪明、会学习""知识掌握全面、牢固"，则会给受教育者传递积极的心理暗示，双方形成积极互动的一面，出现积极心理效应结果。相反，若对受教育者的期望是消极的，如认为受教育者"不可教化""无法沟通"等，这些否定的表达会潜移默化地影响受教育者，使他们怀疑甚至消极对待自己的期望，将外部评价等同于自己的真实水平，最终导致消极期望结果的发生。这就要求，高校法制教育者能理性、全面地认识受教育者，尽可能发出积极的心理暗示，形成积极的法制教育期望。

（三）建立知情交融教育模式

知情交融的教育模式，就是通过特定教育情境的设置，使受教育者的认知与情绪产生积极的良性互动，形成知情良性循环的心理状态，激发学习主动性，进而促进对法制教育内容的接受和实践。伊扎德的情绪分析理论认为，在实际生活中，人的很多活动是在情绪与认知互相作用的驱使下进行的。并且，随着情绪与认知的相互作用，还会固化为一定的人格特质或心理倾向。但在实践中，传统的法制教育过于关注法制知识的传授，忽略了对情感因素的借力和使用，也没有将二者有机结合。同时也要防止陷入误区，有的教育者把情理交融变成片面的个人感情的联系，企图依靠人际情感来规范教育对象的行为。有些教育者只注重理论灌输，不注意情感激发，所以不能深入教育对象的精神世界，不能引起情感共鸣，结果只能是"隔靴搔痒"甚至引发逆反情绪。显然，受教育者的认知与情感间存在互相作用的紧密关系，情感的产生要以认知为基础，认知也被情感反作用。

在高校法制教育活动中，实现法制教育目标就必须全面掌握受教育者的认知心理和情感心理的作用规律，使二者积极互动。具体而言，教育者要遵循注意、感知、记忆和思维规律，以提升受教育者注意、感知和接受的能力，提高受教育者概括和抽象的能力。同时，要把握好受教育者的情感感受，并遵循情感规律培养接受主体的信任法律、信仰法律的情感，调整受教育者的情绪状态，发掘其最大潜能，保持最佳的接受状态和能力。

（四）改进理论灌输方法

当前，理论灌输法是高校法制教育普遍采用的方法，居于基础性的地位。所谓法制教育理论灌输法是法制教育者有目的、有计划地向受教育者进行社会主义法制理论教育，使受教育者逐步确立正确的法律意识和法制观念的方法。其实质是通过法的基本理论、法观念的传授和学习以实现教育目标。列宁非常重视理论灌输法，他认为人的民主意识必须从外面输入方能形成，强调了主体的意识不能自发产生，外部的宣传、教育是学习掌握的重要条件。

我国高校法制教育长期受灌输思想的影响。在法制教育中，教育者往往是单向地输出知识，将当前制度供给的法律知识，照本宣科地传递给学生，"我说你听，我打你通"，教育方法简单化、粗暴化；同时在教育过程中，缺乏联系实际的理论指导，只管自己得出结论，让受教育者接受，严重忽视了受教育者的主观能动性和个体的差异，导致受教育者产生反感情绪、消极心理。也使已经掌握的知识不能真正内化，自然不能产生对法的信任。对法制教育的失望，使受教育者成为知行不一的矛盾体，也不能激发对法的知识获取动力，减损了对法治社会的信心和意志力。

在客观意义上，先进的法制理论不学不知，社会主义法制理论的阵地不占领就会被其他思想浸染，灌输作为法制教育基本的方法有存在的价值，灌输教育可以模式化、大规模地开展，减少许多探索过程，少走弯路，而简便、直接地深层把握社会主义法的本质规律。但外在的输送能真正触及人内心深处固有的观念吗？从实践来看是大打折扣的。因此，需要对灌输进行反思，要开展科学的灌输，不能生硬灌输，要注意运用有效的形式和条件，要注重理论联系实际。在此方面，社会普法具有借鉴意义，把法制教育纳入精神文明创建内容，开展群众性法治文化活动，健全媒体公益普法制度，加强新媒体新技术在普法中的运用，提高普法实效。同时，还要对教育活动进行改革，通过开展以案释法、模拟法庭和法制实践活动等教育活动，理论联系实际，注重启发和引导，提高灌输方法的趣味性、技术性和渗透性，提升理论灌输的有效性。

（五）发挥榜样激励作用

榜样即凝聚特定历史时期人们的共同理想追求，具有较高的道德境界，是能够对他人具有教化作用的人格范式。基于榜样的作用，诞生了观察学习理论。其创始人班杜拉指出，学习者只需要观察榜样的行为表现，就可以生成相应的行为表现，而无须进行实践练习和行为强化。"大多数人类行为是通过对榜样的观察而获得的"，榜样的力量非常巨大。榜样具有功利性和崇高性，具有激励价值，是教育的一个重要载体。具体来看，发挥功利性的机理是，通过建立榜样与个体利益的联系，在利益中介的引导下，给人们带来行为方式和生活目标的影响，对人的行为予以间接教导，发挥出功利性功能。发挥崇高性的机理是，通过建立榜样与审美的联系，以审美价值的实现为条件，激发观察者的向往和追求，挖掘人的潜在能力，从而发挥榜样的崇高性价值。

榜样教育在法制教育中具有独特的价值。遵守法律是法制教育的基本内容，信仰法律是法制教育追求的最高境界。在错综复杂的社会关系中，人们正确行使权利、自觉履行义务、主动维护法律权威和依法治国下的社会和谐等榜样必将极大地激发人们对法治的期待、对理性规则的向往。可见，相比于法制教育理论灌输的直接影响，榜样教育从示范和激励的维度发挥着间接而深远的作用。所以，教育者要主动地为受教育者提供优秀的学习榜样，发挥优秀典型的带动作用，激发人追求法律、信仰法律的情感。同时，也要合理利用法律评价中的反面典型，从法律的威慑、制裁、强制作用中，厘清化解矛盾的正确方法，恢复遭受损害的社会秩序，引导公平、正义、合理的法律情感。

教育者在利用榜样进行法制教育活动时，要注意榜样的时代性、生活性和科学性，还要根据受教育者的需要、认知心理等差异提供多种形式的榜样。

（六）融合显性教育和隐性教育

显性教育是能被受教育者觉察到的教育方式，主要是灌输教育；隐性教育是不为受教育者所觉察的教育方式，主要利用社会实践和人的活动进行。显性教育和隐性教育各有特点。显性教育具有明确的目的性，具有自觉性，显性教育通常将产生积极的影响，并且是可控的、正式的，影响因素相对少。隐性教育往往无明确的目的，带有自发性，影响可能是积极的，也可能是消极的，通常是不可控制的，是非正式的，其影响因素极其广泛。

显性教育是我国高校法制教育的主要方式，主要是有目的、有计划、有意识的教育。但是，法制教育是一个受多种因素影响的复杂过程，心理学研究表明，在教育过程中若劝导性、功利性过于明显，受教育者往往会感觉到选择权受到了限制，会在内心产生抵触心理。"造成青少年教育困难的最重要的原因在于教育实践在他们面前以赤裸的形式进行，而处于这种年龄的人按其本性来说是不愿意感觉到有人在教育他们的。"因此，在有意识教育的基础之上，需要关注隐性教育的作用，将二者有机结合。隐性教育不是通过外部强制力量来完成的，其能巧妙避开受教育者的意识障碍，通过在受教育者周围设置一定的生活场景及文化氛围，引导受教育者自主感受，引起情感共鸣，激发其丰富而深刻的情绪体验，在潜移默化中完成教育。因此，在高校法制教育中，通过设置受教育者的生活环境、文化氛围和教育情境开展隐性教育，是弥补显性教育不足、完善法制教育的重要途径。

（七）合理利用行为强化法

行为强化法是指通过一定的强化手段来巩固教育效果的一种方法，强化能提升行为反应的概率。强化一般可以分为正强化、负强化和惩罚。正强化是实施一定影响以使反应概率提升的过程；负强化是消除或遏制一些不利的因素以促使反应概率降低的过程；惩罚是为了尽可能降低某损害性行为出现的概率而实施某种惩戒行为的过程。由于负强化和惩罚效果并不稳定，而且可能产生负效应，在教育中应当少采用，多使用稳定性强、目标明确的正强化。

美国行为主义心理学家伯尔赫斯·斯金纳（B. F. Skineer，1904—1990）指出，强化是操作性行为形成的重要手段。也即操作行为发生后，及时强化，这个操作再次出现的概率就会出现变化，行为就得以强化。在斯金纳的学习理论中，强化被置于学习理论的核心地位。该理论的核心观点是，行为是强化的结果，控制强化即能控制行为。也即只要强化适当而及时，个体行为就可以被塑造、被改变。

在高校法制教育中，要多使用正强化，少使用负强化和惩罚。教育者必须明确受教育者存在的不良行为习惯，并明确应当具有的正确的行为习惯内容，在此基础上，因人而异地选择强化方式和强化物。奖励是一种正强化，有助于增加该行为再次出现的可能性。具体是使用物质性奖励、精神性奖励，抑或二者结合，要根据受教育者情况而定。当然根据具体情况，也可以适当使用负强化和惩罚。

六、教育环境：营造良好的教育环境氛围

公平、正义和秩序的社会环境对受教育者法律素质的形成具有巨大的推动作用。可谓事物都与环境相关，事物都与环境发生作用。教育环境一般可以分为社会环境、学校环境和家庭环境，它们相互联系、相互制约。高校法制教育环境改善的关键在于社会教育环境、学校教育环境和家庭教育环境的优化。

（一）优化社会教育环境

社会环境是影响和制约法制教育发展的社会外在条件的总和，其内涵非常丰富，包括政治条件、经济条件和文化条件等方面。好的社会环境对法制教育具有良性的互动作用，促使受教育者相信法律，构建符合教育目标的法制观，不良的社会环境将消解教育者的努力，使受教育者不相信法律、疏远法律。在教育层面，对法制教育产生影响的外部条件主要是法制环境、道德环境和媒体环境。

1. 优化法制环境

法制教育与法制环境联系紧密。公民对法律的接受和支持，并不仅仅来自法制教育本身，还会受到执法和司法环境的影响。在执法和司法环节，若公民能直接感受到权益受到法律的保护和认可，通过法律对未来利益实现充满了预期，则司法和执法强烈影响着公民对法律的情感，使他们形成亲近法律、依赖法律和崇尚法律的心理定式。若在法律实施过程中，普遍存在徇私舞弊、枉法裁判或以权压法，正当权益被伤害或者具有丧失正当利益的风险，其必然严重伤害公民对法律的情感，"法律无用论""权大于法"便会悄无声息地在人们的心中萌发，因而对法的归属感就不能产生，甚至会产生排斥、敌视的态度。正如十八届四中全会《中共中央关于全面推进依法治国若干重大问题的决议》中指出："公正是法治的生命线。司法公正对社会公正具有重要引领作用，司法不公对社会公正具有致命破坏作用。""努力让人民群众在每一个司法案件中感受到公平正义。"可见，司法的公正与否是法制环境的好与坏的深层影响

动因，每一具体的案件法律适用与法制环境形成密切相关。英国著名思想家培根在《论司法》中表示，一次不公的审判比多次不公平的举动为祸更烈。因为这些不公平的举动弄脏了水流，而不公正的审判败坏了水源。这里的"破坏水源论"即包含了司法腐败对法制环境的破坏，使民众丧失对法律的信心。可见，有效的法制教育一定是构筑在良好法制环境基础之上的。优化法制环境，既需要制定反映社会发展规律和广大人民利益的法律，并予以公平正义的执行，还必须完善司法管理体制和司法权力运行机制，规范司法行为，加强对司法活动的监督，走民主法制化之路，消除"人治"的影响。总体来看，依法治国是优化法制环境的集中体现和根本保障。

2. 优化道德环境

道德是人们关于善与恶、美与丑、正义与非正义、光荣与耻辱、公正与偏私等观念、原则和规范的总和。道德与法是相互联系、相互渗透、相互作用的关系，道德对法律的创立、实施等均具有重要影响，二者关系紧密。一方面，道德是法律的评价标准和推动力量，是法律的有益补充，因为道德对立法具有指导作用。另一方面，道德对法的实施有保障作用。法律实施以道德信念为基础，只有道德价值标准被人们接受和内化，才能做出符合法律要求的行为选择。在执法方面，较高的道德素质可以保证执法者严明执法、秉公执法；在守法方面，较高的道德意识可以提高人们遵守法律的自觉性，进而维护法律的尊严，积极同违法行为做斗争。同时，道德对法有补充作用，有些不宜由法律调整的，或本应由法律调整但因立法的滞后而尚无法可依的，道德调整就起了补充作用。显然，道德对法律具有客观、全方位和基础性的影响，这种机理形成了道德环境和法制教育的密切联系。

健康、向上的道德环境对大学生思想品德的形成、发展具有约束和规范作用，使人们趋向于追求公平、公正和合理的社会生活秩序，这也正是法律和法制教育所追求的，所以，良好的道德环境易于使大学生形成接受法律、信任法律和践行法律的心理基础。另外，在现代法治社会，道德法律化趋势明显，在此意义上看，优化道德环境和进行法制教育具有同步性，二者互联互通，这是一种积极的影响。相反，不好的道德环境，会使人们缺乏对道德规则的认可，个体的行为可能以反公平、反正义、反合理的形式出现，将在根基上消解人们信任法律、践行法律的心理基础，教育目的难以达成，这是一种消极的影响。综上分析可知，道德环境对法制教育的影响具有两面性，有什么样的道德环境，就有什么样的法制教育。有效的法制教育必须根植于良好的社会主义道德环境基础之上，可以说，良好的道德环境是通向有效法制教育的桥梁。

在良好的社会道德风尚形成过程中，要注意处理好两种关系。一是要处理好道德和法律的关系。良好的道德环境，是建立在两种规则积极互动的基础之上的，不可偏重一方而忽视另一方，加强公民道德建设，弘扬中华优秀传统文化，增强法治的道德底蕴，强化规则意识，倡导契约精神，弘扬公序良俗。发挥法治在解决道德领域突出问题中的作用，引导人们自觉履行法定义务、社会责任、家庭责任。二是要处理好政府和社会的关系。要发挥多主体的积极作用，形成合力，政府是优化道德环境的当然主体，但是仅仅有政府的倡导和推动是不够的。社会各界力量是优化道德环境的源泉，社会道德风尚的改善与提高是靠每一个成员和组织共同努力的。

3. 优化媒体环境

媒体环境是由大众传媒所构成的对人的法制观念、法律行为的形成和发展具有广泛影响的外部条件。随着信息化时代的到来，传媒发展迅速，既有报刊、书籍、广播和电视等传统媒体，也有网络时代诞生的网络媒体，包括网站、博客、微博和微信等新媒体。新媒体以其信息涵盖丰富、传递快捷和呈现多样的特点，越来越受到学生的青睐。如今，以手机为载体的新媒体，几乎成为人体的"器官"，已经深深嵌入大学生的日常生活之中。在海量的信息面前，大学生对信息的选择和获取虽然具有一定的主导权，但是在获取信息、掌握知识和开阔眼界的同时，也将在无意识中被这些信息引导、教育和示范。显然，媒体环境，对法律素质的形成具有潜移默化的影响。优化媒体环境，是增强法制教育有效性的必然要求。

优化媒体环境，关键是做好社会舆论的引导。社会舆论作为一种社会存在的客观反映，是众人对普遍关注的社会事件和社会问题公开表达的一致意见，或者说是信息沟通后的一种共鸣，从中反映了公众的知识水平、道德水平、价值取向。社会舆论一旦形成，则将形成对社会固化的心理制约力，具有指导、协调和控制的作用，促进或制约正确法制观的形成。如何将社会舆论凝聚为稳固而坚定的法制教育正能量，需要政府领导、各媒体广泛参与和社会大众有效监督的多重立体参与构建。

（二）优化学校教育环境

学校环境是学校系统内部、影响教学质量的因素的综合，主要包括学校的物质环境（校园、教学楼、图书馆、礼堂、操场、草坪、花坛等硬件）和精神环境（校风、班风、学风、校规校纪、文化氛围、人际关系等）。有效的法制教育也必然是在与学校环境一致性的基础之上形成的。当前，学校教育环境存在的一些问题，从学校本身层面来看，直接源于其未能有效地贯彻国家的法律政策，这是高校治理方面的问题。因此优化高校环境，重点是学校管理法治化的问题，这不但是高校对我国依法治国方针的落实，也是对学生进行法制教育的实践素材。优化高校校园环境，重点要做好以下方面。

1. 完善学校制度环境

学校制度是学校教学和管理的一系列制度总和，是实现依法治校的保证。学校制度包括教学制度、学术制度、财务制度、学生管理制度等。完善的学校制度对法制教育具有重要意义。一是学校制度对法制教育具有保障作用，在制度的保障下，高校的各项工作都将规范有序地运行，能为法制教育提供教师、物质、教学管理、学生管理等系统性保障和引导，避免教育的随意性和不规范性，能有效贯彻和实现国家对高校法制教育的设定目标。二是学校制度是学生看得见、时刻能感知的身边"法律"，大学生在接受高等教育的同时，也在不断认识和实践学校制度，并逐步建立对学校制度的认同，这种认同感将利于形成规则意识，客观上是对法律规则认可和接受的"预演"。因此，完善学校制度对法制教育具有积极意义。

从增强法制教育效果角度来看，需要注意以下方面。一是尽可能吸纳学生参与制度的制定，作为成年人的大学生已经具有了一定的分析、管理事务的能力，并且高校的中心工作是教学育人，作为教育关系当事人的学生也有权利参与、了解与自己利益相关的各项事务。二是充分保护学生的合法权益。制度制定不得损害受教育者的合法权益，否则就是对教育宗旨的背离。制度规则不但在内容上要体现学生的正当权益，而且在程序上要有学生权益被侵犯的申诉途径。三是严格执行学校制度。学校制度就是高校的"法律"，学校制度一旦制定，就应该对所有师生严格执行，不得有制度之外的特权，这是学校制度的"生命"。否则，就如同在源头上污染了水源，对大学生的制度观念会产生深远的消极影响。

2. 完善校园法律文化环境

如果说制度是看得见的"硬环境",那么文化就是看不见的"软环境"。校园文化能拓展学生知识,陶冶学生情操,提高学生综合素质,增强学生对法治的凝聚力和向心力,是高校法制教育可以借助的精神力量。

如何丰富校园法律文化环境,更好地发挥其对法制教育的积极作用?应当做好以下几方面。一是提高校园法律文化活动的品位。大学生对陈旧、低端的事物有着某种本能的拒绝,而对新颖的、高雅的事物却愿意投入极大的热情。因此,校园法律文化活动的开展,应当优化活动载体,使大学生产生浓厚的兴趣、饱满的参与热情,保证活动的有效性。相反,如果采用单调乏味的、墨守成规的,甚至令人厌恶的校园法律文化活动,学生则将缺乏热情,无动于衷,而缺乏学生关注和参与的校园文化活动,其有效性自然不能实现。二是发挥校园法律文化活动的积极作用。一切事物都有两面性,一次失败的校园法律文化活动将使大学生产生失望和抱怨的情感体验,将会影响他们以后的积极性。因此,校园法律文化活动的开展应充分发挥其积极作用,避免消极作用,努力让每一次文化活动都取得成功,让学生在内心形成对法的渴望和需求。三是抓住校园法律文化活动的任何教育契机。高校法制教育活动应渗透到学校教育的每一细节,也应贯穿校园法律文化活动的全过程,活动的每一个环节都蕴藏着育人的力量,应当把它们挖掘出来,随时随地进行法制教育,让校园法律文化活动的育人功能得到最大限度的释放。不错失任何的教育契机,在细微处筹划,在点滴的细节中,让大学生在潜移默化中接受教育,感受法治的精神和力量。四是积极巩固校园法律文化活动成果。"经验是最好的老师"。一次活动的结束,并不意味着教育的结束,其后的总结也非常重要。校园法律文化活动过后需要所有参与者及时地总结、反思活动的得与失,以求不断完善。让每一位参与者达到思想上的升华,产生最佳的教育效果。此外,要客观分析活动中的不足之处;总结教训,引以为戒,避免在以后的校园法律文化活动中再次发生。

(三)优化家庭教育环境

家庭教育环境是家庭内部的因素。良好的家庭教育环境能修正、弥补学校教育的不足。家庭对高校法制教育有效性提升的价值,根本在于优化家庭教育环境。如何做好家庭环境的优化?应当做好以下方面。

第一,家长应该养成素质教育观念,积极进行法制教育。苏霍姆林斯基的"个体全面和谐发展"理论将道德教育居于主导地位,但这并不是对法制教育的否定，而是对法制教育的一种特殊强化。因为，在我国依法治国的进程中，道德法律化非常普遍，法律调整的范围非常广泛，一个人不管从事什么职业，他不仅必须是一个具有良好道德的人，还必须是一个具有良好法律素质的人。大学生的未来发展，必然建立在法律、道德和技能等综合素质基础之上。在高校进行法制教育的同时，家庭也应当有意识地配合学校，共同促进教育的开展。一方面，孩子健康成长是家庭的最大希望，孩子违法乱纪会受到相应的法律制裁，会给家庭造成深深的伤害，甚至是灭顶之灾，在一定意义上，违法乱纪既不利人，也不利己，因此进行法制教育既是家长对子女和社会应尽的义务，也是呵护家庭、谋求幸福的一道"保险"。另一方面，家长在教育方面具有优势，学校教育是"一对多"，而家庭教育是"一对一"。另外，家长对自己孩子的行为特点、性格爱好、身心成长、发展波折等都是最为了解的，教育也就具有针对性。家长应根据大学阶段的特点，科学规划其法律素质培养的任务，并提供相应的物质条件和精神支持。

第二，家长应该努力学习相关知识，形成正确的法制观念。"欲修人，先修己"。家庭教育尽管不能给予孩子完整的知识体系，但是在育人方面同教师一样适合这个朴素道理。教育者应当首先接受教育。家长即使过去接受过相应的法制教育，但当前我国法制建设进程较快，不断出台新的法律规范，不学习掌握这些新的制度理念，必将落伍于时代发展，成为新的"法盲"。另外，家长作为社会的一名成员，也必须将法律作为行为处事的准绳，法律制度就像一张大网，以网为边界，在内可以自由地遨游，如若有任何试图冲网破网的行为，往往会被网缠住而失去自由。法律不允许有漏网之鱼，法律面前人人平等，这是法治社会的基本要求。因此学法、用法、确立正确的法制观念是社会发展和家庭教育的必然要求。但是，家长毕竟非专业教师，他们都有自己工作领域的局限性，具有不同的生活经历和知识层次，有各自要做的事情和时间分配，能够专门抽时间学习法律的时间是有限的。因此，如何利用有限的精力来掌握必要的、基本的知识需要认真思考。要把握好三个方面的问题：一是学什么？学习应以提高家长的综合法律素质为目标，具体应当将学习内容与高校法制教育的内容紧密结合。二是怎么学？学习应当有详细和可操作的计划与安排，并严格执行。三是如何用？要将法制理论传递给孩子，还需要掌握一定的教育能力和教育方法。

第三，家长学会用法治思维和法律方式处理事务，使家庭成员行为合规化。

人们常说"家长是孩子的第一任老师",即使到大学阶段,家长的言行对孩子的人格塑造仍有极大的影响力。"榜样的力量是无穷的",孩子的学习和模仿能力极强,家长在日常生活中不经意的言行举止,均会成为孩子的模仿对象。因此,家长要对孩子予以正向、积极的引导,以身作则。这就要求,家长的行为不能触碰法律之网,要让自己的言语和行为符合法律规定,成为孩子学习的榜样。

家长如何做到行为符合法律规定?要做好思想的合规化和行为的合规化,具体需要做好两个方面:一是思想上确立法治思维。法治思维,也即法律思维,是运用法律规范、法律原则、法律精神和法律逻辑对所遇到或所要处理的问题进行分析、综合、判断、推理和形成结论、决定的思想认识活动与过程。即在法律的框架内,对问题或纠纷予以理性的分析,根据法律的规定来妥善解决问题、化解纠纷。相比道德思维、非理性思维等,法律思维具有强调公平正义、规则优先、程序优先、权利义务统一性、重视证据等特点。二是行为上养成用法律方式处理事务。在实施层面上,法律方式是指公民凡事以法律提供的行为模式标准来处理各项事务。具体要求是主体做出决定或实施某一行为时,其运用的措施或方法应当符合法律规范以及法律的原则、精神。法律作为一种特殊的行为规范具有稳定性、连续性的特点,使得依法律进行的行为具有了可预测性,更加合乎理性。法治思维和法律行为二者具有辩证关系,法律思维增强了,必然会促进法律方式的运用;法律手段运用多了、有效了,则能巩固法治思维,二者具有良性的循环关系。法治思维和法律方式,能使家长的言论和行为合乎法律,能合规、妥善地处理家庭的对内和对外关系,对大学生确立正确的法律信念并实践法律具有积极的示范意义。

七、教育评价:实施全方位教育评价

高校法制教育评价,属于社会评价的范围。由于教育的动态性、复杂性和渗透性,决定了法制教育有效性的多样性:既可表现为精神成果,也可转化为物质成果;既可表现为现实的效能,也可表现为长远的效能;既有显性效能,也有隐形效能。因此,完善高校法制教育有效性评价也应当注重辩证统一的思想。

(一)坚持理想性与务实性的统一

理想性是指高校法制教育评价必须坚持正确的目标,努力实现最大的价值和最好的效果。即法制教育评价必须坚持高标准,不随意降低标准,否则将使

高校法制教育目标模糊丧失发展方向。例如，在高校法制教育的评估体系上，要正确处理创新与借鉴的关系，既要借鉴其他学科在教育评价方面的理论，也要着眼于法制教育领域总结分析教育实践中的评价经验，形成本学科特色的评估体系。在评估实践中，要正确处理好方向目标与达度目标的关系。方向目标是达度目标的基础，达度目标是方向目标的体现，二者的关系不能颠倒。务实性是指高校法制教育评价应当尊重历史和社会现实，立足于实际，消除情感因素和主观臆断，客观全面地反映法制教育的效果，不为外界的干扰而拔高或降低。高校法制教育评价的实质是对所实施的法制教育的效果、效率等方面进行评估。这种评估如果是客观的、全面的，就能发挥以评促建的功能，推进高校法制教育的正向发展；反之，如果是主观性的、片面的，则会阻碍教育有效性的取得。因此，在高校法制教育评价中，必须坚持理想性和务实性的统一，将理想目标和现实状况有机结合。

（二）坚持全面性与开放性的统一

全面性和开放性是高校法制教育本身具有的特点，教育评价也自然应当遵循这些特点。要在全面性的基础上，注重发挥开放性、群众性，充分融入民主的元素。

全面性是指在高校法制教育评价活动中，必须全面准确地判断法制教育活动的效果，避免片面评议、以偏概全。在评价实践活动中，要坚持评估标准和评估要素的全面性。高校法制教育被赋予了较多的使命和功能，其有效性是由多种因素复合作用的结果，若过分地强调某一要素或遗漏忽视某一要素，就必然使评价的结果失真。坚持教育评价的全面性，就是在评价过程中，要注意法制教育效果的整体性和关联性。如果仅仅以大学生法制理论知识掌握深厚、牢固了，就认为教育具有有效性了；或者简单地认为学生法律情感确立了；或者以法律意志或法律行为的某一方面来评价有效性，认为割裂了高校法制教育的整体性，使之碎片化，都是与评价的全面性不相符的，不能得出科学的结果。同时，全面性评价，还必须全面考察大学生原有的法律综合素质，全面考察法制教育的历史发展过程。从教育过程发展和学生法律素质变化方面考察，避免孤立地、静止地考察教育效果。

开放性是指教育评价必须与开放的校园环境、信息社会相一致，要相信群众，依靠群众进行。高校法制教育是立足广大学生并为广大学生服务的，对它的评价结果应当是获得高校广大师生乃至社会的认可，而不是少数人的私下结论。因此，坚持教育评价的开放性，必须立足于评价的群众性、民主性，要广泛听取广大师生的意见；要调动相关人员参与评价的积极性；还要注意受教育者的自我评价，将自我评价、教育者评价、社会评价以及评价者的评估有机结合。

（三）坚持"知"与"行"的统一

"知"与"行"的统一是言行一致法则在法制教育中的要求，也是高校法制教育评价的原则。教育评价既要评估人具有法制理论的认知水平，即易于测量的、易于外显的部分；也应注重评估将知识升华为法律信仰情感、萌生法治意志力并以法律思维行事的能力，即不易测量的、隐形的、具有长期影响力的部分。高校法制教育的直接目的是使大学生掌握社会主义法制理论，是对受教育者"知"的教育，获得理论知识；其获得的理论知识如何是衡量高校法制教育有效性的一个重要因素。但更应注重考查大学生"行"的状况。大学生获得法律知识并不是最终目的，其终极目的是"行"。毛泽东同志对"知"与"行"做过深入的分析，他指出："马克思主义的哲学认为十分重要的问题，不在于懂得了客观世界的规律性，因而能够解释世界；而在于拿了这种客观规律性的认识去能动地改造世界。"在二者关系上，"知"是"行"的前提，"行"是"知"的目的。大学生法制理论水平的高低，最终将以他们的行为方式呈现出来。因而，在高校法制教育评价中，要重视行为是否合乎法律的考查，要重视行为是否利于推动建设社会主义法治国家的考查。合乎法律、促进我国法制建设的行为，则"知"与"行"获得了统一；遭到了法律的否定、阻碍了法治的进程的行为，则"知"与"行"出现了背离。在高校法制教育评价中，要重视对学生行为的考查，在此基础上，将"知"与"行"统一起来。

（四）坚持定量与定性的统一

高校法制教育定量评估，是指运用数据的形式，对法制教育有效性的一些量的关系的分析整理，从量的方面，对法制教育进行相对准确的判断方法。高校法制教育定性评估，是指通过对法制教育的整体和性质的分析，以获得高校法制教育效能状况的评估方法。唯物主义事物质量互变规律认为，当量变积累到一定程度，就会引起质变；当质变发生，就会产生新的量变。没有无量的质，也没有无质的量。没有定量评估，只是不具有现实意义的评估；没有定性评估，只是模糊不清的评估，将二者结合才是法制教育的特点所要求的。法制教育评价不同于其他事物的评价，它包含了人的复杂的思想活动，尤其是包含法律情感、法律意志等法律素质，很难做出准确的量化，因此决定了不能寻求单一的评估方法。应根据高校法制教育评价的实际情况，将定量评价与定性评价有机结合，避免对二者进行机械的组合。

从法制教育内在的规律来看，定量与定性的关系表现为：其一，定量评价与定性评价是辩证统一的，没有脱离定量评估的定性评价，也没有脱离定性评价的定量评价。定量评价是定性评价的基础，是评价的基本工具；定性评价是定量评估的出发点和最终目的，是评价的直接目的。所以，二者是相辅相成、相互促进的关系，二者有机结合，将实现功能互补。其二，在二者的结合方法上，以定量评价为认识、分析手段，以定性评价为结果的过程，这种方法坚持"综合—分析—综合"的评价思路，即首先初步评价是详细获取信息，查看评估信息资料，综合形成对评价对象的初步资料和印象，这是定性的初步综合阶段；其次对评价对象进行深入的定量分析，对所掌握的信息资料进行辨析整理，是分析过程；最后在前面定量评价的基础上，再次进行定性评价，即最终教育评价的完成。

正确认识定量与定性评价方法的适用范围，合理配置评价的标准和方法，在坚持定量与定性评价的基础上，力求准确把握高校法制教育有效性的现状。

第二节　大学生法制教育的未来展望

一、大学生法制教育始终遵循党对法制教育的目标要求

党的十八大报告对法制教育提出了两个层次的目标要求：一是对全社会或全体公民的要求，即通过法制教育，弘扬社会主义法治精神，树立社会主义法治理念，增强全社会或全体公民学法、遵法、守法、用法意识。二是对领导干部的要求，即通过法制教育，弘扬社会主义法治精神，树立社会主义法治理念，提高领导干部运用法治思维和法治方式深化改革、推动发展、化解矛盾、维护稳定的能力。这是党的十八大对法制教育目标要求的新发展。深入学习和研究党的十八大对法制教育目标要求的新发展，对在实践中加强和改进全社会的法制教育具有重要的指导意义，对观察和把握当代中国法制教育与法制建设进程具有重要的理论价值。

（一）法制教育的探索与要求

法治，是现代文明社会的一个重要标志。中华人民共和国成立后，尤其是改革开放以来，中国共产党领导全国人民在探索建设中国特色社会主义法治国家的道路上不断前行，取得了举世瞩目的成就。1997 年 9 月，党的十五大报告明确提出"实行依法治国，建设社会主义法治国家"，从此将依法治国确立为党领导人民治理国家的基本方略。1999 年 3 月，第九届全国人大二次会议将依法治国写入宪法，把依法治国正式从党的意志上升为国家意志。2002 年，党的十六大将"依法治国基本方略得到全面落实"确定为全面建设小康社会的重要目标。2007 年，党的十七大对"加快建设社会主义法治国家"做了新的部署。2012 年 10 月，党的十八大又再次强调法治是治国理政的基本方式，到 2020 年全面建成小康社会时，实现"依法治国基本方略全面落实，法治政府基本建成，司法公信力不断提高，人权得到切实尊重和保障"的法治新目标。

法制教育是法制建设的基础性工程，我国人口众多，政治、经济、文化和社会发展不平衡，又缺乏法制传统，要想最终实现依法治国、建设社会主义法治国家的伟大目标，必须高度重视法制教育。法制教育是一定社会、一定阶级为使人遵循其法律制度和法律条文，按其法律行事和生活，并使法律转化为人的内心信念而进行的一种有目的、有计划的系统性法律教育活动。郑成良教授指出："法治固然取决于一系列复杂的条件，然而就其最直接的条件而言，必须存在一种与之相适应的社会思想方式，即只有当人们能够自觉地而不是被动地、经常地而不是偶然地按照法治的理念来思考问题时，才会有与法治理念相一致的普遍行为方式。"我国法治的推进以及法律的运行需要用法制宣传教育的方法，来增强全体公民的法律意识和法制观念。1985 年 11 月 5 日，中共中央转发了中宣部、司法部《关于向全体公民基本普及法律常识的五年规划》，同月全国人大常委会发布《关于在公民中基本普及法律常识的决议》，"普及法律常识"简称"普法"，由此拉开了五年一轮的法制宣传教育活动的序幕。我国是一个法制基础比较薄弱的国家，这场面向全民普及法律知识、培养法治意识的活动已经走过了三十多年，在潜移默化之中逐步改变了人们的思维方式和行为方式，不啻为一场法律思想启蒙运动，推动了我国社会从"人治"向"法治"不断迈进。

基于法制教育在社会主义法治国家建设中的重要地位，中国共产党对法制教育的要求也不断提升，这在近些年党的全国代表大会报告中得到了充分体现。

党的十五大报告提出："深入持久地开展以为人民服务为核心、集体主义为原则的社会主义道德教育，加强民主法制教育和纪律教育，引导人们树立正确的世界观、人生观、价值观。"这里把民主教育、法制教育和纪律教育放在一起，虽然没有突出法制教育的专门性，但其作为德育的一个重要组成部分，旨在引导人们树立正确的"三观"。党的十六大报告要求："加强法制宣传教育，提高全民法律素质，尤其要增强公职人员的法制观念和依法办事能力。党员和干部特别是领导干部要成为遵守宪法和法律的模范。"这次党代会，将法制宣传教育单独列出，是党的法制教育理论上的一个跨越，同时明确法制教育的目标在于提高全民法律素质，并将公职人员、党员干部作为法制教育的重点对象，这对于公民法律意识的培养起到了重要的指导和推进作用。在此基础上，党的十七大报告明确提出："深入开展法制宣传教育，弘扬法治精神，形成自觉学法守法用法的社会氛围。"从"加强法制宣传教育"到"深入开展法制宣传教育"，乃至要求全社会形成学法、尊法、守法、用法的法治氛围，进一步体现了党对开展法制教育的重要性和持续性的强调。如今，党的十八大报告又再次强调要"深入开展法制宣传教育"，弘扬社会主义法治精神，树立社会主义法治理念，增强全社会学法、尊法、守法、用法意识。提高领导干部运用法治思维和法治方式深化改革、推动发展、化解矛盾、维护稳定的能力。

党的十八大报告在十六大报告"提高全民法律素质"目标的基础上，进一步要求通过法制教育，弘扬社会主义法治精神，树立社会主义法治理念，增强全社会学法、尊法、守法、用法意识，将法治作为一种精神来弘扬，并要求在全社会树立社会主义法治理念，既深化了法制教育的目标任务，又拓展了法制教育的内容。法治思维和法治方式在执政党报告中的首次出现也引起了社会各界的高度关注和广泛讨论。有学者认为，法治思维和法治方式这一提法从价值观和方法论上，对新时期各级领导干部如何治国理政提出了新标准、新要求，具有很强的现实性、针对性和指导性。法治实质上是一种思维方式，这也揭示了在中国特色社会主义法律体系已经形成的今天，法制教育中不可忽视的就是要通过各种教育培训，把领导干部已习惯的人治思维、行政思维、管理思维逐步转变为法治思维，使运用法治思维和法治方式成为各级领导干部"依法执政"和管理社会的基本功，进而提升全体公民的法律思维水平。法治思维的培养，比普及法律知识、提高法律素质层次更高，它深入法制教育的核心在于观念和思想的转变。党的十八大报告中的这一新要求，既是对过去法制教育经验的总结，也是当前化解社会矛盾、保持国家长治久安的需要，更是全面建成小康社会进程中对人们法治理想的期待，对推进依法治国，构筑中国特色社会主义法治体系具有重大的现实意义。

（二）法治思维的要义

关于法治思维，学者们观点不一。有的学者认为，法治思维是指执政者在法治理念的基础上，运用法律规范、法律原则、法律精神和法律逻辑对所遇到或所要处理的问题进行分析、综合、判断、推理和形成结论、决定人的思想认识活动与过程。也有学者认为法治思维是按照法治的逻辑来观察、分析和解决社会问题的思维方式，它是将法律规定、法律知识、法治理念付诸实施的认识过程，直接关系到依法行政、依法办事的效果。还有学者揭示法治思维是以合法性为判断起点而以公平正义为判断终点的一种逻辑推理方式。其包含四方面内容并要相统一：合法性思维、程序思维、权利义务思维、公平正义思维。无论是哪一种定义，从中都不难看到，法治思维是建立在对法治或法治理念正确理解的基础上的，它是运用法律知识、法律原则、法律精神进行判断推理的思维过程，是法律意识与法治理念在人们大脑中的运动过程。法治思维的要义在于强调法律主治、法律至上、制约权力、保障权利的价值、原则和精神，这也是社会主义核心价值观的重要内容。

法律至上意味着法律是社会规范体系的价值标准，是评判人们行为的最高准则，强调的是要树立法律权威。法律权威是国家稳定的坚实基础，对建设社会主义法治国家、实现国家长治久安具有重要意义。承认法律至高无上的权威，是对凌驾于法律之上的特权或个人意志的否定，有着内在的合理性和科学性。当国家的最高权威是领导者，随着领导者的更迭，国家政局的稳定和兴衰就将寄托于领导者个人身上，就有可能大起大落，政策与法律也会频繁变动。而当国家的最高权威是法律时，由于法律是一种超越于个人之上的普遍性规则，具有稳定性和连续性，尽管领导者会不断流动和更换，但政治统治与社会秩序仍将会保持相当的稳定性和连续性。真正的法治社会中，法律是人民意志的集中体现，主张法律至上即主张人民意志至上。党的十八大报告强调："党领导人民制定宪法和法律，党必须在宪法和法律范围内活动。"党必须在宪法和法律的范围内活动，充分体现了党的领导与法律至上的统一，这也是我们党的一贯主张。当然，法律至上并不排斥其他行为规范和社会准则，这只是体现对法律的尊重和敬畏，我们不能孤立地看待法律权威问题。

法律主治，简单讲就是社会应当主要由法律来治理，它与"人治"相对。现代社会之所以必须由法律治理，是因为法律规范与其他社会规范或治理途径比较，有一系列社会稳定和发展所必需的优势。法律是由国家制定并依靠国家强制力保障实施的行为规范，作为明确、肯定、普遍的规范，要求全社会一体遵行不得违反，这就为社会秩序的建立和维护提供了保障。相对于其他的治理手段，它不仅能够调整个人行为，而且具有调整阶级关系，使统治秩序合法化、固定化的作用，并且能够担负巨大的政治、经济、文化的组织任务，这是其他任何社会调控方式所不能比拟的。法律主治要求领导干部在治理社会过程中，处处要以法律为判断标准，要维护公平正义，讲权利义务，要从程序出发，讲法律证据。法治思维还要求正确认识权力和权利的关系。就法治的最初意义而言，制约和监督国家机关及其工作人员的权力是法治的精髓。制约权力，才能保障权利。这意味着领导干部想问题、做决策、办事情，必须时刻牢记权力来源于人民授权和职权法定的原则，做到目的合法、职权法定、合法行使权力的内容和手段、严格遵循法律规则和法定程序，才能切实保护人民权利和尊重保障人权，实现自由、平等、公正、法治的价值追求。

（三）在法制教育中养成法治思维

法治思维并非与生俱来，其包含的法治观念和法律意识可以通过后天的培养逐渐养成。江泽民曾经说过："一种观念的树立，一种意识的培养，需要一个相当长的过程，要充分认识法制宣传教育的长期性、艰巨性，并逐步使之制度化、规范化。"通过科学的、系统化的法制教育，可以首先使领导干部从法律的角度考虑分析和解决问题，形成依法办事的思维习惯和思维方式，继而扩展到全体公民，为社会主义法治国家的建成打下坚实的思想基础。根据党的十八大报告中的新要求，当前法制教育的着力点可以定为各级领导干部，通过在思想认识上不断强化法治思维的重要性，知识储备上深刻领会社会主义法治理念以及实践中加强运用法治方式等几方面来逐步养成法治思维。

第一，通过法制教育，在思想上不断增强领导干部养成法治思维的自觉性和主动性。法治思维蕴含着法律原则、法律价值和方法，因而对人们的世界观、人生观和价值观也会产生影响。法治思维是一种观念，观念的改变必然是一场思想的革命。养成合理的法治思维，就要从思想上认识到依法治国、依法行政对于国家治理的重要性。通过各种宣传教育，从正面强调法治思维在新形势下的迫切性和重要性，使各级领导干部增强建设法治政府、法治社会的责任感和使命感。通过各种法制宣传教育手段，也从反面揭示过去一些领导干部头脑中长期存在的重权力轻权利、重治民轻治官、重管理轻服务等传统思维误区，改变一些领导干部头脑中根深蒂固的超越宪法和法律的特权思想，清除以言代法、以权压法、徇私枉法等背离法治精神的现象滋生的土壤。通过在全社会倡导法治思维，就是要使每一个领导干部在思想上自觉摒弃"人治"传统与特权观念，进而在处理各种社会问题时有一种法律规则意识，能够自觉坚持法律至上，坚持公平、公正、公开等法治精神和原则。领导干部带头学法、遵法、守法、用法，切实保障人民享有更广泛的权利和自由，同时自觉在宪法和法律范围内活动，自觉地维护国家法制的统一、尊严、权威，自觉地接受人民群众的监督，也必将对社会其他公民的法制教育起到良好的示范作用。

第二，通过法制教育，引导领导干部丰富法律知识，掌握法律方法，树立法治理念。要提高国家公职人员，特别是领导干部运用法治思维和法律手段治国理政的能力，首先就要加强对他们的法治教育、培训，不断增强他们的社会主义法治理念。法治理念是形成法治思维的根基，一个对法治内涵和要素不甚了解的执政者，不可能有什么法治思维，不可能主动、自觉和善于运用法律手段。关于社会主义法治理念内涵的依法治国、执法为民、公平正义、服务大局、党的领导五个方面相辅相成，体现了党的领导、人民当家做主和依法治国的有机统一。深厚的法律知识素养，是法治思维形成的基础。法律精神、法律原理和法律规范知识作为材料和工具，是培养法治思维的前提。一个对法律知识一无所知的人，不可能形成法治思维方式。法律知识通常包括法律、法规方面的知识和法律原理方面的知识，这两部分法律知识对于培养法律思维方式都很重要。只有既了解法律、法规在某个问题上的具体规定，又了解法律的原理、原则，才能更好地领会法律精神，形成法律思维，并运用法律思维思考和处理各种法律问题。在此基础上，还应该掌握一些基本的法律方法。法律方法是人们从法律角度思考、分析和解决法律问题的方法。法律方法是构成法律思维的基本要素，法律思维的过程就是运用法律方法思考、分析和解决法律问题的过程。高校要培养法律思维方式，必须掌握法律方法。法律工作者使用的法律方法有法律解释的方法、法律推理的方法、填补法律漏洞的方法、认定事实的方法等。每种基本方法又包括一系列的具体方法，有必要了解和掌握一些基本的法律方法。

第三，将法制教育与法治实践结合，在社会管理和工作生活实践中训练法治思维。教育不能脱离社会现实，法律思维方式的培养必须根植于社会实践。法治思维是一种在法律实践中训练、培养和应用的思维方式，脱离具体的法律生活和法律实践，不可能养成法律思维方式。随着社会主义法治国家建设进程的不断推进，法律对社会生活的调整范围越来越广泛，人们面临的法律事务必然会越来越多。这既对培养法律思维方式提出了迫切要求，也为培养法律思维方式提供了良好条件。一次良好的法治实践本身就是一次有效的法制宣传教育，其实际效果大大优于内容空洞的说教。新形势下，国家公务人员主动、自觉和善于运用法治思维和法律手段处理和解决社会、经济问题以及社会矛盾，是党在新时期对各级领导干部基本素质提出的新要求，理应成为各级领导干部思想建设、能力建设的重要组成部分。

另外，法治思维的养成是一项系统工程，单单依靠法制教育不可能实现，还需改善法治环境，通过外部制度环境影响和促进公权力行使者的法治思维。法治环境与法治思维以及法律手段的运用是辩证互动的关系。法治思维增强，必然促进法律手段的运用，法律手段运用有效，自然会改善法治环境，而法治环境的改善，反过来又会影响和促进公权力执掌者的法治思维。法治的良性循环，还有两个关键点：一是改革领导干部选拔、任用制度。在公务员的晋升过程中，将其法治意识、运用法治方式解决问题的能力考查作为选拔任用的重要标准。只有将"法治状况"引入领导干部绩效考核和选拔任用标准之中，并且分量够大，才能让法治思维成为领导干部主动自觉的惯性思维方式。二是加强舆论环境的引导。通过舆论宣传，推广正反典型经验，不断引导和激励领导干部主动、自觉和善于运用法治思维和法治方式治国理政。

习近平总书记在 2012 年 12 月 4 日首都各界纪念现行宪法公布施行 30 周年大会上的讲话中再一次明确提出："各级领导干部要提高运用法治思维和法治方式深化改革、推动发展、化解矛盾、维护稳定能力，努力推动形成办事依法、遇事找法、解决问题用法、化解矛盾靠法的良好法治环境，在法治轨道上推动各项工作。"当然，法治思维的养成，除了依靠法律知识的教育与灌输，依靠法治文化的积淀与培育，依靠法治手段的监督与制约外，关键在于法治原则、法律规范、法律体制和法治程序等法治方式的落地生根与公民的自觉运用，这是一项任重道远且需要全社会一起努力的事业。

就高校大学生而言，他们是社会宝贵的人才资源，民族的希望，祖国的未来。在"依法治国，建设社会主义法治国家"治国方略的指引下，提高大学生的社会主义法治意识和法律素质，把他们培养成中国特色社会主义事业的建设者和接班人，对于全面实施科教兴国和人才强国战略，确保我国在激烈的国际竞争中始终立于不败之地，确保实现全面建成小康社会，加快推进社会主义现代化、法治化的宏伟目标，确保中国特色社会主义事业兴旺发达、后继有人，具有重大而深远的战略意义。

二、大学生法制教育呈扩散化发展

随着 2010 年我国宣布正式形成中国特色社会主义法律体系，我国民主法制建设进入新的历史发展机遇期，这意味着我国的民主法制建设正式进入法制建设的完善阶段。在进入完善期的法制建设阶段，制度性建设和立法建设更加成熟，趋向于修改和增补，而不会进行重大的立法调整。党和国家更加重视法制建设的动力向社会演进方向转变。让更多的人民群众开始更加主动、自觉和积极地参与法制建设，加快树立正确的社会主义公民意识和法律精神。马克思主义经典作家曾指出："历史什么事情也没有做。……创造这一切拥有这一切并为这一切而斗争的，不是'历史'，而正是人，现实的、活生生的人。'历史'并不是把人当作达到自己目的的工具来利用的某种特殊的人格。历史不过是追求者自己目的的认识活动而已。"随着依法治国、建设社会主义法治国家的不断深入，我国民主法制建设更倾向于法治文化养成和理念塑造，这需要更广泛和最普通的人民群众参与进来，理解现代法治和我国法制建设的基本状况。必须承认，在人作为主体推动政治生活乃至人类历史不断发展和进步的过程中，人民群众将发挥决定性作用，"人民群众是社会中的最大群体，所以他们的力量是巨大的。人民群众作为一个整体，其总是希望过上更加美好生活的根本利益追求，始终是同社会发展的基本趋势相一致的，所以他们在历史上总是起着积极的进步作用"。

与此同理，在国家的民主法制建设中，需要发挥人民群众的历史推动力，将法治文化和法治理念扩散到每一个公民的灵魂深处，由外化力量转化为内化理念和自觉行动。这才是中国特色社会主义法治国家建设的执政之基和力量之源。从这种意义上讲，高校法制教育也需要一个扩散化的过程。将法治知识转化为维护和伸张正义的力量，将法律意识上升为最高的法律信仰，将法律素质植入言行举止的思维习惯，并最终在校园内外形成一种良性循环的法治文化，用社会主义法治文化引领高校校园文化，让置身其中的学生感同身受、坚定信念、自觉践行。大学生是社会中一个文化素质相对较高、对未来社会发展进程产生较大影响的特殊群体。大学生在法治文化自觉和文化自信的熏陶中，形成良好的法治意识，确立科学、先进、正确的民主法治观念，将成为中国特色社会主义法治的学习者、传播者和主人翁。

进入 21 世纪的中国，走法治化道路已是大势所趋。高校法制教育肩负着为发展社会主义市场经济、推进社会主义民主法治和依法治国、建设社会主义法治国家提供高素质人才培养和储备的艰巨历史使命。如果中国特色社会主义建设事业没有高等教育的改革发展与之相适应，没有形成高素质、高层次人才培养的动态长效机制，那么全面建设社会主义法治国家恐怕就很难实现了。邓小平同志曾多次强调，"没有民主就没有社会主义，就没有社会主义现代化"。可见，民主对于现代化中国建设的重要性和必要性。即便是同一国家不同地域，对民主和法治的具体形式、基本制度、主要内容和根本要求都会千差万别，更遑论不同国家、不同领域，但有一点是共同的，那就是渗透其中的民主和法治的精神。相信高校法制教育在逐步逐层实现扩散化的过程中，将涌现出更多更好的现代法治观念的传播使者，持久而有力地推动国家法治化建设突破历史、走向新的辉煌，这是高校法制教育未来发展的一个不可阻挡的总体趋势。

三、大学生法制教育呈均衡化发展

众所周知，"均衡"是博弈论的核心概念，是指博弈达到的一种稳定状态，没有一方愿意单独改变战略。在经济学中，均衡是指经济体系中变动着的各种力量处于平衡，因而变动的净趋向为零的状态。可见，均衡应当具有稳定、有秩序和渐变的特点。均衡并不意味着搞"平均主义"，而是在制衡中实现各个部分能量的最大化，在动态中实现各自部分效果的最优化。在思想政治教育的学科视角下，包括高校法制教育在内的五大门类是否能够均衡发展、普遍发展，以及法制教育自身能否在正增长中均衡发展，都将影响高校法制教育的未来走向。

从外部均衡的角度考察，在思想政治教育的视域内，思想教育、政治教育、道德教育是传统教育的"老三样"。一直以来，人们对思想、政治、道德教育都十分重视，也是研究的重点领域，法制教育和心理健康教育似乎被忽略。但是 2002 年清华大学刘海洋硫酸泼熊案的发生，被称为开启了中国高校心理健康教育的第一案，从此以后，人们越来越重视心理健康教育。很多高校都设置了专门的心理健康辅导机构和咨询制度，配备了专业的人员和设备，几乎占据了思想政治教育的"半边天"。然而时至今日，法制教育依然没有受到应有的重视，它既没有思想、政治、道德教育三足鼎立般的地位，又不能与心理健康教育这异军突起的"新宠"相提并论，相比之下依然处于一个缺乏关注的"角落"。高校重视心理健康教育本无可厚非，但是决不能抱有"实用主义"的想法，或是带有"头痛医头、脚痛医脚"的侥幸，心理问题学生多，由心理问题造成的极端事件、突发性事件就多，有时甚至危及人的生命，固然应当引起人们的重视，并采取相应的策略来应对这些接踵而来的"麻烦"，然而，在重视一方面的情况下，并不代表就可以放任或忽略其他方面的存在和发展。如果按照这种逻辑，是不是等到高校法制教育的形势已经非常严峻、动辄出现暴力犯罪和恶性事件，或者我们高等教育培养的所谓高素质人才根本无法适应国际化的社会和规则、"碰一鼻子灰"时，我们才反思法制教育的发展危机？到时恐怕已为时过晚，我们要为教育"负增长"付出更加高昂的成本。

　　论及此处，再从内部均衡的视角，以法制教育的主课程——"法律基础"课的演变为例，进一步深度解剖这一问题。改革开放后，从1986年开设法律基础课至今，其间经历了"独立—并立—融合"的三个发展阶段，形成了如今思想道德修养与法律基础完全融合的一门课程，成为思想政治教育的重要组成部分。然而问题的关键是，如果说"85方案"实施时法律基础课尚处于独立开设阶段，虽然刚刚起步、条件有限，但课时、教材、师资、实践相对比较到位，而且这种最直接、最快捷改变和提高大学生民主法治意识的途径可以视为是从教育宏观角度对高校法制教育的一种"强化"，那么之后的"98方案"实施时法律基础课与思想道德修养课并立，则走上了一条法制教育政治化的道路，加强了思想教育、政治教育和道德教育，而无形中削弱了法制教育的力度，我们暂且将这种转变称为"淡化"。时至今日，"05方案"之下的法律基础课已经与思想道德修养课合二为一，法律基础部分课时大大削减、内容大幅精简、比例严重失衡，法制教育进入"弱化"状态。可是值得深思的是，在这种硬件不断下滑的现实状况下，对法制教育的目标和要求却越来越高，对大学生通过接受教育所要达到的水平和境界的要求也是今非昔比，原来只提知识、树意识，现在要拔高到素质层面，不得不说是一种质的飞跃。然而，面对"课时少了、教材薄了、教师跑了"的困境，如何保障教育质量的提高和教育目标的实现？如果没有持续投入的软硬件保障，没有按照均衡化发展的要求合理配置资源，又何谈法律意识的增强、法律素质的提升和学生用法护法能力的提高？一旦教育效果不佳，就一味指责思想政治教育理论课教师，这种做法是以偏概全、避重就轻，不能从根本上解决问题的。因此，从一定意义上说，过去法律基础课教学从"强化—淡化—弱化"的发展理念，至少从一个侧面再次印证了高校法制教育内部发展的不均衡性，缺乏对根本任务和根本目标实现的规划性、设计感和持久力。

随着"依法治国，建设社会主义法治国家"基本治国方略的深入和推进，人们的民主法治意识逐步提高，相信法制教育一定会成为人们竞相研究的一个焦点。因为，国家和社会在发展，法治化和全球化在不断加强，人才的培养要与时俱进、符合国际惯例，这种要求和趋势折射到高等教育上，高度重视和稳步提升高校法制教育一定是一个不可忽视的过程。所以，扭转目前高校法制教育失衡的逆境，平衡思想政治教育中各个组成部分的发展力量和发展空间，促成均衡化、比例化、动态化发展趋向，提升各方教育的最优合力，应当是一个势不可当的明显趋势。

四、大学生法制教育呈权威化发展

权威一词含有尊严、权力和力量的意思，指人类社会实践过程中形成的具有威望和支配作用的力量。法律权威就是法律在社会运行过程中具有威望和支配作用的力量。其中包含着两层含义：一是法律在社会运行中具有至高无上的地位，拥有绝对的支配力量；二是法律具有威严和威慑力，得到人们的敬畏和遵从。这两层含义是相互联系、紧密结合、不可替代的。一方面，法律丧失了至上地位，就没有了威严和威慑力；另一方面，法律缺少了威严和威慑力，也就不再具备至高无上的地位。1978 年中共十一届三中全会公报指出："为了保障人民民主，必须加强社会主义法制，使民主制度化、法律化，使这种制度和法律具有稳定性、连续性和极大的权威性。"至此，法律权威一词开始引入党的文件中，之后被频繁使用。

高校法制教育的权威化应当是内力、外力共同作用的结果，缺一不可。从外部环境角度，加强社会主义国家法制建设的统一性和严肃性，应当首先强化法治的权威性。正如现行宪法所明确规定的那样："本宪法以法律的形式确认了中国各族人民奋斗的成果，规定了国家的根本制度和根本任务，是国家的根本法，具有最高的法律效力，全国各族人民，一切国家机关和武装力量、各政党和各社会团体、各企事业组织，都必须以宪法为根本的活动准则，并且负有维护宪法尊严、保证宪法实施的职责。"显然，宪法已经确立包括其自身在内的一切法律在国家生活中的权威地位。新中国民主法制建设的发展和现状就是法治权威形成和发展的产物。中国特色社会主义法治国家建设已经确立法治权威的目标、原则、价值和准则，这是法治中国的重要成就。与此同时，法治权威的现实运用与社会对法治的实际尊重程度并不尽如人意，仍需进一步加强和改进。人们尊重宪法的宣示仅仅停留在文本或者词语中，而缺乏意识和行动上的法治尊严。这一切无不说明，法治权威化的实践价值没有得到充分体现和践行，将严重影响高校法制教育的说服力和公信力，只有理论建构而无公平公正实践来源的法制教育也是无源之水、无本之木。从内部解析角度看，众多高校已经自省和自觉地探索依法治校之路，然而改革不但任重道远，而且会伴随"伤筋动骨"，若非下定决心，是难以实现的。高校法制教育的权威化应是自上而下的，而非自下而上的；应从领导者、管理者开始，而不应从大学生开始，应当是一个"自树树人"的过程。一个法治的高校，应当拥有法治的行为、法治的管理、法治的服务、法治的文化，再配合主课堂的改革和完善，大学生法律知识的丰富和充实、用法护法能力的提高和加强，才能塑造出外化为行为举止、内化为理念思维的法治化大学生。当然，去行政化和法治权威化是并行不悖的，而且只有更快更早地实现去行政化，才能更好地重塑高校法制教育的权威化。只有树立法治的权威，依法治校才能成为高校的统治力量，否则高校法制教育权威化只能是诱人的幻想，行政化"人治"将不可避免，教师和学生的自由、安全、权利将处在不确定、无保障之中。

现代法治国家的法治权威化表现为四种形式，即法律至上、法律至圣、法律至贵、法律至信。这四个方面共同作用，构成了法治权威的具体内容和建设要求，"法律至上表明了法律的地位，法律至圣展示了法律的威严，法律至贵说明了法律的重要性，法律至信揭示了人们对法律的内心信念"。在第八届全国人大第五次会议上，江泽民同志曾经指出："要始终注意维护国家法制的统一性和严肃性。这个问题无论在立法工作还是在执法工作、司法工作中都要加以注意。依法治国是新的历史条件下党领导人民建设和治理国家的基本方略，在我们这样大的国家进行改革和建设，只有各地区各部门都严格按照国家法律法规办事，我们才能步调一致地前进。如果各行其是，对国家法律法规，符合自己利益的就执行，不符合的就不执行，或者打折扣，甚至加以曲解，那就会贻误和损害党和国家的工作，就会干扰正常的经济、政治、社会生活秩序，就可能出乱子。"因此新时期的法制建设，只有理顺法治、权力、合法性之间的关系，辩证地审视党和国家在执政兴国过程中如何更好地贯彻尊重法治、在法律的范围内活动的行动纲领，才能走出法治的权威化道路；也只有深入学习宪法、理解宪法及其相关法的建设，用宪法的阶级性、一贯性来衡量社会主义法律体系的不断完善，让宪法真正运行起来，更广泛、更密集、更细致地参与到公权力和私权力的日常生活中，才能使法治权威走出理想的"象牙塔"，走进真实的、可操作的、活生生的社会和人的内心。

事实胜于雄辩，高校法制教育的素材取之于法制建设、用之于法制建设。新时期的高校法制教育很难不受新时期国家法制建设的影响。法治兴，则法制教育兴；法治衰，则法制教育衰。未来中国特色社会主义法治实践将人民意志、党的领导和法制建设统一在一种直观的、价值性的和信仰型的法律权威体系中，这不但是社会主义法制建设的光明前景和发展方向，更是高校法制教育实效性得以根本改善和提升的鲜活写照、现实来源和必然趋势。

参 考 文 献

［1］梁津明. 法学教育改革与探索: 应用型法律人才培养的新视角 [M]. 北京: 法律出版社, 2010.

［2］王崇敏, 王琦. 法学实践性教学与应用型法律人才培养 [M]. 长春: 吉林大学出版社, 2011.

［3］岳彩申, 盛学军. 卓越法律人才教育培养研究 [M]. 北京: 法律出版社, 2012.

［4］吴汉东, 方世荣, 胡弘弘. 卓越法律人才培养探索 [M]. 北京: 中国法制出版社, 2014.

［5］郭广辉, 王晓烁. 卓越法律人才培养与法学教学改革 [M]. 北京: 中国检察出版社, 2014.

［6］王健. 高级法律职业人才培养之路: 政策分析与实践探索 [M]. 北京: 法律出版社, 2015.

［7］张晓翔. 地方高校卓越法律人才培养的理论与实践 [M]. 南昌: 江西人民出版社, 2016.

［8］邓和军. 卓越法律人才教育培养的探索与实践 [M]. 上海: 上海交通大学出版社, 2016.

［9］杨建广, 郭天武. 法学教学改革与卓越法律人才培养 [M]. 北京: 中国法制出版社, 2016.

［10］屈茂辉. 高水平大学卓越法律人才培养研究 [M]. 广州: 世界图书出版公司, 2017.

［11］强昌文, 郑玉敏. 法律人才培养模式探索 [M]. 合肥: 合肥工业大学出版社, 2017.

［12］周莹. 大学生常见法律风险案例与法律知识解析 [M]. 北京: 北京理工大学出版社, 2018.

［13］张莉莉，王伟伟.高校法学教育改革与法律人才培养模式研究 [M].西安：世界图书出版公司，2018.

［14］窦衍瑞.法律硕士人才培养中的六大关系研究 [M].北京：中国政法大学出版社，2018.

［15］桂正华.卓越法律人才教育理论与实践研究 [M].昆明：云南大学出版社，2018.

［16］蒙启红，龙迎湘.中国国际商务法律人才培养研究 [M].北京：中国商业出版社，2018.

［17］安静，向前，李娜，等.民族高校卓越法律人才培养模式研究 [M].成都：西南交通大学出版社，2019.

［18］谢伟.论我国卓越法律人才的培养 [M].北京：中国政法大学出版社，2019.

［19］仇晓光，王彬彬.职业选择多样化下应用型卓越法律人才培养的目标与定位 [J].法制与社会，2014（34）：231-232.

［20］王凯.职业能力导向下高职法律教育之发展路径 [J].科技视界，2016（27）：331-332.

［21］陈胜.应用型法律人才分层培养的困境与对策 [J].法制与社会，2017（04）：202-205.

［22］蒲芳.卓越法律人才诊所化培养模式探析：以中国计量大学卓越法律人才培养为例 [J].广西职业技术学院学报，2018，11（04）：62-65.

［23］谢伟.论从卓越法律人才到卓越法治人才培养的转变 [J].社会科学家，2019（10）：116-120.